청소년복지론

이태희 · 정재필

KNOWLEDGE COMMUNITY 공동체

머리말

건강한 인격체가 건강한 가정을 이루고, 그 속에서 온전한 생명체가 탄생하여 성장한다는 전제하에 청소년기는 인간발달 단계에서 많은 것을 함축하는 시기라고 할 수 있다. 이는 신체적 · 심리적 · 영적인 측면에서 건강하다는 것이 무엇인지 현대를 살아가는 우리에게 시사하는 바가 크기 때문이다. 특히 자신의 의지와 무관하게 관계 맺어진 부모와 그 성장과정, 어느 나라에서 출생하고 성장하는가에 따라서 청소년들에게 미치는 영향이 매우 크다고 할 수 있다.

우리는 매 순간 청소년들과 직결된 삶을 살아가고 있다. 특히 영유아기와 아동기를 벗어난 많은 청소년들이 어떤 환경에서, 어떤 과정을 거치며 성장하는가에 따라 청장년기가 영향을 받고, 이 사회가 움직인다고 할 때에 우리의 미래는 결국 청소년들에게 달려 있음을 부인할 수 없다. 그러므로 현실적인 법과 제도, 정책을 통해서 청소년들의 건강한 성장을 도모해야 할 것이다.

이에 본 저자는 사회복지와 청소년 관련 영역에 종사하는 다양한 이들의 전문성 향상에 도움이 된다면 더 바랄 것이 없겠다는 심정으로 미력하나마 책을 출간하는 바이며, 부족한 부분은 계속적인 연구와 수정을 통해 보완해 나가도록 할 것이다.

이 책은 총 3부 14장으로 구성되어 있다.

제1부는 청소년복지의 기초를 수록하였다. 청소년에 대한 이해를 돕기 위하여 개념적 의미의 청소년을 살펴보았고, 이들의 발달적 특징과 관련 이론을 살펴봄으로써 청소년 대상의 사회복지서비스와 그 내용을 살펴보았다. 또한 청소년들의 인권과 관련된 내용을 통하여 인격체로 접근하는 시각을 갖도록 하였다.

제2부는 청소년관련법과 전달체계를 수록하였다. 청소년관련법에 근거한 행정과 정책의 실현을 위한 조직과 그들의 활동, 전문적 활동을 위한 자격 요건 등을 수록하였다. 또한 외국의 청소년복지 현황을 통해 우리나라가 나아가야 할 청소년 관련 정책을 고민하고자 하였다.

제3부는 청소년복지의 실제를 수록하였다. 특히 다양한 취약계층의 현황과 이들을 위한 지원 정책 등을 통하여 우리나라 청소년의 현주소를 인식하도록 하였다. 그리고 일상생활에서 청소년들이 직면하는 학교폭력, 매체 중독, 성, 자살, 약물 등 심각한 사회적 문제와 현안을 다루었다.

통계청에서 2021년 발표한 장래인구추계에 의하면 2020년 현재 청소년 인구가 차지하는 비중은 16.5%로, 1978년 36.9%로 정점을 찍은 후 지속적으로 감소하여 2070년에는 9.6%가 될 것으로 예상하는 이 시점에서 건강한 청소년, 삶의 주인이 되는 청소년이 되도록 사회복지 전 영역에서 현실적인 고민과 대안 등이 제시되어야 할 것이다.

끝으로 이 책의 발간에 협조해 주신 공동체 가족 여러분께 고마움을 전하는 바이다.

2024년 1월

저자 올림

차 례

CONTENTS

제2부 청소년관련법과 전달체계

차 례

제3부 청소년복지의 실제

CONTENTS

PART 01

청소년복지의 기초

HAPTER 01

청소년의 이해

학습목표

- 청소년에 대한 법률적 연령을 정리할 수 있다.
- 청소년기의 발달적 특징을 다양한 이론에 따라 정리할 수 있다.
- 청소년기 발달에 대한 이론적 설명과 그 과업을 설명할 수 있다.

청소년은 인간발달 단계에 있어서 아동기와 성인기의 중간에 있는 존재로서 시대에 따라서는 생략되기도 하였으며, 그 존재 의미가 미미한 상태이기도 하였다. 그러다 20세기 초부터 서구사회에서는 학교교육제도가 발달함에 따라 아동과 분리된 청소년기에 대하여 관심이 증대하기 시작하였다. 우리나라는 1960년대 이후부터 청소년에 대한 꾸준한 연구와 관련기관 등이 탄생하면서 독자적 학문으로 자리매김하게 되었다.

이에 이 장에서는 청소년에 대한 개념설정과 청소년과 관련된 생애주기별 발달과정, 그에 따른 관련 이론들을 살펴보면서 청소년들이 안전하게 성장하고, 그들의 꿈을 키워나갈 수 있는 환경이 되기 위한 과제 등을 살펴보고자 한다.

1. 청소년의 개념

청소년이라는 용어가 사용되기 시작한 것은 산업혁명과 의무교육의 등장 이후부터라고 할 수 있다. 그 이전까지 청소년은 농경사회에서 어른 아니면 아이로서 인식되었고 그에 따른 인권 또한 열악하기 그지없었다. 그런데 의무교육이 등장하면서 청소년의 교육기간이 노동시장에 유입되지 않고 경제활동에서 제외되는 특권이 부여되면서 청소년기 인간발달 단계에 대한 관심이 증대되었다.

청소년에 대한 개념은 국가 · 사회 · 문화 · 시대적 상황에 따라 차이가 있어서 청소년기는 짧을 수도 있고, 길 수도 있으며 심지어 존재하지 않는 문화에서는 그 사회의 고유한 통과의례를 거치면 아동기에서 바로 성인기로 인식되는 사회도 있었다. 그러나 현대 사회에서는 고등교육으로 인해 재학 기간이 길어지고, 직업훈련이 진행되는 기간의 연장 등으로 청소년기가 점점 길어지고 있는 추세이다.

청소년에 대한 용어에 있어서 관념적 용어인 '사춘기'나 '10대'의 개념이 사용되고 있다. 사춘기란 청소년기와 함께 20세기 이후 심리학 및 발달 이론적 접근에서 확산된 개념으로 생리적 전환과정, 생식기능, 출산이 가능한 시기를 말한다. 이 시기는 인간발달 과정 중 신체적 변화가 가장 왕성한 시기로 제2차 성징의 출현과 발달이 있다.

그리고 youth나 10대(teenager)는 역사적 변화과정과 사회문화적 맥락 속에서 시기적 역할, 지위, 또래집단이 만들어 낸 문화양상의 특징을 중심으로 발전해 온 용어이다. 오늘날 youth란 의존적이던 청소년기는 벗어났지만 여러 정황상 결혼과 취업이 늦어지면서 경제적 자립의 지체로 온전한 성인기에 진입하지 못하고 있는 시기를 말한다. 또한 10대란 1990년대 이후 그들이 공유하고 창출하는 독특한 사회문화 현상인 소비성향, 패션, 음악, 영화 등의 대중문화 양상과 라이프스타일을 함축하여 상징하는 보편적 용어로 등장하고 발전하였다(백사인 외, 2015 : 11-12).

청소년기에 대한 개념 설정은 크게 신체적 특성과 연령에 따른 구분으로 나누어 설명할 수 있다. 먼저 신체적 특성에 따른 구분이 있다. 이는 청소년기를 구분하는 가장 일반적인 방법으로 초경이나 사정의 시작을 기준으로 하지만 개인의 신체적 징후들이나 사춘기의 특성들은 사람에 따라 차이가 있기 때문에 보편적 기준을 제시하지는 못한다. 더군다나 청소년기의 끝이 분명하지 않은 상황에서 신체적 징후만으로 판단하는 것은 한계가 있다. 청소년기를 구분하는 다른 방법은 연령에 의한 구분이다. 1985년 UN에서 공식 규정한 청소년(young people)은 '15세부터 24세 사이의 집단'이며, 국제식량기구(FAO)에서는 '10세부터 24세까지 사이의 결혼 여부를 불문한 남녀 인구부문'을 청소년으로 규정하고 있다(홍봉선 외, 2015 : 18).

우리나라의 경우 법의 성격에 따라 청소년의 연령이 상이하게 규정되고 있다. 민법 제4조에 의하면 성년은 19세 이상으로 정의하고 있으며, 아동복지법 제3조에 따르면 아동은 18세 미만의 자를 말한다. 또한 공직선거법상의 선거연령은 선거일 기준 만 18세 이상으로 정의하고 있고, 소년법에서의 소년이란 19세 미만의 자를 말한다. 이처럼 청소년에 대한 연령은 통일되어 있지 않으며, 상황에 따라 법의 적용을 받고 있음을 볼 수 있다. 이 장에서는 청소년기본법의 정의에 따라 9세 이상 24세 이하의 집단을 청소년으로 규정하고자 한다.

〈표 1-1〉 청소년의 연령 기준

법령명		조 항	연 령	규정내용	적용기관
일반법	민법	제4조	19세 미만	19세로 성년이 된다.	법무부
	형법	제9조	14세 미만	14세가 되지 아니한 자의 행위는 벌하지 않는다.	법무부
	소년법	제2조	19세 미만	소년의 정의	법무부
	청소년기본법	제3조 제1항	9세 이상 ~ 24세 이하	청소년육성정책에 관한 기본적 규정(혜택의 부여)	국가청소년위원회
특별법	청소년보호법	제2조 제1항	19세 미만	19세 미만의 자를 말한다.	국가청소년위원회
	아동·청소년의 성보호에 관한 법률	제2조	19세 미만	'아동·청소년'은 19세 미만의 자를 말한다.	여성가족부
	식품위생법	제44조	19세 미만	유흥접객원 고용금지, 단란주점 및 유흥주점 영업소 출입금지	보건복지부
	근로기준법	제64조	18세 미만	도덕상 또는 보건상 유해·위험한 사업에 사용하지 못한다.	고용노동부

출처 : 김정열 외(2014), p. 44 재구성.

2. 청소년의 발달적 특성

청소년 시기는 부모의 보호가 절대적으로 필요하면서도 성인기로 전환해 가는 과도기적 시기이다 보니 아동도 성인도 아닌 주변인으로서 삶을 살게 된다. 또한 이 시기에는 건전하고 바람직하게 자랄 수 있는 성장 가능성과 한순간 실수로 잘못 살아갈 수 있는 부정적 측면 등 양면성을 지니게 된다.

이런 의미에서 청소년기를 제2의 탄생기, 불안과 갈등의 시기, 부적응 시기, 제2의 반항기, 질풍노도의 시기와 같은 어려운 시기라고 부른다(양석호, 1991 : 460-461). 그렇다 보니 청소년기는 인생에서 단순히 스쳐 지나가는 과정이 아니라 독특한 요구와 도전을 함축하는 시기로 특별한 관심이 요구된다. 특히 고도화된 산업사회에서 사회구조가 복잡해질수록 직업과 사회적 역할 수행에 필요한 준비기로서의 청소년기는 점점 길어지고 있다(한국청소년연구원, 1993 : 1).

청소년기의 일반적 발달 특성은 개인차가 클 뿐 아니라 개개인에게 있어서도 여러 측면에서 발달이 동시에, 그리고 동일한 속도로 일어나지 않기 때문에 청소년들의 발달 특성을 이해할 때 보편적 특성을 토대로 하되 개개인의 독특한 경험과 개별성을 고려하여 청소년기의 특징을 살펴야 한다.

1) 신체 · 생리적 발달

청소년기의 신체 · 생리적 발달의 특징은 다음과 같다. 첫째, 호르몬의 변화이다. 이 시기에는 안드로겐(androgen, 남성 호르몬)과 에스트로겐(estrogen, 여성 호르몬)의 분비가 왕성하여 신체적 발육의 정도가 가장 활발하여 신장과 체중이 급격히 증가한다. 남자의 경우 외부 생식기와 신장이 증가하고, 목소리의 변화를 겪게 되며, 여자의 경우 가슴과 자궁이 발달하며 골격의 변화가 생기는 등 제2차 성징이 나타나게 된다. 이 시기에는 자신의 신체변화에 대한 자각을 통해 자신의 신체에 많은 관심을 보이게 된다. 또한 신체변화의 정도를 친구들과 비교하면서 신체적 우월감 내지는 열등감을 가지게 되고 이는 청소년의 성격이나 자아존중감, 대인관계 형성에 영향을 준다.

둘째, 성적 측면의 성숙기이다. 청소년기의 성적 발달은 남녀 모두 생식기능을 갖게 되면서 신체적으로 성인과 다를 바 없는 체격과 성적 기능을 갖추었다고 할 수 있다. 그러므로 성적 욕구의 발달을 동반한다. 성적 욕구는 자연스럽고 건강하다고 이해되지만 때로 불안감이나 수치심, 죄의식, 충동조절의 문제처럼 부정적 정서를 갖게 하며, 임신, 근친상간, 이상 성행위, 성폭행 등의 문제를 야기할 수도 있다.

2) 인지적 발달

청소년기 인지적 발달은 질적, 양적, 사회인지적 발달로 구분할 수 있다(백사인 외, 2015 : 21-23; 천정웅, 2013). 첫째, 질적 발달에 대해 Piaget는 '형식적 조작기'에 해당되는 청소년들은 정신적 조작범위와 대상이 넓어져서 추상적이고 광범위한 부분까지도 사고가 가능하다고 하였다. 그러므로 청소년들은 성인과는 다른 독특한 인지적 특징을 보일 수 있고 추상적 개념을 다룰 수 있으며, 현실보다는 가능성의 세계를 중요시한다. 이들은 조합적 사고가 가능하고 자기성찰에 몰두하며, 정체감의 획득이 가능해진다. 둘째, 양적 발달은 정보처리 능력이 높아지고 정보처리의 양과 속도, 방법이 아동기와는 현저히 다른 양상을 보인다. 기억의 용량도 점차 확대되어 12세경에 거의 성인 수준에 다다른다. 셋째, 사회인지적 발달은 자신과 타인의 역할이나 관계 · 감정 · 의도를 관찰하고 추론해 내어 개념화하는 능력이 정확해지고 발달하면서 대인관계와 인간관계에 대한 이해의 폭도 넓어진다(김혜원, 2010).

이러한 인지적 발달은 청소년의 자아정체감 형성과 자기중심성의 형성, 도덕성의 발달과 사회적 상호작용에 영향을 미치는데(홍봉선 외, 2014 : 21-22), 그 내용을 살펴보면 다음과 같다.

첫째, 자아정체감(self identity) 형성이다. 자아정체감은 내가 보는 나와 타인의 눈에 비치는 나의 모습이 일관되게 통합되는 것을 말하며, 인간이 전 생애를 통해서 획득해야 할 발달과업인 동시에 청소년기에 이루어야 할 중요한 과업이다. 자아정체감의 형성은 자신과 타인에게 신뢰감을 주고, 정신적 안정감을 주며 삶의 가치를 명료하게 한다. 논리적이고 추상적인 사고가 발달하면서 자신이 누구인지에 대한 근원적 질문을 통해 자신과 자신의 환경과 상호작용을 하면서 정체감을 찾게 되는 것이다. 그러나 정체감의 위기를 극복하지 못하면 자신을 있는 그대로 수용하지 못하고 미래의 전망에 대해 불안해하며 이에 대처할 자신의 잠재력에 자존감을 갖지 못하여, 역할로부터 도피하거나 반발함으로써 자신의 갈등을 해소하려고도 한다(정영윤, 1992 : 48).

둘째, 자기중심적이다. 청소년기에 나타나는 자기중심적 사고의 하나로 '가상청중'이론이 있다. 이는 과장된 자의식을 반영하여 자신이 타인의 집중적 관심과 주의의 대상이 되고 있다고 생각하는 경향을 말한다. 또한 '개인적 우화'를 통해 자신은 특별한 존재라고 생각하는 경향을 보인다. 그래서 자신의 경험이나 감정을 타인은 이해하지 못한다고 생각하기도 하며, 자신은 특별한 사람이기 때문에 위험으로부터 안전하고 예외가 될 것이라고 생각한다.

셋째, 도덕성의 발달이다. 청소년기의 도덕성은 청소년들의 인지적 성숙과 사회·환경적 역할 변화에 영향을 받게 된다. 이 시기의 도덕성 발달 특성은 Kohlberg(1969)의 도덕성 퇴행문제, 도덕적 상대주의 개념, Gilligan의 대인지향적 도덕성 이론에 의해 설명할 수 있다.

Kohlberg가 말하는 도덕성 퇴행은 청소년기의 최고 과업인 자아정체감의 혼미로 사회적 규범과 법률을 절대적 도덕률로 받아들이고 이를 준수하던 단계에서 사회적 구속을 벗어나기 위하여 규범을 배척하는 단계로 이행된다는 것이다. 이는 구조적 후퇴가 아니라 더욱 높은 단계의 도덕수준으로 발전해 나가기 위한 이행과정으로 본다. 또한 도덕적 상대주의란 모든 사람이 준수해야 할 객관적이며 보편타당한 도덕률을 부정하고 개인적이며 주관적 관점에서 도덕성을 판단하는 것을 의미한다(송명자, 1995).

Gilligan의 대인지향적 도덕성 이론은 인간관계에서 보살핌, 책임, 애착, 희생 등을 강조하는 이론으로 청소년기에는 자기이익 지향보다 타인을 배려하고 책임지려는 이타적 부분이 크게 발달함을 강조하고 있다(한상철, 1999 : 124-128).

넷째, 사회적 이해력의 발달이다. 이 시기에는 자기중심적 사고에서 벗어나 타인에 대한 관심과 배려, 애정에 집중하게 되면서 사회적 상호작용이 활발히 일어난다. 그리하여 자신이 경험하지 않았어도 상대방이 갖고 있는 감정이나 느낌을 정확하게 파악하고 더 나아가 상대방의 감정이나 느낌을 그대로 느끼기도 한다.

3) 정서적 발달

청소년기에는 신체적 급변과 함께 사회적 과업이 과중하면서 정서적으로 불안정할 수 있다. 이 시기를 3단계로 나누어 보면 다음과 같다(천정웅, 2016 : 26-27). 첫째, 청소년 초기(사춘기)로 성적 충동을 강하게 경험한다. 성에 대한 높은 호기심과 이성에 대한 관심을 갖지만 동시에 수치심을 느끼고 이성에게 반발하며 주변 사람들에게 허세적 반항을 하는 등 이중적 정서를 표출한다. 따라서 정서에 일관성이 없고, 불안정하며, 기복이 심하다. 주변 사람들에 대해 부정적 태도를 보이고 자신의 공상 속에서 만족을 추구하려는 경향이 있지만 현실적으로 해결책을 찾지 못함으로써 불안이나 초조함에 사로잡히는 경우가 많다(임영식 외, 2004).

둘째, 청소년 중기(중학교 말부터 고등학교까지)는 청소년 초기보다 더욱 강렬한 정서를 느끼지만 의식적으로 억압하려는 경향을 보인다. 이 억압 과정에서 자기혐오나 열등감을 갖고 내면적으로 침울하거나 정서의 불안정성이 고조될 수도 있다. 또한 자아의식이 강해지면서 독선적이고 우월을 과시하며 현실을 부정하고 혐오하는 경향을 강하게 보인다. 따라서 기성세대, 사회구조, 사회의 도덕과 법률에 대해 의혹을 품고 자기 나름의 독특한 구조와 논리를 갖고 비판하게 된다.

셋째, 청소년 후기(대학교 시기)로 사회적으로 안정된 정서를 경험하게 된다. 이때에는 주관과 객관의 결합, 자기와 사회와의 타협, 현실과 이상과의 조화를 꾀하며 완성된 자아의식을 가지려고 한다. 이성을 사랑하는 마음과 연애의 경험을 통해 더욱 풍부하고 윤택한 정서를 경험하게 된다.

이러한 청소년의 심리와 행동에 영향을 미치는 청소년기의 정서적 특성은 다음과 같다. 첫째, 감정의 기복이 심하고 예민하다. 쉽게 우울하며 낙담에 빠지고 화를 잘 내는 등 불안정하게 보인다. 둘째, 수줍음이 많다. 지나치게 타인을 의식하기 때문에 몸과 마음, 행동이 자유롭지 못하고 특히 이성 앞에서 부끄러움을 느낀다. 이때에는 수줍음을 감추기 위해 과장된 행동을 표출하기도 한다. 셋째, 열성적이며 호기심과 모방심이 강하다. 쉽게 흥분하며 현실감을 잃고 곧잘 집중해서 어떤 일에 빠진다. 또한 자신의 관심사를 가정에서 지역사회로 확대하기 시작하면서 귀가시간이 늦어지고 외출이 잦아지며 우상을 맹목적으로 추종하는 경향도 보인다(홍봉선 외, 2015 : 22-23).

4) 사회적 발달

청소년기에는 자신의 사회적 지위와 역할에 따른 도덕적 책임감과 의무를 중시하면서 충실하려고 한다. 또한 부모에게 의존하고, 영향을 받던 것에서 벗어나 독립과 자립의 욕구를 느낌과 동시에 동년배 또래 집단에게 강한 심리적 영향을 받는다.

이들은 개별화 노력을 통해 부모와 정서적 유대관계를 지속하면서도 부모와는 다른 독특한 한 사람의 인격체로 인식하고 경험해 가기를 바란다. 그러나 부모는 이 과정을 자연스러운 성장과정으로 인정하지 않고 부모에 대한 도전이나 공격으로 인식하면서 부모와 자녀 간 갈등이 증폭될 수 있다.

또한 청소년기에 가장 두드러진 사회적 특징은 또래 집단을 통해 비밀을 공유할 수 있는 친밀한 관계를 형성하는 것이다. 청소년기에는 또래 관계를 통해 자신의 정체감을 형성하고 유지하며, 이로부터 심리·사회적 지지를 얻게 된다. 따라서 사회적 본능의 하나로 친구와 어울리게 되고 점차 사회생활에 관심이 생기면서 새로운 본능과 취미를 기초로 해서 친구를 사귀게 된다. 그러나 이 시기에 지지를 받지 못하면 부정적 자아상의 확립과 사회적 거부, 배척의 감정, 고립감 등을 갖게 된다(백사인 외, 2015 : 25).

3. 청소년 발달 관련 이론

청소년기에는 다양한 영역에서 변화가 나타나기 때문에 이를 설명하기 위해서도 다양한 이론이 필요하다. 특히 청소년 발달에 대한 이론은 왜 청소년들이 그렇게 행동하고, 그때의 심리적 특성은 무엇인지, 더 나아가 청소년들의 행동이나 심리적 특성을 예측하는 데 유용한 이론이 된다.

1) 생물학적 이론

생물학적 이론은 청소년기의 신체적 변화에 초점을 맞춘다. 이 시기에 나타나는 신체적 변화는 아동이 청소년기에 진입했다는 가시적이고 명확한 지표로써 주변인들은 아동이 청소년이 되었음을 인식하게 되고, 청소년 스스로도 어른스러운 행동을 하는 등 과거와는 다른 행동을 하려고 한다. 이러한 변화는 청소년으로 하여금 아동 때와 다르게 자신을 대해줄 것을 요구하지만 반드시 신체적 변화가 정신적 변화와 정비례한다고는 할 수 없기에 부모의 기대와 자녀의 행동 간에 격차가 발생하고 이는 부모-자녀 간 갈등의 원인이 될 수 있다.

생물학적 요인을 강조한 학자로 Hall(1904)이 있다. Hall은 청년 심리학의 아버지로 Darwin의 진화론을 토대로 『청소년기(Adolescence)』라는 저서를 통해(박희경, 1998 : 30) 인간발달이 생물학적 요인에 의해 결정되며 이러한 발달의 패턴은 인류의 발달역사를 재현한다는 재현이론을 주장한다(임영식, 1999 : 53-86).

Hall은 인간발달 단계를 다음과 같이 다섯 단계로 구분한다. 첫째, 유아기 단계이다. 이 시기에는 감각기관의 발달이 집중적으로 이루어지는데, 자기보존을 위해 감각기관의 기술을 습득하게 된다. 둘째, 아동기로 사냥과 어획 활동 등 원시적 생활을 재현하는 시기이다. 셋째, 청소년 전기로 야만적 활동을 연습과 훈

〈표 1-2〉 Hall의 재현이론

발달 단계	연 령	발달적 특징
유아기	1~4세	동물적이고 원시적인 발달을 재현한다.
아동기	5~7세	술래잡기나 장난감 총 놀이는 과거 인류의 동굴 생활과 수렵, 어획 활동을 재현하는 것으로 본다.
청소년 전기	8~14세	인류가 인간으로서의 특성과 야만적 특성을 동시에 가지고 있었던 시기로, 아동이 야영시대의 삶을 재현하는 시기이다. 이 시기에는 연습과 훈련을 통해 읽고, 쓰고, 말하는 기술을 획득한다.
청소년 후기	15~25세	인류가 야만적인 생활에서 문명 시대로 접어드는 시기로 제2의 탄생기이다. 급진적이고 변화가 많으며 안정적이지 못하다.
성인기	25세 이상	인류의 문명적 생활을 유지한다.

출처 : 임영식(1999), p. 63 재구성.

련을 통해 재현하는 단계이다. 넷째, 청소년 후기로 질풍노도의 시기이다. 다섯째, 성인기로 인류의 문명적 생활을 하는 시기이다(백사인 외, 2015 : 26-27).

Hall은 인류의 발달이 원시적이고 야만적인 문화에서 문명사회로 발달한 것처럼 개인의 발달도 원시적 유아기에서부터 청소년기를 거쳐 성인기로 발달한다고 하였다. 이 이론은 청소년기가 신체적 · 인지적 · 정서적 · 사회적 변화와 성장이 일어나는 독특하고 중요한 시기라는 주장에 대해 후속 연구가 계속 일어나는 긍정적 측면도 있지만 가족의 영향, 친구의 영향 등과 같은 환경적 요인을 과소평가했다는 면에서 한계를 갖는다.

2) 정신분석 이론

S. Freud는 성적 에너지는 신체의 특정 부위에 자리 잡고 그 부위에서 만족을 추구하게 되는데, 만족을 추구하는 특정 부위는 연령에 따라 변화하며, 리비도(Libido)가 지향해서 충족을 추구하는 대상도 연령에 따라 변화한다고 하였다.

인간발달 단계 중 생식기가 청소년기에 해당하는데, Freud는 남근기 이전 단계에서 성격형성에 중요한 모든 것이 결정된다고 간주하였기 때문에 청소년기를 덜 강조하였으나 Anna Freud는 아버지의 이론을 보완하여 청소년기의 정신분석

〈표 1-3〉 Freud의 성격발달 5단계

단 계	연 령	특 징
구강기 (oral)	출생~약 1세	성적 에너지가 입 주변에 집중되는 시기로 유아는 빨고 깨물면서 만족을 얻음. 다른 사람과 분화되지 않아 어머니에게 의존적임
항문기 (anal)	약 1~3세	배설물을 보유하고 배설하는 것으로 만족을 얻음. 유아는 처음부터 본능적 충동을 외부로부터 통제받는 경험을 함
남근기 (phallic)	약 3~6세	자신의 성기에 관심을 갖기 시작하며 남아의 경우 오이디푸스콤플렉스, 여아는 엘렉트라콤플렉스를 경험함
잠복기 (latent)	약 6~11세	성적 에너지가 특별히 한정된 곳은 없고 성적인 힘도 잠복되어 있는 시기. 동성 친구나 외부 세계에 대한 관심이 집중되는 시기
생식기 (genital)	12세 전후 성인기 이전까지	어른의 형태와 같은 성 만족에 관심을 갖고 타인인 이성으로부터 성적인 만족을 얻으려고 함

출처 : 김성이 외(2013), p. 35 재구성.

적 설명에 주력하였다. 청소년기는 기본적으로 내적 갈등, 심적 불평등, 엉뚱한 행동이 지배하는 시기로서 우주의 중심을 자신과 동일시할 정도로 자기중심적이면서 다른 한편으로는 자기희생과 헌신을 보이는 양면성이 있다고 하였다.

이 시기의 청소년들이 자기갈등적이고 모순적 행동을 보이는 것은 청소년기에 일어나는 성적 성숙에 따르는 내적 갈등과 심적인 불평등에 기인한다고 보았다. 즉, 자기모순적 행동은 본능적인 생리적 변화에 기인하기 때문에 청소년 자신도 통제하기가 어렵다는 것이다. 또한 발달 단계상 잠복기(또는 잠재기)에 균형을 이루었다가 사춘기와 더불어 초자아와 원초아 간의 깨진 균형을 회복하려는 것이 청년기의 주요 문제라고 보았다.

또한 청소년기에는 잠재된 콤플렉스가 무의식적인 공포를 갖게 하여 청년기에 강한 불안을 갖게 되는데, 이러한 불안과 갈등, 죄의식에서 벗어나기 위해 방어기제를 사용하거나 이성과의 애정적 관계를 통해 가족에 대한 성적 열망을 방어하는 도구로써 이성친구와의 친밀감을 추구한다는 것이다(홍봉선 외, 2015 : 27-28).

3) 심리사회적 발달이론

심리사회적 발달이론가들은 유기체에게 중요한 생활사건과 그 사건의 발생 시기, 타인과의 관계, 문화적인 특성 등이 인간발달에 중요한 영향을 미친다고 주장하였다.

(1) Sullivan의 대인관계이론

심리사회적 발달이론의 대표자인 Sullivan(1953)은 인간의 발달 단계에 따라 대인관계욕구가 변한다고 보면서 유아기부터 후기 청소년기까지 여섯 단계로 구분하여 상호작용의 욕구를 설명하였으며, 특히 청소년기 발달에 친구 관계가 중요한 역할을 한다고 강조하였다. 또한 넷째 단계인 전청년기에는 친밀감의 욕구가 증가하면서 동성의 친구와 단짝 관계를 맺고 우정을 돈독히 해나가지만, 다섯째 단계인 청년 초기에는 이성을 향한 친밀감의 욕구로 발전하게 되고 이성친구와 애정적 관계를 형성하게 된다고 하였다. 이렇게 대인관계 과업이 성공적으로 이루어질 때 청소년들은 친밀감과 성욕을 건강하게 다루어 가는 능력을 갖추며 청년 후기로 진입하게 된다(홍봉선 외, 2015 : 28-29).

〈표 1-4〉 Sullivan의 발달이론

발달시기	연 령	대인관계욕구
유아기 (infancy)	출생에서 2~3세까지	사람들과의 접촉 욕구, 양육자로부터 사랑받고 싶은 욕구를 가짐. 기본적 생존 욕구를 양육자로부터 공급받음으로써 대인관계 형성
아동기 (childhood)	3세부터 6~7세까지	자신들의 놀이에 성인이 참여하기를 바라며, 성인이 바라는 행동을 주로 함. 특정 친구를 선택하게 되지만 관계는 가상적이기도 함. 공식적인 친구와 대화 및 관계 유지
소년/ 소녀기 (juvenile era)	8~10세까지	또래 놀이 친구를 얻고자 하고 또래 집단에 수용되고자 하는 욕구를 가짐. 친구 관계에서 보다 친밀한 첫 번째 친구를 사귐. 학교를 다니게 되면서부터 대인관계 폭이 넓어짐
전청년기 (preadolescence)	12~14세까지	동성 친구와 일대일 관계를 갖고자 하는 욕구를 가짐. 폭넓은 대인관계에서 일대일 혹은 소수의 친구와 친밀한 관계를 통해 생각, 느낌 등을 공유함

청년 초기 (early adolescence)	17~18세까지	성적 접촉 욕구, 이성 친구와의 친밀 욕구 및 본능적 성적 욕구 충족에서 갈등. 자신과 비슷한 생각을 가진 친구를 원함
청년 후기 (late adolescence)	성인기까지	성인 사회에의 통합 욕구. 성적 욕구와 친밀감의 욕구가 통합되어 애정에 입각한 지속적이고 안정적인 관계 유지

출처 : 박희경 외(1998), p. 162; 김성이 외(2013), p. 37 재구성.

(2) Erikson의 심리사회 발달이론

E. Erikson은 인간발달 단계를 여덟 단계로 구분하고, 각 발달 단계마다 중요한 발달과업과 위기가 있는데 이를 성공적으로 달성할 때 개인은 건강한 발달을 할 수 있다고 주장하였다(이춘재 외, 1988 : 110-122).

〈표 1-5〉 Erikson의 발달 단계

단계	발달과업/ 위기	연 령	특 징
1	신뢰/ 불신	유아기 (출생~14개월)	유아는 주 양육자에 대한 일차적 사랑과 신뢰 관계를 형성하거나 불신감을 발달시킴
2	자율성/ 수치심, 의심	초기 아동기 (14개월~3세)	아동의 에너지는 걷기, 잡기, 괄약근 통제를 포함해 발달함. 아동은 통제를 학습하지만 잘 이루어지지 않게 되면 수치심과 의심을 발달시킴
3	주도성/ 죄책감	학령전기 (3~5세)	아동은 계속해서 더 적극적이고 주도적이 되지만 너무 강력하면 죄책감을 가질 수 있음
4	근면성/ 열등감	학령기 (5~12세)	아동은 새로운 기술의 학습에 잘 적응하지만, 그 반대인 경우 열등감, 실패, 무능의 위험을 가질 수 있음
5	자아정체감/ 정체혼미	청소년기 (12~18세)	10대는 직업, 성역할, 정치, 종교에서의 정체성을 획득함
6	친밀감/ 고립감	초기 성인기 (18~25세)	성인 초기는 친밀한 관계를 발달시키지 않으면 고립의 감정을 겪게 됨
7	생산성/ 자기침체성	성인기 (25~65세)	각 성인은 다음 세대를 만족시키고 지지하는 방법을 찾아야 함
8	자아통합/ 절망감	노년기 (65세 이후)	최고점에 이른 사람은 있는 그대로의 자신을 수용하고 충족감을 가짐

출처 : 백사인 외(2015), p. 33 재구성.

(3) Marcia의 자아정체감 이론

Marcia는 Erikson의 자아정체감에 대한 개념을 보완해서 청소년기에 형성된 자아정체감은 변하지 않는 것이 아니라 성인기에도 변화될 수 있다고 보았으며, 각 개인의 자아정체감 상태를 위기와 관여에 따라 네 가지 유형으로 구분하였다 (김애순 외, 1997).

〈표 1-6〉 Marcia의 자아정체감 유형

상 태	내 용
정체감의 성취	자신의 가치, 진로, 신념을 형성하기 위해 많은 노력을 하여 현재는 정체감의 위기를 극복한 상태. 심리적으로 건강하고 성취동기, 도덕 추론, 친밀감 등에 높은 수준을 보이며 많은 문제에 대해 스스로 결정할 수 있는 능력이 있는 상태
정체감의 유실	자신의 중요한 문제에 스스로 탐구나 고민을 하지 않고 타인의 결정이나 가치를 수용하는 상태
정체감의 유예	자신의 정체감을 형성하지 못했지만 이를 위해 많은 노력을 하고 있는 상태
정체감의 혼미	자신의 문제에 대해 탐구나 결정도 하지 않았으며, 이런 문제에 대해 아무런 관심도 없는 가장 부정적 상태

출처 : 임영식(1999), 백사인 외(2015), p. 34 재구성.

4) 인지발달 이론

인지발달 이론은 청소년들의 의식적 사고를 강조하는 이론으로 Piaget와 Kohlberg의 이론을 살펴보면 다음과 같다.

(1) Piaget의 인간발달 이론

Piaget(1952)는 인간은 특정한 인지적 발달 경향성을 가지고 태어나지만 친구 · 성인 등과 같은 사회적 환경과의 상호작용을 어떻게 하느냐에 따라 지적 능력에 차이가 있다고 하였다. 또한 인지발달은 네 단계로 구성되어 있고 각 단계는 지적 구조에서 질적으로 차이가 나며 모든 사람이 같은 발달 단계를 거친다고 하였다(홍봉선 외, 2014).

Piaget에 따르면 청소년기는 형식적 조작기에 해당된다. 이 시기에는 문제해결에 있어서 과거 · 현재 · 미래를 모두 이용할 수 있으며, 추상적 · 논리적 사고가 가능하고 상대적이고 다차원적인 사고가 가능하다. 또한 자신이 누구인가에 대한 근본적 의문을 갖기도 하고 부모와 자신을 분리해서 생각하기도 하며 부모와는 다른 의견을 주장하기도 한다. 이러한 행동은 성장과정에서 자연스러운 것으로 형식적 조작사고의 촉진을 위해 다양한 경험과 논리적으로 탐색할 수 있는 기회를 많이 갖는 것이 필요하다.

〈표 1-7〉 Piaget의 인간발달 단계

발달 단계	연 령	내 용
감각운동기	0~2세	• 행동을 통해 세계를 이해함 • 잡기, 빨기, 보기 등 단순한 반사기능에 의해 대상영속성과 표상을 형성
전조작기	2~7세	• 언어의 급격한 발달 • 상징적 사고능력 증가 • 논리적 사고는 미흡 • 자기중심적 • 직관적 사고에 그침. 여러 상황과 연관 지어 사고하지 못함
구체적 조작기	7~12세	• 자기중심성에서 탈피 • 관계성 이해 시기 • 보존개념 획득 • 유목화, 서열화 가능 • 경험한 것에 한정
형식적 조작기	13세 이후	• 성인과 같은 논리적, 추상적, 가설적, 조합적 사고 가능 • 구체적 경험과 보이지 않는 것에 대한 사고 가능 • 원리와 이론 형성

출처 : 홍봉선 외(2014), 백사인 외(2015), p. 35 재구성.

(2) Kohlberg의 도덕성 발달이론

Kohlberg(1969)는 인간의 도덕 추론능력은 인지적 발달과 관련이 있기 때문에 도덕 발달도 단계적이며, 이러한 발달 순서는 모든 사람과 모든 문화에서 동일하게 나타난다고 하였다.

〈표 1-8〉 Kohlberg의 도덕성 발달 단계

수 준	연 령	단 계
제1수준 : 전인습적 도덕	약 4~10세	• 제1단계 : 복종과 처벌 지향 • 제2단계 : 상대적 쾌락주의
제2수준 : 인습적 도덕	약 10~13세	• 제3단계 : 착한 사람 지향 • 제4단계 : 법과 질서 지향
제3수준 : 후인습적 도덕	약 13세 이상	• 제5단계 : 사회계약적 법률 지향 • 제6단계 : 보편윤리 지향

출처 : 김애순 외(1997), pp. 29-30, 홍봉선 외(2014), p. 31 재구성.

Kohlberg는 도덕 추론 단계를 전인습적, 인습적, 후인습적 도덕의 세 수준으로 구분하고, 각 수준을 두 단계로 세분하여 총 여섯 단계로 구분하였다(김애순 외, 1997 : 29-31; 홍봉선 외, 2015 : 31).

첫째, 전인습적 수준은 행위의 결과가 가져오는 보상이나 처벌에 의해 옳고 그름을 판단하는 수준으로, 행동의 의도보다는 결과를 중시하여 자신이나 타인의 욕구를 충족시키는 것이 옳다고 생각한다. 즉, 관습, 습관, 규정, 법규 등 사회가 정한 최소한의 규칙보다는 처벌이나 권위, 욕구가 도덕적 행동의 이유가 된다.

둘째, 인습적 수준은 사회적 기대와 규칙을 중요한 판단근거로 사용하며, 옳은 일이란 사회적 질서를 유지하는 것이라고 생각한다. 즉, 사회가 정한 관습, 덕목, 법규, 규정에 따라 행동하려는 수준을 보인다.

셋째, 후인습적 수준은 도덕적 가치와 원리에 초점을 맞추면서 개인의 권리도 존중한다. 법이나 규칙은 개인의 자유 규제가 아닌 극대화를 위해 제정된 것이기 때문에 사회적 약속은 대다수의 이익을 위해 변화될 수 있다고 생각한다. 즉, 법이란 사람들이 화목하게 살아가기 위해 공동체가 동의한 장치이며 상호 동의와 민주적 절차를 통해 변경시킬 수 있다고 생각하는 것이다.

5) 사회학습이론

사회학습이론은 청소년의 발달을 설명하는 데 있어서 사회문화적 맥락을 강조한다. 인간의 행동은 사회적이고 상황적인 맥락에 의해 결정되므로 인간발달을 획일화된 단계로 구분할 수 없다고 보았다. 또한 각 발달 단계마다 상이한 심리적 과정이 일어나는 것이 아니고 유아, 아동, 청소년, 성인은 모두 동일한 심리과정을 갖는다고 본다.

사회학습이론 관련 대표적 학자로는 Mead, Benedict와 같은 문화인류학자와 Bandura와 같은 학습이론가가 있다. Mead는 특별한 이론을 제시하지는 않았지만 문화적 요인이 청소년기 발달과정에 중요하다고 주장하면서 청소년의 행동을 이해하기 위해서는 청소년이 속한 문화적 · 사회적 제도에 대한 이해가 필요하다고 하였다.

Benedict는 서구 산업사회와 원시사회에서의 청소년 발달의 차이점을 토대로 청소년 발달이론을 정립하였다. 서구 사회에서는 청소년들을 초기 청년기까지는 아이 취급을 하다가 이 시기 이후에는 느닷없이 성인 취급을 하고 성인처럼 행동할 것을 기대하기 때문에 아동의 행동과 성인의 행동 간 상당한 불연속성이 존재하므로 아동이 성인이 되기 위해 새로운 행동에 대한 충분한 교육이 전제되어야 한다고 하였다(홍봉선 외, 2014 : 32).

학습이론가인 Bandura는 자극-반응이라는 전통적 학습이론의 관점과 더불어 모방 또는 관찰학습의 중요성을 강조한다. 즉, 인간은 자극에 반응하는 것 이외에도 타인의 사고, 행동, 느낌을 모방하고 모델링함으로써 자신의 사고, 행동, 느낌을 형성한다는 것이다. 따라서 타인의 기대, 규범, 행동 등이 개인의 바람직한 행동에 직접적인 강화를 주며, 사회적으로 적절한 행동에 해당 모델을 제공함으로써 유기체의 사회적 발달에 영향을 미친다는 것이다(임영식, 1999 : 73-74; 홍봉선 외, 2014 : 32-33).

6) 생태학적 이론

생태학적 이론은 청소년의 발달에 있어서 유전적 요소, 가정의 역사, 사회경제적 수준, 가정생활의 질, 인종 · 문화적 배경 등과 같은 여러 요인들이 관련된다고 하는 이론이다. 대표적 이론으로 알려진 Bronfenbrenner의 생태학적 접근 이론은 청소년 발달에 중요한 요소로 미시체계, 중간체계, 외체계, 거시체계, 시간체계의 다섯 가지 환경적 체계가 서로 상호작용하여 발달에 영향을 미친다고 보았다.

첫째, 미시체계(micro system)란 한 사람이 주어진 공간에서 직접적으로 대면하여 경험하는 대인관계, 역할, 행동 등의 형태를 의미한다. 주로 청소년기에는 가족 관계, 친구 관계, 교사와의 관계 등이 있다.

둘째, 중간체계(meso system)는 미시체계들이 서로 겹치는 부분에 의해서 생기는 대인관계이다. 청소년의 학교생활 경험과 가족생활의 경험이 만나서 만들어지는 경험으로, 청소년이 가족 내에서 갖는 습관이나 경험이 학교에서 하는 행동들에 영향을 미치게 되는 것이다.

셋째, 외체계(exo system)는 직접 경험하지는 않지만 한 사람의 경험에 영향을 미치는 사회 구조를 말한다. 청소년에게 아버지의 직장은 외적 체계가 된다. 왜냐하면 아버지가 직장에서 불쾌한 경험을 하게 되면 이런 경험이 청소년에게 영향을 미치기 때문이다.

넷째, 거시체계(macro system)는 사회 전반에서 통용되는 사회문화적 규범과 같은 신념들을 말한다. 이러한 네 가지 체계들은 각기 따로 존재하는 것이 아니라 서로 상호작용하면서 영향을 미치게 된다(이옥주 외, 1996 : 165-169).

다섯째, 시간체계(chrono system)란 전 생애에 걸쳐 일어나는 변화와 사회, 역사적 환경을 의미한다. 즉, 어떤 사건의 효과가 시간적 경과에 따라 변화되며, 동일한 사건에 대해서도 시대에 따라 의미와 해석이 달라질 수 있다는 것으로 여성들의 사회 진출에 대해서도 개방적으로 변하고 있는 것을 볼 수 있다(홍봉선 외, 2014 : 35).

7) 임파워먼트 이론

임파워먼트(empowerment) 이론은 모든 클라이언트는 잠재력이 있는 존엄한 존재로서 충분히 자원으로서의 가치가 있으며 자신의 삶을 통제할 수 있는 역량이 있다고 보는 관점이다. 이 이론은 20세기 이후 미국의 시민권 운동, 흑인 인권 운동, 노동 운동, 시민 권리 단체 등의 활발한 활동과 더불어 사회복지실천 현장에서 일반체계이론, 생태체계이론, 강점관점 등이 통합되면서 등장하였다.

이 이론은 클라이언트를 많은 경험과 역량을 가진 파트너로 보고 강점에 초점을 두며 클라이언트의 참여와 자기결정권을 중시한다. 또한 자신의 삶과 상황에 대해 좀 더 많은 통제력을 가질 수 있도록 하기 위해 의미 있는 선택과 가치 있는 선택을 할 수 있도록 돕는 데 초점을 둔다(엄명용 외, 2004 : 151).

청소년에게 있어서 임파워먼트 이론을 적용하기 위해서는 청소년 스스로가 문제아나 미숙아라는 생각에서 벗어나 자신의 삶에 만족감과 의미를 지속해서 발견할 수 있는 존재로 인식하는 것이 중요하다. 또한 청소년을 위한 관계망의 발달을 촉진시키거나 지지집단과 연계하는 방법, 지역사회와 연계하여 지역사회 자원을 발굴, 개발, 조직화하고 옹호하는 활동 등이 병행된다면 삶의 주체자로서 권리와 능력을 회복할 수 있을 것이다.

학습문제

01 청소년의 연령 구분이 다른 법령은?

① 식품위생법
② 청소년보호법
③ 형법
④ 소년법
⑤ 아동·청소년의 성보호에 관한 법률

해설 ③ 형법에 의하면 14세 미만자의 행위는 형법의 저촉을 받지 않는다.

02 청소년기 인지적 발달이 청소년에게 미치는 영향으로 적절하지 않은 것은?

① 이타주의 확대
② 사회적 상호작용 확대
③ 도덕성 발달
④ 자기중심성 형성
⑤ 자아정체감 형성

해설 ① 이타주의는 타인의 행복과 이익을 도덕적 행위의 목적으로 생각하는 개념으로 청소년기에는 형성되기가 쉽지 않다.

03 Marcia가 말한 것으로 자신의 정체감을 형성하지는 못했지만 이를 위해 많은 노력을 하고 있는 상태에 대한 개념으로 적절한 것은?

① 정체감 유실
② 정체감 혼미
③ 정체감 형성
④ 정체감 유예
⑤ 정체감 성취

해설 ④ 정체감 유예란 자신의 정체감을 형성하지는 못했지만 이를 위해 노력하는 상태를 말한다.

참고문헌

김성이 · 조학래 · 노충래 · 신효진(2013). **청소년복지학.** 경기 : 양서원.
김애순 · 윤 진(1997). **청년기 갈등과 자기이해.** 서울 : 중앙적성출판사.
김정열 · 김산용(2014). **청소년복지론.** 경기 : 공동체.
김혜원(2010). 청소년기에 나타나는 심리적 특성과 관련 부적응행동. 세계 청소년학 아카데미 편. **글로벌시대 비판청소년학.** 세계청소년아카데미.
박희경 외(1998). **현대청년심리학.** 서울 : 학문사.
백사인 · 배양자 · 박병훈 · 염영미(2015). **청소년복지론.** 서울 : 창지사.
송명자(1995). **발달심리학.** 서울 : 학지사.
양석호(1991). 청소년 건전 육성을 위한 지역사회의 역할. **밝은 사회 건전한 청소년.** 체육청소년부.
엄명용 · 노충래 · 김용석(2004). **사회복지실천기술의 이해.** 서울 : 학지사.
이옥주 · 김유숙 · 김용태(1996). **청소년가족상담.** 청소년대화의 광장.
이춘재 · 윤 진 · 오경자 · 이옥경 · 이재창 · 심응철 · 서봉연 · 김충기 · 이명숙(1988). **청년심리학.** 서울 : 중앙적성출판사.
임영식(1999). 청소년 발달의 이론적 접근. **청소년학 총론.** 한국청소년학회.
임영식 · 한상철(2004). **청소년심리의 이해.** 서울 : 학문사.
정영윤(1992). 심리학분야에서의 청소년연구 동향과 과제. **청소년연구의 동향과 과제.** 한국청소년연구원.
천정웅(2013). **청소년복지론.** 경기 : 양서원.
______(2016). **청소년복지론.** 경기 : 양서원.
천정웅 · 김윤나 · 이채식 · 전경숙(2016). **청소년복지론.** 서울 : 신정.
한국청소년연구원(1993). 외국의 청소년복지정책연구.
한상철(1999). 심리적 특성의 발달. **청소년학총론.** 한국청소년학회.
홍봉선 · 남미애(2014). **청소년복지론.** 경기 : 공동체.
____________(2015). **청소년복지론.** 경기 : 공동체.

Kohlberg, L.(1969). Stage and sequence : The cognitive developmental approach to socialization. In D. A. Goslin(Ed.), *Hanbook of Socialization Theory and Research.* Chicago : Rand McNally.

CHAPTER 02

청소년복지의 이해

학습목표

- 청소년복지의 개념을 자신의 말로 설명할 수 있다.
- 현대사회의 특징에 따른 청소년복지의 필요성을 설명할 수 있다.
- 청소년 관련 서비스의 내용을 분류하여 설명할 수 있다.

1. 청소년복지의 개념

사회복지란 사회적으로 약한 자와 소외된 자, 불이익을 받는 자들에게 다양한 사회복지의 실천 방법을 통하여 국가가 다양한 정책과 제도, 행정적 서비스를 통해 안정적으로 평안한 삶(well-being)을 영위할 수 있도록 돕는 총체적 활동이라고 정의할 수 있다. 그러므로 청소년복지도 모든 청소년과 그 가족을 대상으로 욕구와 상황에 적절하게 대응하기 위한 총체적 사회복지서비스라고 할 수 있다.

우리나라에서는 1990년 이후 청소년기본법이 제정되면서 청소년복지에 대하여 학문적 정체성이 논의되기 시작하였고, 급속한 사회적 변화와 대중문화의 중심축에 청소년이 자리 잡으면서 청소년복지가 명확하게 정립되지 못한 채 관련 정책과 제도가 시행되기 시작하였다. 그러다 보니 아동 · 청소년복지, 청소년복지, 청소년정책, 청소년복지정책, 청소년육성정책, 청소년복지활동 등으로 혼용되기도 하였다(박정란 외, 2016 : 33).

청소년복지의 개념은 시대적 상황, 청소년의 특성과 발달, 국가의 복지수준

정도에 따라 다양하게 정의될 수 있는데 지금까지 연구된 개념을 살펴보면 다음과 같다(박정란 외, 2016 : 33-34).

장인협과 오정수(1984)는 청소년복지를 아동복지와 구분하지 않고 아동 · 청소년복지로 혼합해서 사용하고 있다. 사회 구성원으로서 아동과 청소년의 기본적 욕구를 충족시키고, 건전한 성장과 발달을 도모하기 위해 여러 가지 활동을 가능하게 하는 공적 방법과 절차라고 정의하였다.

김성이(1993)는 가정이나 사회로부터 버려지거나 적응하지 못하는 청소년들뿐만 아니라 모든 청소년들의 안녕에 관심을 가져야 한다고 전제하고, 청소년복지 활동을 청소년의 기본적 욕구를 충족하게 하고 정신적 · 정서적 · 신체적으로 최상의 발달을 도모하기 위해서 청소년 자신들에게 직접적으로 또는 가정이나 사회를 통해 간접적으로 제공되는 모든 사회제도적 · 전문적 활동이라고 정의하였다.

또한 홍봉선과 남미애(2015)는 청소년복지는 대상 집단이 요보호청소년 등 특정 집단에 국한되는 것이 아니라 일반 청소년 및 청소년의 생활에 가장 직접적인 영향을 미치는 가족까지도 포함하고 있으며, 청소년에 대한 직접적 서비스뿐 아니라 간접적으로 제공되는 모든 정책과 제도를 포함하는 광범위한 개념으로 정의하였다(홍봉선 외, 2015 : 46-47).

그리고 노 혁(2010)은 청소년복지는 청소년의 올바른 성장과 발달에 목적을 두고 이를 위해서 공동의 노력과 참여를 전제로 이루어져야 한다고 하였다. 즉, 지식정보사회에서 청소년들에게 일정 부분 사회적 역할과 책임을 부과하며, 동시에 현재 청소년의 삶을 이해하여 보다 나은 여건을 마련해 주고, 미래에 보다 좋은 환경에서 생활할 수 있도록 복지를 통해 자립기반과 자기 계발을 할 수 있는 능력과 기회를 마련해 주는 제반 활동이라고 정의하였다(백사인 외, 2015 : 54).

이상의 정의를 토대로 볼 때 청소년복지란 청소년의 특성과 욕구 등에 있어서 아동복지와는 구별되며, 주체성과 정체성을 갖는 청소년으로서 그들의 발달과업으로서의 문제, 사회적 기본권의 보장, 이를 통한 인권보장, 문화적 권리의 실현 등을 도모하는 일련의 활동이라고 정의할 수 있다.

2. 청소년복지의 필요성

사회복지의 본질에 비추어 볼 때 1990년대 이후 자본주의와 민주주의의 발전이 가속화되고, 산업화에 따른 교육이 대중화됨으로써 청소년과 청소년기가 생애발달 과정에서 독자성을 가져야 한다는 사실을 깨닫게 되었다.

또한 국가가 정책적으로 청소년에 대해 관심을 갖게 된 요인들이 몇 가지 있다. 첫째, 인구학적 측면에서 청소년 인구가 2023년 5월 현재 한국사회 구성원의 15.3%를 차지하고 있으나 1980년대에는 전체 인구의 37.8%를 차지하고 있었기에 사회적 영향 세력으로 부상하게 되었다(여성가족부, 2023b). 둘째, 인적 자원의 개발을 통해서 국제 경쟁력을 확보해야 하는 우리나라에서는 차세대의 주역인 청소년들을 어떻게 육성하느냐가 관건이 되었다. 셋째, 인생주기 측면에서 현대사회의 삶의 조건은 과거 그 어느 때보다도 청소년기가 장기화되고 있고 따라서 우리나라에서 발생하는 다양한 문제들에 직간접적으로 청소년들이 결부되어 있기 때문이다(백사인 외, 2015 : 55).

김성이 등은 우리나라에서 청소년복지의 필요성을 이해하기 위해 우리나라에서 발생하고 있는 전반적인 가족구조의 변화추이와 청소년 문제와 욕구의 변화, 그리고 가치관의 변화에 대해 다음과 같이 언급하고 있다(김성이 외, 2013 : 53-64).

1) 가족구조의 변화

우리나라는 출산율의 감소, 이혼율의 증가로 인한 가족 해체, 결혼의 연기와 가정 해체로 인한 여성 가구주의 증가, 고령 인구의 증가 및 이에 따른 부담의 증가 등이 사회문제화되고 있다. 이러한 가족구조의 변화는 궁극적으로 아동복지, 청소년복지, 가족복지, 여성복지, 노인복지 등 사회복지 전반에 걸쳐 서비스의 욕구와 변화를 필요로 한다.

(1) 출산율의 감소

우리나라에 있어서 아동 · 청소년의 구성비는 1960년에 전체 인구의 31.8%를 기록하고 있으나 2023년 5월 기준 15.3%로 현저하게 감소한 것을 볼 수 있다(통계청, 2023b). 출산율 감소의 원인으로는 사회경제적 환경 및 가치관의 변화에 따라 결혼기피, 결혼연기로 인한 결혼연령 상승과 출산지연 및 기피현상 때문으로 판단된다. 국내 평균 초혼연령에 있어서 1990년에는 여성이 24.8세, 남성은 27.8세이었으나 2022년에는 여성 31.3세, 남성 33.7세로 나타나 초혼이 점차 늦어지는 것을 볼 수 있다(통계청, 2023b). 이처럼 혼인연령의 상승 및 미혼율의 증가로 인하여 출생아 수는 지속적인 감소 추세를 보이고 있다.

(2) 이혼율 증가와 가족 해체

가족 형태가 급속히 다양화되고 있는 가운데 혼인율은 급속히 감소하고 있다. 그리고 시대적 상황을 반영한 것처럼 황혼 이혼은 증가하는 추세에 있으며, 통계적 측면의 이혼율은 완만한 감소를 보이고 있다. 이는 혼인율 자체가 감소해서 이혼율도 감소하는 경향이 있을 수 있지만, 사실혼 관계만 유지한 채 혼인신고를 하지 않는 개방적 결혼관이 존재하는 시대적 가치관을 반영한 것이라고 해석할 수도 있다.

〈표 2-1〉 혼인과 이혼 동향 (단위 : 건수, %)

구 분 \ 연 도	2016년	2017년	2018년	2019년	2020년	2021년	2022년p)
혼인건수	281,635	264,455	257,622	239,159	213,502	192,507	191,690
조혼인율/ 천 명당	5.5	5.2	5.0	4.7	4.2	3.8	3.7
이혼 건수	107,328	106,032	108,684	110,831	106,500	101,673	93,232
조이혼율/ 천 명당	2.1	2.1	2.1	2.2	2.1	2.0	1.8

※ p : 잠정치

출처 : 통계청(2023c). 혼인과 이혼 동향 재구성.

개인주의적 요인에 의하면 유책주의를 따르고 있는 우리나라의 경우 민법 제840조에 규정된 이혼사유에는 ① 배우자의 부정행위, ② 배우자의 악의의 유기, ③ 배우자 또는 직계존속에 의한 심히 부당한 대우, ④ 자기의 직계존속에 대한 배우자의 심히 부당한 대우, ⑤ 배우자의 3년 이상의 생사불명, ⑥ 기타 혼인을 계속하기 어려운 중대한 사유 등이 있다.

또한 사회적 요인으로는 1991년부터 시행된 가족법을 통하여 재산분할권이나 자녀 양육권 등의 법적 변화를 통해 이혼 이후 경제적 불이익을 최소화할 수 있게 되었다. 또한 2008년부터 가족관계등록부 제도가 도입됨에 따라 자녀가 어머니의 성과 본을 따르거나 계부의 성과 본으로 바꿀 수 있게 되면서 계부와 성이 달라 겪는 정체성의 혼란과 불편을 덜어주게 되었다.

최근에는 이혼이 더 이상 불행한 가족 해체의 의미가 아니라 자신의 삶을 위한 또 하나의 선택으로 받아들여지고 있다. 그러나 이혼에 대한 사회적 양상이 많은 변화를 가져온 것이 사실이지만 그 당사자에게는 인생의 실패자라는 느낌을 갖게 하여 분노, 우울, 상실감, 자존심의 저하, 불안감 등을 겪게 한다. 그리고 이혼한 가족들은 종종 극도의 정서적 불안, 분노, 우울 등으로 신체적 건강 악화 및 심리적 장애를 경험하기도 한다. 이러한 장애를 극복하지 못할 경우 알코올 중독, 약물 중독, 정신적 문제 등으로 이어지기도 한다. 또한 가족에게 의지하여 살았던 여성의 경우 분노와 용서의 양가감정, 불행, 고독 등의 감정을 느끼거나 혹은 비양육모의 경우 자녀와 함께 생활할 수 없다는 사실에 심리적으로 큰 고통과 스트레스를 겪게 된다.

이혼한 자녀들의 경우에는 한부모가족이 되면서 자녀의 성장·발달에도 부정적으로 작용한다. 이혼 과정에서 자녀는 우울, 공포, 불안감을 경험하면서 공격적이고 반항적인 반응을 보일 수도 있다. 부모와의 헤어짐은 자녀들의 심리상태에 균형을 깨트리고 사회적 기능 장애까지 일으키며, 부모로부터 버림받았다는 공포감에 극단적으로는 부모에 대한 적대감으로도 나타날 수 있다. 따라서 이혼한 부부가 정서적으로 안정되도록 돕는 것은 그들의 자녀뿐 아니라 이혼자들 스스로가 이혼의 상처에서 회복되고 변화된 생활에 잘 적응하도록 하는 것이 중요한 과제이다.

이혼의 증가는 한부모가족의 증가로 이어지면서 빈곤층의 확대를 초래하고 특히 여성의 빈곤화 현상을 심화한다. 자립 능력이 부족한 여성 가장이 겪어야 하는 경제적 어려움은 주거 및 생계의 문제가 달려 있는 절대적 빈곤의 문제로 이혼 여성 과반수 정도가 빈민층에 해당한다. 때로는 이혼한 후 구직 활동과 자녀 양육의 어려움, 낮은 임금 수준, 미숙련 일에 종사하는 등 다양한 상황이 예상되어 이혼을 주저하는 여성들도 상당수 있다. 반면 경제적 어려움에 처할 수 밖에 없기 때문에 상당수가 재혼을 선택하게 되고 지속적으로 재혼율이 증가되는 요인이 되기도 한다.

이처럼 가족 해체는 대표적인 신사회적 위험의 하나로 다양한 사회 문제를 파생한다는 점에서 더욱 심각하다. 특히 청소년의 빈곤화와 비행, 범죄의 증가 등은 가족 해체가 청소년복지에 치명적일 뿐만 아니라 직접적인 감시와 통제기능을 상실함으로써 청소년이 비행을 저지르거나 범죄를 저지를 개연성이 높기 때문에 해체 가족을 보호하기 위한 적절한 대책뿐 아니라 가족 해체를 원천적으로 예방하기 위한 근본적인 사회 대책 마련이 요구된다(김성이 외, 2013 : 56).

〈표 2-2〉 부모의 이혼에 대한 자녀의 반응

연 령	반응 특징
2.5~6세	• 매우 놀라고 혼란스러워하며, 자신의 잘못으로 생각 • 성인과의 많은 신체적 접촉 요구 • 자신이 유기되거나 다른 곳으로 보내질지 모른다는 두려움
7~8세	• 슬픔, 두려움, 불안정성, 상실감 • 거부당했거나 유기되었다고 생각하지만 자신을 비난하지는 않음 • 부모에게 분노를 표현하는 것을 어려워하며, 부모의 재결합에 대한 열망이 있음
9~10세	• 이혼에 대해 현실적으로 이해하며 자신의 감정이나 강력한 분노를 잘 표현함 • 이혼에 대한 책임감을 더 이상 느끼지는 않으나 두 부모의 사랑 사이에서 갈등 • 부모로부터 자신이 거부되었다는 사실에 분노함
15~18세	• 이혼으로 인해 청소년은 부모를 한 사람의 인간으로 인식하게 됨 • 부모 각자와의 관계에 대해 새롭게 평가함 • 훌륭한 결혼 생활에 대한 자신들의 가치나 개념을 재평가함

출처 : 김윤재 외(2015), p. 226 재구성.

(3) 고령 인구의 증가

우리나라는 2000년에 고령 인구가 7.2%로 고령화사회에 진입하였고, 2017년에는 14.3%로 고령사회에 진입하였으며, 2025년에는 노인인구 20% 이상이 되는 초고령사회에 진입할 것으로 예상된다. 이는 선진국에 비해서 매우 빠른 속도로 신약개발 및 의료기술의 발달, 풍부한 영양섭취, 안정된 삶, 위생적 환경, 저출산 극대화, 자기관리 등이 활발하기 때문이다.

초고령사회로의 진입은 노인복지 정책 및 서비스의 다양화를 초래한다. 노인의 신체적 · 정신적 · 심리적 기능의 장애 정도와 경제 상태에 따라 전문적 서비스가 차별화되어 제공되고 있으며, 그 서비스의 제공 장소도 원가정 중심에서 노인 전문 시설로 전환되고 있다. 특히 2008년부터 시행된 노인장기요양보험제도에 의해서 요보호대상자로 여겼던 노인 인구가 소비의 중심, 즉 주체적으로 서비스를 선택하는 중심에 서게 된 것이다.

고령화 문제는 가족 체계의 맥락에서 각 성원의 욕구를 충족시켜야 하는 가족복지와 청소년복지, 아동복지와 노인복지, 여성복지 등의 측면에서 많은 연관성을 가진다. 그러므로 노인에 대한 보호 및 부양의 문제는 가족 전체의 안정성에 영향을 주게 되므로 청소년의 정신건강 및 행동에도 직접적인 영향을 미치게 된다. 이런 측면에서 고령화 문제로 파생될 수 있는 파급효과가 청소년복지에 미치는 영향을 고려해야 한다.

(4) 취업 여성의 증가

여성의 교육 수준과 사회경제적 지위 향상 및 남녀평등 사상에 대한 인식이 변화하면서 여성 취업 인력이 급격히 증가하고 있으며, 또한 여성의 취업률은 남성의 취업률보다 꾸준히 증가하고 있는 것을 볼 수 있다.

여성 취업이 증가하는 원인으로는 가족의 생계를 유지하고 생활수준을 향상시키고자 하는 경제적 이유와 여성의 일과 사회 진출에 대한 성취 의식의 변화, 취업을 통한 자아실현 등이 있다. 더 나아가 성차별을 완화하고 여성으로 하여금 새로운 직업과 사회활동의 기회를 얻도록 장려하는 시책 등이 있다.

〈표 2-3〉 성별 취업인구 및 취업률

구 분	2011년		2014년		2017년		2020년	
	취업자	취업률	취업자	취업률	취업자	취업률	취업자	취업률
계	901,505	92.2	950,772	93.8	931,429	94.9	754,807	94.2
남자	657,852	91.2	702,720	93.4	678,264	94.5	568,934	95.3
여자	243,653	95.1	248,052	94.8	253,165	96.0	185,873	91.1

※ 15세 이상 인구
출처 : 통계청(2023a). 성별 취업인구 및 취업률. (2023.6.30. 인용).

그러나 여성의 취업은 자녀와 함께하는 시간의 부족, 아동이 정서적으로 건전한 성장을 도모하는 데 일정 부분 모성 결여로 인한 한계 등이 있을 수 있다. 따라서 여성의 사회 진출 및 취업 활동은 산업화 사회의 불가피한 현상이기도 하지만 여성의 사회 기여는 국가 발전에 중요한 위치를 차지한다는 점을 감안할 때, 그리고 아동의 발달에 영향을 준다는 점에서 이 문제를 어떻게 해결해야 할 것인가는 우리 사회의 과제가 아닐 수 없다(김성이 외, 2013 : 57).

(5) 핵가족화 경향

산업화가 진전되면서 많은 젊은이들이 대가족 생활양식에서 벗어나 부모-자녀 중심의 핵가족으로 이동하게 되었다. 심지어 1인 가구가 증가하는 현 시대를 반영할 때에 가족 규모가 크게 축소된 것을 볼 수 있다. 이러한 핵가족화는 자녀교육에 많은 영향을 미치고 있다. 자녀의 수가 감소하면서 형제자매간에 상호 돌볼 수 있는 정서가 결여되고, 조부모나 친척 등이 손자녀를 돌보는 경우도 드물게 되었다.

이처럼 핵가족은 교육적 측면에서 대가족의 기능보다 훨씬 약하다. 핵가족에서 부모만의 양육과 지도를 받고 자라는 아동은 대가족하에서 성장하는 아동보다 정서적으로 덜 성숙하고 사회화가 덜 이루어질 가능성이 높다. 이러한 관점에서 핵가족화의 기능이 가족의 교육적 기능의 약화를 초래하게 되면서 아동 문제의 원천이 될 수 있다(김성이 외, 2013 : 58).

2) 청소년 문제와 욕구의 변화

청소년복지의 필요성은 시대적 상황에 따라 청소년의 문제와 욕구가 달리 표출될 수 있음을 의미하므로 이에 따르는 청소년복지정책과 서비스 또한 유연한 대응이 필요하다(김성이 외, 2013 : 58-62).

(1) 청소년 문제와 욕구의 다양성

청소년 비행과 같은 문제는 어느 시대와 문화를 막론하고 존재해 왔으며, 그에 대한 대응도 다양하게 나타나고 있다. 예를 들면, 미국의 경우 19세기 말부터 청소년의 범죄 행동은 성인과 분리하여 다루기 시작하였으며, 우리나라는 청소년을 보호하려는 취지에서 「미성년자보호법」을 제정하여 통제와 처벌 위주의 법 집행을 강화하는 방식을 취해오다가 1999년 이후부터 「청소년보호법」을 제정하였다.

이전의 청소년 문제는 청소년 비행, 공격적 행동, 우울증과 자살, 입시 스트레스 등의 문제가 주류를 이루었다. 그런데 최근에는 이에 더해 산업화와 경제성장을 통해 의식주 생활이 향상을 보이면서 비만과 섭식장애 문제가 증가하고 있다. 그리고 「청소년보호법」과 같은 제도적 조치가 마련되어 있음에도 음주 및 흡연은 증가하는 추세에 있으며, 점차 저연령화 현상이 심해지고 있다. 나아가 인터넷의 보급률이 세계적으로 손꼽히는 우리나라는 청소년을 사이버상의 유해매체로부터 보호할 장치가 미약한 편이다. 특히 인터넷의 보급과 사용률이 높다는 측면에서 청소년의 대인관계가 점차 사이버 공간에서의 상호 작용으로 한정되어 가며, 이에 따른 부작용으로 인터넷 중독과 사이버상의 언어적 · 성적 폭력이 신체적 폭력으로 이어지고 있는 실정이다.

또한 1990년대 후반부터 급속히 증가한 청소년 성매매 행동과 성폭력 행동은 청소년기의 단순한 성적 호기심을 넘어 용돈 조달의 수단이 될 뿐만 아니라 소득의 수단으로까지 이용되는 등 상업화, 조직화되기에 이르렀다. 이로 인해 미혼모 문제가 증가할 뿐만 아니라 성병과 에이즈(AIDS) 감염의 확산, 낙태의 증가 등 문제가 발생하고 있다. 그리고 학교 교육에 대한 혐오감을 느끼고 해외유학을 선택하거나, 획일적인 암기 위주 및 입시 위주의 교육, 급우 및 교사와의 갈등 등이 학교 부적응으로 연결되면서 학교를 중퇴하는 학생이 점차 증가하고 있다. 이로 인하여 우리나라에서는 교육부 인정 대안학교가 1998년부터 설립되기 시작하여 증가하는 추세이다(여성가족부, 2003a).

(2) 청소년 문제와 욕구의 복잡성

이전의 청소년 문제는 원인이 비교적 단순하고 해결방안이나 접근방법도 개별적 접근을 요구하는 정도였다. 그러나 사회 변동과 함께 청소년을 둘러싸고 있는 다양한 체계의 영향이 복잡해짐에 따라 청소년 문제는 다양하게 서로 얽혀 있어 해결의 실마리를 찾기 어려운 형태로 나타나고 있다. 따라서 복합적 서비스를 운영하기 위한 원스톱서비스(One-Stop Service)의 제공기관 설립 및 운영이 필요한 시점이다.

(3) 청소년 문제의 심각성

청소년 문제의 심각성은 저연령화와 청소년의 문제행동 증가에서 분명하게 나타난다. 청소년의 흡연이나 음주 비율이 지속적으로 증가하고, 유해매체의 접촉 빈도도 높은 것을 볼 때 청소년들의 문제는 보편적으로 만연해 있음을 알 수 있다.

(4) 청소년 문제의 접근방법 변화

이전의 청소년 관련 접근방법이 의료 모델에 입각하여 단순원인론적 결정주의에 중점을 두었다면 1980년대 이후에는 생태체계적 관점과 강점관점에 중점을 두고 접근하였다. 특히 문제행동에 대한 이해의 폭이 넓어지면서 어려운 상황에서도 문제를 극복해 나가는 청소년의 보호 요인과 어려운 상황에 빠져들도록 하는 위험 요인을 파악함으로써 이들에 대한 예방적 접근방법이 활성화되기 시작하였다.

나아가 사회복지사 주도의 문제해결과 개인 및 환경의 변화보다 파트너십 관계에서 변화 추구를 모색하게 되면서 임파워먼트 접근방법과 권익옹호의 실천을 중요시하게 되었다. 즉, 개인이나 집단, 가족, 그리고 지역사회가 자신들의 힘을 되찾아 활용할 수 있도록 하고 상실하거나 박탈당한 권리, 서비스, 자원 등을 활용하도록 하게 되었으며, 사회복지사가 클라이언트의 입장에서 권익을 옹호하고 권익을 대변하거나 권익 향상을 위한 정책 과정이나 입법 활동에 참여하게 되었다.

3) 가치관의 변화

가치란 믿음 또는 신념과 같은 것으로서 '좋다/ 싫다', '바람직하다/ 나쁘다' 등과 같이 선호하는 것에 대한 암묵적 견해이다. 또한 인간의 삶과 관련된 특정 수단, 목적, 조건에 대한 주관적 선호를 말한다. 이처럼 가치는 단순한 관심이 아니라 인간행동의 방향과 동기를 제공하는 개념으로서 행동 시에 선택의 기준으로 작용하다 보니 청소년과 관련된 가치의 변화 요인도 청소년복지가 필요로 하게 되는 배경이 된다고 할 수 있다. 이에 김성이와 그의 동료들이 이야기한 가치관의 변화 내용을 살펴보면 다음과 같다(김성이 외, 2013 : 62-64).

(1) 양육 가치관의 변화

자녀 양육에 대한 사회적 가치관은 점차 변화하고 있으며 이로 인해 청소년복지의 필요성이 증대되고 있다. 오늘날은 부모가 이전 세대에 비하여 덜 희생적이며 부부 또한 자기지향적 가치가 지배적이다 보니 이혼 등 여러 가지 원인으로 인한 가족 해체의 위기 상황에서 아동이 부모의 보호를 받기보다는 사회적 보호의 필요성이 증대하고 있는 실정이다. 따라서 이러한 아동과 청소년에 대한 국가의 책임이 증대되어 청소년의 권익을 대변할 수 있고, 이들에게 필요한 심리 · 사회적 욕구를 충족시켜 줄 사회복지서비스가 필요하게 되었다.

(2) 성 가치관의 변화

청소년의 성에 대한 가치관이 서구적 경향을 띠게 되면서 실제 성행동에서도 영향을 주고 있다. 쾌락주의적 성행동 추구, 혼전 성관계 및 동거에 대한 개방적 태도, 선정적인 문화의 접촉, 무분별한 성관계 등은 청소년의 성 가치관이 변하고 있음을 입증해 주고 있다. 이로 인하여 10대 미혼모(부) 및 낙태율이 증가하는 것을 알 수 있다.

이러한 맥락에서 국가 및 사회의 책임은 점차 증대되고 있으며, 우리나라에서도 청소년보호법에 따라 2001년부터 '신상공개제도'를 시행해 오고 있다. 하지만 이러한 일의 예방을 위해서는 학교 교육과 의료 및 보건, 그리고 사회복지 관련 기관 및 단체의 협력을 통해 체계적으로 올바른 성교육과 인식을 심어줄 필요가 있다.

(3) 균등 교육 기회권에 대한 가치관의 변화

학교 부적응 학생의 증가에 따른 대안학교 및 대안교육에 대한 욕구가 증가하는 것은 기존 교육 제도에 대한 거부감으로 발생한다고 할 수 있다. 이에 따라 국민의 기본권인 균등 교육 기회권에 대한 권리 요구가 점차 증가하고 있는 추세이다. 즉, 이제까지는 기존 교육 제도권 밖에서의 교육을 부정적 시각으로 보면서 사회적 낙오자처럼 인식하였지만 이제는 동등한 교육의 수혜자로서의 권리를 주장하고, 이에 따른 정부와 사회의 대책과 해결 방안을 적극적으로 요구하면서 대안을 찾고 있는 것이다.

4) 사회환경 변화

우리나라는 1997년 외환위기와 국제통화기금(IMF)의 관리 체제로 인해 경제 위기와 함께 여러 가지 사회 문제를 경험하게 되었다. 경제 위기는 대량 실업과 절대 빈곤층 및 차상위 계층의 증가, 가정 해체 및 이혼, 시설보호 아동의 증가, 노숙자 문제, 자살 등과 같은 다양한 사회 문제를 유발시켰다. 이러한 문제는 청소년에게도 직간접적으로 영향을 미친다. 즉, 빈곤과 실직은 가정파괴 및 해체를 가져오게 되었고, 이 가정의 아동과 청소년은 적절한 보호를 받지 못한 채 사회적 위험에 노출되거나 방치될 수밖에 없는 상황에 처하면서 청소년 문제를 증가시켜 청소년복지의 필요성이 가중되었다.

3. 청소년복지의 접근방법

청소년복지에 대한 접근방법은 학자마다 다르지만 김성이와 그의 동료들은 크게 두 가지로 구분하고 있다(김성이 외, 2013 : 70-71). 이 모델들은 의료와 정신건강 영역에서 활용되기는 했지만 다양한 청소년 문제뿐만 아니라 일반 청소년 모두에게 적용될 수 있는 모델들로 청소년복지정책과 서비스를 고려하는 과정에서 유용하다고 할 수 있다. 첫째, 의료, 보건, 정신건강에서 많이 활용하고 있는 예방적 접근방법으로 Caplan(1964)이 제시한 세 가지 예방 모델이 있고, 둘째, Mrazek과 Haggerty(1994)가 제시한 정신건강의 예방－치료－유지 모델이 있다.

1) Caplan의 세 가지 예방 모델

Caplan(1964)이 제시한 예방 모델은 일차적, 이차적, 삼차적 예방으로 구분된다. 첫째, 일차적 예방은 새로운 문제나 병의 출현율을 줄이는 예방법이다. 즉, 특정 문제가 발생하는 것을 예방하기 위해 적극적 전략과 예방 활동을 모색하는 것을 의미한다. 내적 대처기술과 외적 요인 혹은 모두를 변화시키거나 강화함으로써 문제의 발생률을 줄이는 방법이다. 그 예로 아동학대 예방을 위해 부모교육, 성병 및 에이즈 감염, 10대 임신의 예방을 위한 성교육, 학교중퇴를 예방하기 위한 중퇴 예방 프로그램 등이 있다.

둘째, 이차적 예방은 이미 발생한 문제나 병에 대한 조기발견과 개입을 통해 유병률을 낮추는 것을 목적으로 한다. 즉, 문제가 있는 사람의 조기발견을 통해 문제의 영향을 최소화하고 이전 기능을 조속히 회복하도록 하는 데 초점을 둔다. 그 예로 친구의 갑작스런 죽음을 경험한 청소년을 위한 자조집단의 구성 및 활성화, 음주 및 약물남용 청소년을 위한 통원 치료시설, 가정폭력을 목격한 청소년을 위한 상담서비스 등이 있다.

셋째, 삼차적 예방은 현존하는 문제나 병으로 인한 장애 및 복합적 문제를 예방하는 것을 목적으로 한다. 즉, 문제해결 후에 잔존하는 문제를 줄이는 것으로 약물남용 프로그램을 통해 치료를 받은 청소년이 매주 자조집단에 참여함으로써 재발을 방지해 나갈 수 있도록 하는 것이다.

2) Mrazek와 Haggerty의 예방–치료–유지 모델

(1) 예방(prevention)

청소년 문제를 예방하기 위해서는 보편적, 선별적, 표적 예방의 세 가지로 나누어볼 수 있다(김성이 외, 2013 : 72-75).

① 보편적 예방

청소년 모두를 대상으로 하는 것으로 문제를 전혀 가지고 있지 않은 청소년들까지도 포함한다. 그 예로 흡연에 대한 예방 교육을 보면 모든 청소년에게 흡연에 대한 정확한 정보 및 교육을 제공함으로써 청소년 흡연을 사전에 예방하자는 것이다. 예방 모델은 개개인에게 드는 비용은 적고, 일반 대중에게서 많은 호응을 얻을 수 있으며, 개입 자체가 개인에게 위험이 없으며, 있다 하여도 매우 적다.

② 선별적 예방

문제에 빠져들 수 있는 집단이나 일반적으로 문제에 빠져들 가능성이 높은 특정인을 대상으로 한다. 그 예로 저소득층 청소년이나 공단 주변 청소년을 대상으로 하는 집중적 성교육이나 금연 교육 등이 있을 수 있다. 이들에게는 스트레스를 유발할 수 있는 요인들이 가정이나 지역사회에서 많이 발생할 수 있기에 선별적으로 모아 예방 교육을 실시함으로써 문제를 감소시키는 것이다. 상대적으로 비용이 덜 들고 부정적인 영향도 적으며, 부정적 영향이 있다 해도 최소한에 머문다.

③ **표적 예방**

문제에 빠져들기 바로 직전의 청소년이나 빠져들었다 해도 그 정도가 매우 가벼워 아직 충분한 회복 가능성을 갖고 있는 청소년을 대상으로 한다. 경우에 따라서는 조기 개입 또는 조기 치료의 형태를 띠고 있기도 하지만 치료의 개념과는 구별된다. 비용이 제법 들기도 하고 개입 자체가 약간의 위험 요소를 가지고 있기도 하다. 그 예로 성관계를 이미 지속적으로 하고 있는 청소년을 대상으로 집중적으로 임신 및 성병, 에이즈 예방에 관한 교육을 실시함으로써 이들이 임신이나 성병 혹은 에이즈로부터 감염되는 것을 막는다. 이를 통해 조기 증상의 장기화를 막고, 문제가 더욱 심각한 상태로 진행되는 것을 막는다.

이 세 가지 예방 모델은 전반적으로 문제 사례의 발생을 줄이는 것을 목적으로 한다. 따라서 위험 요소를 줄이는 것을 목표로 하고 있으며, 그 효과성이나 결과가 곧바로 눈에 띄게 나타나지 않을 수도 있다. 위험 요소가 줄어드는 것을 측정하지 못한다 할지라도 최소한 이들을 보호할 만한 요소를 증가시킴으로써 장차 이들이 문제에 빠져들 수 있는 것을 미리 예방하는 것이 주목적이고, 문제에 빠지더라도 발생 연령 및 시기를 늦추는 것을 목적으로 한다.

(2) 치료(treatment)

치료 모델에서는 크게 두 가지로 개입한다. 그 하나는 사례 발견이고 나머지 방법은 알려진 사례에 대한 기본적 치료를 포함하는 방법이다. 이 모델은 문제 영역에 있는 청소년을 대상으로 직접적인 치료를 제공하는 것으로 심리치료, 약물치료, 지지집단, 입원치료 등을 통하여 문제해결에 중점을 둔다. 청소년이 가지고 있는 문제의 정도 내지는 기간을 줄이고, 문제가 심각한 상태로 진행되는 것을 방지하며, 문제해결이 어려울 경우 재발의 가능성을 줄이는 데 역점을 둔다. 또한 문제 청소년이 가질 수 있는 다른 복합적 문제, 즉 문제의 공존성을 줄이는 데 초점을 둔다. 그 예로 약물 중독에 빠져 있는 청소년을 발견해 내고 이 청소년의 약물 중독 정도에 따라 입원치료, 상담 내지는 요보호시설에서의 단기 격리 치료를 받음으로써 다시금 약물 중독이 재발되지 않도록 하면서 여러 가지 문제가 복합적으로 일어나는 것을 줄이는 데 그 목표를 둔다. 그러나 오랫동안 장기 치료를 요할 경우에는 유지 모델로서 관리되어야 한다.

(3) 유지(maintenance)

유지 모델은 문제와 상관된 다른 문제 및 장애를 줄이는 것을 목적으로 하며, 그 방법은 크게 두 가지로 볼 수 있다. 첫째, 장기 치료나 보호를 요하는 청소년을 대상으로 치료 내지는 보호의 목적에 맞게 협조하여 청소년 문제가 재발되는 것을 줄이기 위해 장기적 치료를 받도록 하는 것이며, 둘째, 재활을 포함한 후속 조치 서비스를 제공하며 약물 치료를 포함한 재교육 및 여러 가지 지원을 하는 것을 의미한다. 그 예로 가출 청소년이 귀가했다면 이 청소년이 학교에 적응할 수 있는 프로그램을 제공해 주고 부모-자녀의 관계를 향상시킬 상담·치료서비스와 사회 적응 기술을 향상할 수 있는 서비스를 제공해 주어 재가출이 없도록 돕는 것이다.

4. 청소년 관련 서비스

청소년복지의 기본 철학은 청소년복지서비스와 정책 모두에 영향을 미치게 되며, 청소년복지의 전개 방향과도 밀접한 관련이 있다. 즉, 보편성과 선별성의 원칙, 잔여적 접근과 제도적 접근에 의해 모든 청소년을 대상으로 할 것인지, 특수 집단의 청소년을 대상으로 할 것인지, 예방이 우선인지 치료가 우선인지 등에 따라 대상과 서비스의 제공 장소, 서비스의 제공 방법 및 종류가 나누어질 수 있는데 그 내용을 살펴보면 다음과 같다(김성이 외, 2013 : 75-76).

〈표 2-4〉 아동복지서비스의 분류

분류기준	가정 ←—— 분류의 연속성 ——→ 시설			
장 소	재가서비스		가정 외 서비스	
서비스의 기능	보조적 서비스	지지적 서비스	대리적 서비스	
방어선의 위치	제1차 방어선(출생가정)		제2차 방어선 (대리가정)	제3차 방어선 (수용시설)
서비스의 내용	홈메이커 서비스, 강제보호 서비스, 보육서비스	개별상담, 집단상담, 가족치료	가정위탁, 입양	수용시설

출처 : 장인협 · 오정수(1999), p. 132, 김성이 외(2013), p. 75 재구성.

〈표 2-5〉 아동복지서비스의 분류 및 청소년복지 관련 서비스

구 분	Kadushin의 분류	현행 한국의 서비스	청소년 관련 서비스
지원 서비스	• 아동상담 • 가족상담 • 지역사회 정신건강상담 • 학대 · 방임아동보호 • 미혼부모 상담	• 아동상담 • 학대 · 방임아동보호 – 기 · 미아 보호	• 청소년상담실 • 미혼모시설 • 개인, 집단, 가족상담
보완 서비스	• 소득보완사업 – 노령, 유가족, 무능력자 보험 – 요보호아동 가족수당 • 가정조성사업 • 탁아사업 – 집단탁아, 가정탁아	• 공공부조사업 – 소년소녀가장세대 보호 – 기타 요보호 아동 • 보육사업 – 집단시설보육 – 직장보육 – 가정보육	• 직업훈련 • 자립지원 시설
대리 서비스	• 가정위탁보호 • 입양사업 • 시설보호 – 긴급보호 – 집단가정 – 아동시설 – 거택보호	• 가정위탁보호 • 입양사업 • 시설보호사업 – 시설보호 • 시설퇴소연장아동 직장 주기 사업	• 쉼터 • 그룹홈 • 보육시설 • 입양

출처 : 표갑수(1992), 김성이 외(2013), p. 76 재구성.

학습문제

01 청소년복지가 추구하는 서비스의 영역이 아닌 것은?

① 청소년의 발달과업　② 사회적 기본권
③ 인권 보장　④ 도덕성
⑤ 문화적 권리

해설 ④

02 청소년복지가 필요하게 된 배경이 아닌 것은?

① 상황의 변화　② 청소년의 욕구 변화
③ 가치관의 변화　④ 청소년 문제의 변화
⑤ 가족구조의 변화

해설 ①

03 청소년 관련 대리서비스의 내용이 아닌 것은?

① 그룹홈　② 보육시설
③ 입양　④ 쉼터
⑤ 청소년상담실

해설 ⑤

참고문헌

김성이(1993). **청소년복지론**. 한국청소년개발원.

김성이 · 조학래 · 노충래 · 신효진(2013). **청소년복지학**. 경기 : 양서원.

김윤재 · 김순옥 · 김재원 · 강영숙 · 김진환 · 진미화(2015). **가족복지론**. 경기 : 공동체.

노 혁(2010). **청소년복지론**. 경기 : 교육과학사.

박정란 · 서홍란 · 장수한(2016). **청소년복지론**. 경기 : 양서원.

백사인 · 배양자 · 박병훈 · 염영미(2015). **청소년복지론**. 서울 : 창지사.

여성가족부(2022). 2021 청소년백서.

---------------(2023a), 2022 청소년백서.

---------------(2023b), 20223년 청소년 통계발표.

장인협 · 오정수(1984). **아동 · 청소년복지론**. 서울 : 서울대학교출판부.

_____________(1999). **아동 · 청소년복지론**. 서울 : 서울대학교출판부.

통계청(2023a). 성별 취업인구 및 취업률.

______(2023b). 시도별 평균 초혼연령.

______(2023c). 혼인과 이혼 동향.

표갑수(1992). **아동복지 한국사회보장제도의 재조명**. 중앙대 사회복지학과 편. 한국복지정책연구소.

홍봉선 · 남미애(2015). **청소년복지론**. 경기 : 공동체.

Caplan, G.(1964). *Principles of Preventive Psychiatry*. NY : Basic Books.

Mrazek, P. J., & Haggerty, R. J.(1994). *Reducing Risks for Mental Disorders*. Washington, D.C. : National Academy Press.

CHAPTER 03

청소년과 인권

학습목표

- 인권에 대한 개념과 특성을 설명할 수 있다.
- 인권에 대한 이해를 통해 자신의 권리를 인지할 수 있다.
- 청소년을 대상으로 하는 인권 교육의 필요성을 설명할 수 있다.

청소년은 한 사람의 인간으로서 존중받을 권리를 가질 뿐만 아니라, 그 연령이 갖는 특성에 따른 특별한 관심을 필요로 하는 존재로서의 인권을 갖는다. 그런 측면에서 아동권리선언(1922), 제네바 선언(1924), 세계인권선언(1948), 유엔아동인권선언(1959), 아동의 권리에 관한 국제협약(1989) 등은 UN과 국제기구를 중심으로 지속적으로 전개되어 온 아동인권 발전을 위한 국제 사회의 노력으로 청소년 인권의 발전을 위한 중요한 결과로 평가할 수 있다(천정웅, 2016 : 163).

특히 UN 아동권리협약(CRC : Convention on the Rights of the Child) 채택에 따라 세계 각국은 자국 청소년 인권을 국제기구의 권고 수준으로 끌어올리기 위해 노력하였다. 우리나라도 1991년 이 조약에 가입을 전후하여 아동과 청소년 인권에 대한 관심과 논의가 점차 확대되었는데, 이는 아동의 삶에 관한 현실에서 인권을 보호할 필요가 있음을 인정하는 것을 의미한다.

이에 따라 청소년 인권에 대한 개념적 토대를 살펴보고, 인권 확보를 위한 국내외적인 노력이 어떻게 진행되었으며, 청소년들의 상황에 맞는 인권 보전을 위해서 이 사회는 어떠한 노력을 해야 하는지 살펴보도록 한다.

1. 인권의 이해

1) 인권의 개념

인권이란 인간이면 누구나 갖는 기본적 권리로서 법적으로 강요할 수 있는 주장 또는 자격을 말한다. 즉, 인간의 본래적 존엄성을 보호하기 위해 정부가 가지는 법적으로 강요할 수 있는 주장 또는 자격으로 풀이된다. 이처럼 인권은 구별된 개인들만이 아니라 집단적 사회와 관계없이 가질 수 있다는 점에서 개인적인 것으로 해석된다.

세계인권선언 제1조에서는 "인류사회의 모든 구성원은 타고난 존엄성과 남에게는 넘겨줄 수 없는 권리를 가지고 있다"라고 명시하고 있다. 이는 모든 인간은 태어나면서부터 자유롭고 평등하며 인간으로서의 존엄과 가치를 지니고 있어서 누구의 간섭이나 침해를 받지 않고 행복을 추구할 권리를 가지고 있다고 선포한 것이다. 또한 UN 인권센터는 인권은 일반적으로 우리의 타고난 천성에 내재되어 있는 것으로 이것 없이는 인간으로 살 수 없는 권리라고 정의하고 있다.

인권에 대한 기본 이해를 위해 인권의 3세대 유형을 살펴보면 다음과 같다. 첫째, 제1세대 인권은 자유권에 관한 것이다. 타인의 강제로부터 자유라는 소극적 자유의 보장과 관련된다. 즉, 사회 발전에 참여하는 인간 권리를 보호하는 것으로 모든 시민적, 정치적 인권을 포함한다. 투표, 표현, 종교, 사회 운동, 집회, 평등, 공정한 재판, 생명권 등 개인적으로 당면한 권리들이 이에 속한다.

둘째, 제2세대 인권은 본질상 경제, 사회, 문화적 권리인 사회권을 말한다. 집합적 형태의 권리이며, 이를 실행하기 위해서는 국가에 의한 진보적인 조치 또는 프로그램이 필요하다. 건강권, 노동권, 주거권, 교육권 등이 해당된다.

셋째, 제3세대 인권은 결속단결권 등의 집단적 권리를 말한다. 따라서 개인에게 적용하면 별 의미가 없지만, 집단적 차원에서는 매우 중요하다. 경제개발권, 평화권, 안정적이고 공동체적 사회에서 살 권리, 깨끗하고 오염되지 않은 공기,

물, 식량에 대한 환경권, 인간의 완전한 잠재성이 획득되도록 하는 물리적 환경에 대한 권리 등을 들 수 있다.

2) 인권의 특성

인권의 특성에 대해서는 몇 가지 관점이 있다. 첫째, 인권의 보편성이다. 인간이 가진 가장 고유한 특성으로 인권은 누구에게나 적용되는 성질이다. 즉, 인권은 사람이라면 누구나 태어나면서 가지게 되는 천부적 권리이며 이는 누구에게도 양도할 수 없고 성별, 나이, 학력, 신분, 재산 등 그 사람이 가진 개별적 속성과 상관없이 모두에게 똑같이 부여되는 것으로 본다.

둘째, 도덕적 정당성이다. 어떤 규범이 모든 개인에 대하여 정당화될 수 있다면 도덕적으로 정당한 규범이다. 마찬가지로 어떤 권리의 내용이 긴급하고도 중요하여 모든 개인에 대하여 정당화될 수 있다면 그 권리는 인권이라는 것이다. 보편적으로 정당하기 때문에 인권은 국가와 사회에 대하여 제도화할 것을 요구할 수 있는 강한 의미의 권리가 되는 것이다. 인권은 그 내용과 효력을 실정법이 '확인'하고 보장해야 할 의무를 가지는 '준실정법적 권리'이다(국가인권위원회, 2006).

셋째, 제도적 권리 및 실정법적 권리에 우선하는 지위를 갖는다. 인권을 침해하는 실정법은 내용상 정당하지 못하게 되며, 이 부정당함은 단순히 도덕적 부당함에 지나지 않는 것이 아니라 법적 성격을 가지게 된다. 독일의 법철학자인 Radbruch가 나치시대 법체계와 법률들을 평가하면서 사용한 개념으로 인권을 의도적으로 침해하는 법률들은 '극도로 부정의한 실정법으로서 법이 아니다'라고 평가한 것처럼 실정법에 대하여 갖는 강한 우선성이 인권의 속성이다(국가인권위원회, 2003; 천정웅, 2016 : 167).

청소년과 관련하여 권리는 청소년의 발달에 필요한 자원을 적절하게 제공받고 모든 위험으로부터 보호받으며 아동 자신의 성장과 미래에 대한 결정에 참여할 기회를 가질 권리, 즉 제공(Provision), 보호(Protection), 참여(Participation)의 3P

개념으로 이해할 수 있다. 또한 국제 조약이나 국제 선언에서는 청소년의 인권에 대해 폭넓게 규정하고 있다. 청소년의 인권을 분류하는 기준은 다양한데, 그 내용을 살펴보면 다음과 같다(천정웅, 2016 : 165-166).

(1) 소극적 자유권

자신이 하려는 바를 행하는 데 있어서 타인으로부터 방해나 침해를 받지 않을 권리를 말한다. 이 권리가 존중되어야 하는 이유는 소극적 자유권이 모든 권리의 향유와 행사의 초석이기 때문이다. 한 인간이 자신이 하고자 하는 일을 하기도 전에 타인으로부터 방해를 받는다면 그는 그 일을 해보기도 전에 아무런 일도 할 수 없을 것이다. 그런 측면에서 청소년 인권 침해의 문제는 일차적으로 청소년의 소극적 자유권과 관련된다.

(2) 적극적 자유권

청소년이 스스로 선택하고 계획한 현재와 미래의 삶에 요구되는 일체의 것을 자율적으로 판단해 영위하는 권리와 그러한 삶을 계획할 권리 등을 총칭한다. 즉, 적극적인 행동의 자유, 학문의 자유, 표현의 자유, 집회 및 결사의 자유가 여기에 해당한다.

(3) 평등권

모든 청소년들을 평등하게 대우해야 하며 평등을 저해하는 일체의 차별에서 보호해야 한다는 것이다. 부모의 사회·경제적 지위에 따른 차별을 받지 않을 권리, 교육상 동등한 대우를 받을 권리, 성으로 인한 차별을 받지 않을 권리, 신체적 자유로 인한 차별을 받지 않을 권리, 학업 부진으로 인한 교육 기회를 박탈당하지 않을 권리 등 매우 포괄적인 내용을 포함한다.

(4) 복지권

최소한의 생활을 보장받을 권리뿐만 아니라 장애아동, 소수민 · 원주민 아동 등이 처한 특정한 결핍 상태에서 벗어날 수 있는 권리를 의미한다.

(5) 자기결정권

국가의 간섭 없이 사적 영역에서 스스로 결정할 수 있는 권리로 복장 등 개인 라이프스타일을 결정할 수 있는 자기결정권과 성적 자기결정권, 생명과 신체의 처분에 대한 결정권, 자기책임의 원리 등이 있다.

이는 행복추구권과 관련된 중요한 권리로 헌법 제10조에 의하면 "모든 국민은 인간으로서의 존엄과 가치를 가지며, 행복을 추구할 권리를 가진다. 국가는 개인이 가지는 불가침의 기본적 인권을 확인하고 이를 보장할 의무를 진다."고 명시하고 있다.

2. 인권의 역사와 국제기구

1) 인권의 역사

인권의 핵심적 요소는 오래전부터 동서양의 문화와 사회 속에서 존재해 왔지만 18세기에 이르러서야 개인의 생명과 자유에 대한 권리를 바탕으로 인권을 개념화하였으며, 그 대표적인 것이 미국의 독립선언과 프랑스의 인권선언이라고 할 수 있다.

인권의 개념화에 최초의 동기가 되었던 것은 시민적 · 문화적 권리에 대한 요구로 나타났다. 투표를 통하여 민주적 과정에 참여하는 주체가 처음에는 중류층과 노동자 계층에서부터 점차 여성으로 확대됨으로써 오늘날 참정권은 '시민적 · 정치적 권리'라는 개념으로 자리 잡게 되었다. 이 시대의 사회개혁자들은 산업혁명에 따른 도시화와 노동착취, 특히 아동의 노동착취, 그리고 노동자 계층을 괴롭히는 빈곤의 결과에 관심을 집중하였다.

박애주의자와 개인적 자선 행위자들은 산업혁명이 초래한 부정적 결과에 대하여 최초로 반응하였으며, 이들의 행동이 사회 문제에 대해 사회 전체 구성원으로 하여금 집합적 책임감을 느끼게 하였다. 이로 인해 사회적 책임 의식이 발달하게 되었고, 이는 사회보험과 같이 사회 전체를 위한 지출 형태의 발전을 가져오게 되었다. 19세기 말 서유럽에서는 이러한 집합적 책임감이 최초로 입법화되었음에도 서인도 · 아시아 · 아프리카 지역에 대한 식민정책을 여전히 확대하고 있었다. 이들은 상대 국가와 국민들을 정복함으로써 해당 국가의 사회 체계와 구조를 파괴시켰다. 즉, 피식민국가의 전통적인 사회적 관계가 붕괴되고, 이들 국민의 인권이 식민국가의 지배 권력에 의하여 무시되거나 유린당하기도 한 것이다.

이러한 발전과 함께 제1차 세계대전과 그로 인한 후유증은 세계의 관심을 인류의 상호 의존적 관계에 집중시켰다. 국제 사회는 전쟁을 일으킨 국가들을 비난하고 국제적 협력을 위한 제도적 틀을 발전시킬 필요성을 공유하게 된 것이다. 특히 국제적 갈등을 초래하였던 제2차 세계대전은 인권의 발전 단계에서 자극제가 되어 국제 협력을 위한 새로운 틀을 채택하도록 하였으며, 국제 행동의 기준이 인권으로 표현될 필요성이 있음을 인식하게 되었다. 이러한 배경에서 1948년 이후 세계인권선언이 보급되어 발전하게 되었다.

특히 국제인권의 경우 제2차 세계대전 이후 결성된 국제연합(UN : United Nation)이 보여준 노력의 역사와 밀접한 관련이 있다. 이때부터 인권이 국제정치의 관심사항이 되었으며 홀로코스트 등 전쟁 중 목격된 비인간적 참상에 대한 반성과 인권에 대한 노력의 상징으로 국제연합헌장 제1조에서는 국제연합의 중요한 목적이 인권과 만인의 자유를 존중하는 것임을 천명하였고, 1948년 12월 10일 만장일치로 '세계인권선언'을 채택하였다.

제2차 세계대전 이후 정립된 미국과 소련의 냉전은 국제인권 발전에 걸림돌이 되었지만 1950년대 이후 식민지 경험을 가진 아시아 · 아프리카 등의 신생독립국들이 대거 국제연합에 가입하면서 인권 발전의 또 다른 계기를 맞이하였다. 1996년 12월에는 '시민적 및 정치적 권리에 관한 국제규약'이 제정되었다. 이 두 가지 국제인권규약은 세계인권선언과 함께 '국제인권장전'을 완성하였다. 국제인권규약은 1976년 비준에 필요한 35개국 이상 참가국의 공식적 비준에 의해서 효력이 발생하게 되었으며, 그 결과 국제규약의 준수 여부를 감시하는 인권이사회가 출범하게 되었고 1979년 이후 국제사면위원회 등의 인권 관련 NGO 단체가 활발하게 활동하게 되었다.

1980년대 이후 UN 총회가 '개발권 선언'을 공포하고 고문방지를 위한 협약이 체결되는 등 국제인권의 발전이 꾸준히 이루어졌다. 또한 시민적 · 정치적 권리에 관한 국제규약의 이행에 대한 정기보고서를 심사하기 시작하였고, 1986년에는 경제적 · 사회적 및 문화적 권리에 관한 국제규약을 준수하기 위한 위원회가 창립되었다. 그리고 1989년에는 유엔 아동권리협약이 채택됨으로써 아동과 청소년의 권리보장을 위한 국제인권법도 마련되었다.

국제인권의 성장과 제도는 1993년 6월 빈에서 열린 '인권에 관한 국제회의'에서 '빈 인권선언(Vienna Declaration)'을 채택하게 되었다. 국제연합의 최우선 목표가 인권과 기본적 자유와 보호의 증진이라고 제4조에 규정하고 있으며, 제5조를 통해 "모든 국가들은 그들의 정치, 경제, 문화적 체계의 상이성과 무관하게 인권과 기본적 자유를 보호 · 증진해야 한다."라고 선언하였다(천정웅, 2016 : 167-170).

2) 아동인권을 위한 국제기구의 노력

청소년의 인권은 아동인권사의 맥락 속에서 함께 발전되어 왔으며, 아동과 구분하여 '청소년 인권'만을 따로 규정한 협약은 없다. 청소년 인권의 논의는 역사적으로 아동 또는 어린이를 중심으로 전개되어 왔으며, 1989년 아동권리협약 채택 이후 청소년을 지칭하는 국제 사회의 각종 회의를 통해 청소년 권익 증진활동이 전개되고 있는데 그 내용을 살펴보면 다음과 같다(천정웅, 2016 : 170-173).

(1) 아동권리선언 초안 작성(1922)

아동권리의 모토가 되는 '아동권리선언'은 아동복리회의 창설자인 J. Eglantyne에 의해 성문화되었다. 5개조로 된 선언은 아동의 신체적, 도덕적, 정서적 발달을 돕는 것이 국가의 의무라고 규정하고 "아동은 그의 재능을 동포를 위해 공헌해야 한다는 자각 속에서 양육되어야만 한다."라는 말로 끝맺고 있다.

(2) 제네바 선언(1924)

국제 연맹은 아동권리선언을 바탕으로 아동의 복지를 위한 5대 원칙을 포함한 아동권리에 관한 '제네바 선언'을 최초로 채택하였다. 이 선언은 전문과 5개조의 본문으로 되어 있는데, 그 전문에서 모든 나라의 남녀와 인류가 인종·국적 또는 신념에 관한 어떠한 사유에 관계없이 모든 아동에 대해 최선의 것을 주어야 한다고 의무를 인정하였다. 특히 아동의 정상적 발달, 도움이 필요한 아동의 보호, 위험으로부터의 보호, 양육의 태도 등을 주요 골자로 하고 있다.

(3) 세계인권선언(1948)

12월에 UN이 제네바 선언을 개정하여 세계인권선언을 선포하였는데, 이는 1924년 제네바 선언에 차별을 받지 않을 권리와 가정환경에서 보호받을 권리를 부가한 7개 조항으로 구성되었다. 세계인권선언은 국제인권법 확립 움직임의 선구로서 아동의 인권이 성인을 포함한 모든 인류의 인권의 보편화에 대해서도 선구적 역할을 한 최초의 선례로 평가된다.

(4) 아동권리선언(1959)

UN 총회에서는 전문과 10개조의 본문으로 구성된 '세계아동권리선언'을 공포하였다. 아동을 단순한 구제나 보호의 대상으로서뿐만 아니라 인권이나 자유의 주체로서 파악하려는 데서 아동인권선언 사상 획기적인 진전으로 평가된다. 아동권리선언은 제네바 선언과 세계인권선언, 그리고 UNESCO · UNICEF 등 국제기구가 발표하는 모든 문서에서 필요하다고 인정되었던 보호조치를 총괄한 것으로 상세하고 넓은 관점에서 그 내용을 확대 · 개선하였다.

(5) 국제인권규약(1966)

세계인권선언이 채택된 후 국제연합인권위원회는 18년간에 걸쳐서 법적 구속력을 가진 국제인권규약을 작성하여 1966년 제21차 총회에서 채택하였다. 사회권적 기본권을 중심으로 각국에 그 실현을 촉진시킬 의무를 부과한 '경제적, 사회적 및 문화적 권리에 관한 국제규약(A규약)'과 자유권적 기본권을 중심으로 하여 각국에 그 준수의무를 부과한 '시민적 및 정치적 권리에 관한 국제규약(B규약)' 및 B규약이 정한 권리의 침해에 대해 피해자 개인이 인권위원회에 직접 구제의 신청을 인정하는 선택의정서 등 세 가지로 이루어져 있다.

(6) UN '국제 아동의 해' 제정(1979)

UN에서는 '국제 아동의 해'를 통해 아동의 인권 실현을 촉진하려고 노력하였으며, 아동권리에 대한 협정의 초안 제정을 위한 추진위원회를 구성함으로써 아동권리협약의 채택에 결정적 계기를 마련하였다.

(7) 세계 청소년 회의 바르셀로나 선언(1985)

유네스코 후원으로 1985년 7월 8일부터 15일까지 개최한 세계 청소년 회의에서는 '바르셀로나 선언'을 통해 특히 청소년 집단의 권리에 대한 적극적인 관심을 표명하였다. 청소년들의 시민적 · 정치적 · 경제적 · 문화적 · 사회적 권리가 충분히 인식되고 행사됨으로써 청소년들이 정치적 상황에 대해 직접적이고 강력한 역할을 수행하고 그들이 관심을 갖는 활동에 참여할 수 있으며, 청소년들의 정치적 참여는 결국 청소년 집단의 능력과 발전 정도에 따라 얼마나 재정 및 행정적 지원을 끌어낼 수 있는가에 달려 있음을 언급하였다.

(8) UN '세계 청소년의 해' 세계 회의(1985)

UN에서는 1985년 11월 13일부터 15일까지 회의를 통해 청소년들이 인류의 미래를 형성하는 데 직접 참여하고, 사회의 모든 분야에서 가치 있는 기여를 하는 것이 매우 중요하며, 보다 나은 그리고 공정한 세계를 건설하는 것에 관한 자신들의 견해를 표명하도록 하는 것이 중요함을 밝혔다. 특히 이 회의에서는 UN 총회나 기타 관련 UN 회의에 청소년 대표들을 국가 사절의 일환으로 포함시켜 파견해 줄 것을 각 정부에 요청하였다.

(9) UN 아동의 권리에 관한 국제협약(1989)

아동권리협약은 어린이에게는 행복하게 누려야 할 권리가 많이 있음을 천명한 것으로, 18세 미만 아동의 모든 권리를 담은 국제적 약속으로 1989년 11월 20일 유엔에서 만장일치로 채택되었다. 2016년부터 우리나라를 포함한 전 세계 196개국이 지키기로 한 것으로, 이 세상 어린이라면 누구나 마땅히 누려야 할 생존 · 보호 · 발달 · 참여의 권리가 있다는 것이다.

협약에 비준한 국가는 가입 후 2년 내에 이행 상황에 대한 최초 국가보고서를 제출해야 하며, 그 후에는 5년마다 제출할 의무가 있다. 이에 따라 우리나라는 제1차 및 제2차 국가보고서를 1994년과 2000년에 제출하였고, 유엔 아동권리위원회는 각 보고서에 대한 권고문을 1996년과 2003년에 공포하였다. 이후 제3차 국가보고서는 유엔 아동권리위원회가 자체심사 일정 등을 고려하여 제3 · 4차 통합국가보고서로 2008년에 제출하도록 하였으며, 이에 대한 위원회의 권고문을 2012년에 공포하였다. 제5 · 6차 통합국가보고서는 제3 · 4차 권고사항 이행결과를 담아 2017년 12월에 제출하였고, 이에 대한 위원회의 심의가 2019년 9월에 진행되었다.

제3 · 4차 통합국가보고서 심의(2012년)에서 유엔 아동권리위원회는 아동학대 신고의무자 범위 확대 및 아동학대 현장 출동 시 아동보호를 강화한 「아동복지법」 개정(2011년), '여성에 대한 차별 철폐에 관한 협약 선택의정서' 및 '장애인권리협약' 비준(2006년, 2008년), '제2차 학교폭력 예방 및 대책 5개년 기본계획' 수립(2010년) 등을 높이 평가하였으나, 유보조항 철회를 위한 노력, 교과 과정 내 아동 권리 및 인권 관련 교육 확대, 아동권리협약에 대한 국민 인식 제고 등을 권고하였다.

우리나라는 2024년 제7차 국가보고서 제출을 위하여 제5 · 6차 권고사항에 대한 이행계획 및 실적을 점검 중에 있으며, 2023년부터 국가보고서 작성을 위한 보고서 집필진 지정 및 유엔 아동권리협약 이행현황에 대한 연구를 진행하고 있다(여성가족부, 2023).

아동권리협약의 기본 원칙은 다음과 같다. 첫째, 무차별의 원칙이다(제2조). 모든 어린이는 부모가 어떤 사람이건, 어떤 인종이건, 어떤 종교를 믿건, 어떤 언어를 사용하건, 부자건 가난하건, 장애가 있건 없건 모두 동등한 권리를 누려야 한다는 것이다. 둘째, 아동 이익 최우선의 원칙이다(제3조). 아동에게 영향을 미치는 모든 것을 결정할 때에는 아동의 이익을 최우선으로 고려해야 한다. 셋째, 생존과 발달의 권리이다(제6조). 어린이는 특별히 생존과 발달을 위해 다양한 보호와 지원을 받아야 한다. 넷째, 어린이 의견 존중의 원칙이다(제12조). 책임감 있는 어른이 되기 위해 어린이는 자신의 능력에 맞게 적절한 사회활동에 참여할 기회를 갖고, 자신의 생활에 영향을 주는 일에 대하여 의견을 말할 수 있어야 하며 그 의견을 존중받아야 한다는 것이다.

또한 아동이 누려야 할 네 가지 권리를 살펴보면, 첫째, 생존의 권리이다. 아동은 적절한 생활수준을 누릴 권리, 안전한 주거지에서 살아갈 권리, 충분한 영양을 섭취하고 기본적인 보건 서비스를 받을 권리 등 기본적인 삶을 누리는 데 필요한 권리가 있다는 것이다. 둘째, 보호의 권리이다. 모든 형태의 학대와 방임, 차별, 폭력, 고문, 징집, 부당한 형사처벌, 과도한 노동, 약물과 성폭력 등 어린이에게 유해한 것으로부터 보호받을 권리를 명시하고 있다. 셋째, 발달의 권리이다. 잠재능력을 최대한 발휘하는 데 필요한 권리, 교육받을 권리, 여가를 즐길 권리, 문화생활을 하고 정보를 얻을 권리, 생각과 양심과 종교의 자유를 누릴 권리 등을 말한다. 넷째, 참여의 권리이다. 자신의 생활에 영향을 주는 일에 대해 의견을 말하고 존중받을 권리, 표현의 자유, 양심과 종교의 자유, 평화로운 방법으로 모임을 자유롭게 열 수 있는 권리, 사생활을 보호받을 권리, 유익한 정보를 얻을 권리 등이 있다.

(10) 아동을 위한 세계정상회담(1990)

아동문제의 해결을 위한 국제 사회의 노력은 인류 역사상 최초로 '아동'이라는 단일 주제로 1990년 9월 29일부터 30일간 뉴욕에서 개최된 '아동을 위한 세계정상회담'에서 엿볼 수 있다. 전 세계 71개국 국가 원수들을 포함한 158개국 대표들이 참석한 아동을 위한 세계정상회담에서는 1990년대 아동의 생존, 보호, 발달을 위한 세계선언과 국가 행동 계획을 만장일치로 채택하였다.

3) 청소년을 위한 국제 사회의 노력

(1) 인권과 민주주의 교육에 관한 세계 행동 계획(1993)

'세계 행동 계획'은 캐나다 몬트리올에서 3월에 열린 유네스코와 유엔 인권센터가 공동 주최한 인권과 민주주의를 위한 교육에 관한 국제회의 결과 발표된 것이다. 계획의 목표는 인권 문화를 창조하고, 개인과 집단들이 비폭력적 방법을 사용하여 그들의 의견 불일치와 갈등을 해결할 수 있는 민주사회를 건설하는 것이다. 행동 프로그램에는 모든 수준의 학교 체제의 교과 내용에서 인권과 민주주의를 가르칠 것, 비공식적 상황 및 특수한 맥락과 어려운 환경에서 인권과 민주주의를 위한 교육, 인권 정보에 관한 국가적 · 지역적 · 국제적 연구센터와 검색 기관의 설립 및 문맹인이나 아동들에게 접근하기 쉬운 형태의 인권 매체 개발 등이 포함되었다(천정웅, 2016 : 174).

(2) 비엔나 선언 및 행동 계획(1993)

오스트리아 비엔나에서 1993년 6월 14일부터 25일까지 세계 비정부단체 청소년 인권대회가 개최되었다. 모든 인권 문제가 아동과 청소년에게 시작됨을 강조하고 아동과 청소년 인권 문제가 긴급하게 제안되지 않는다면 인권 침해는 계속될 것이라고 경고하며, 각국의 UN 아동권리협약 비준을 촉구하였다.

회의에서는 아동과 청소년에게 가치 있는 사회 구성원으로서 참여할 권리, 말할 수 있고 그 말이 경청될 권리, 자신의 관점과 필요에 따라 인생에 영향을 미치는 모든 문제들이 고려될 권리가 있다는 사실을 인정해야 함을 제시하고 인권 문제를 다루는 모든 비정부단체들이 아동인권에 최고의 가치를 두어야 한다고 주장하였다(천정웅, 2016 : 174).

(3) 인구와 발전에 관한 청소년 카이로 선언(1994)

이집트의 카이로에서 1994년 9월 5일부터 13일에 걸쳐 열린 인구와 발전에 관한 세계 청소년 비정부단체 포럼에서 발표되었다. 청소년은 변화의 동인임을 믿는다는 것을 전제로 청소년이 미래에서와 마찬가지로 현재에도 우리 사회의 활동가이자 지도자이며 그러한 역할 수행이 가능한 존재임을 밝히고 청소년들이 새롭고 진전된 사회 발전 제도를 상상해 낼 수 있도록 인권과 정치, 경제 제도에 대한 교육을 받을 필요가 있음을 역설하였다(천정웅, 2016 : 174-175).

(4) UN 청소년 분야에서의 향후 계획과 적절한 후속 조치를 위한 청소년 실행지침(1995)

1985년에 상정되었던 보고서로서 10년이 지난 제50차 UN 총회에서 채택되었다. 여기에는 1985년 세계 청소년의 해의 목적인 참여, 발전, 평화를 달성하고 청소년의 상황을 개선하기 위한 국가 차원, 지역 차원, 국제적 차원의 행동 지침과 비정부 청소년 관련 단체들의 행동을 위한 특정 지침들을 담고 있다. 이를 통해 청소년 관련 주요 영역의 세계적인 흐름과 그 내용을 알 수 있으며, 국가 차원에서 청소년정책 입안 시에 적용하고 참고할 수 있는 구체적인 지침을 확인할 수 있다(천정웅, 2016 : 175).

(5) UN 세계 청소년 행동 프로그램(1995)

2000년과 그 이후를 향한 UN 세계 청소년 행동 프로그램은 청소년들의 상황 개선을 위해 국제적 지원과 국가적 행동 프로그램을 위한 실질적인 지침과 정책을 제공하고 있다. 청소년 관련 주요 변인이며 정책 시행의 10가지 우선 영역으로 ① 청소년과 교육, ② 청소년과 고용, ③ 청소년과 기아, 빈곤, ④ 청소년과 건강, ⑤ 청소년과 환경, ⑥ 청소년과 약물남용, ⑦ 청소년과 일탈, ⑧ 청소년과 여가시간 활용, ⑨ 청소년과 소녀집단, 젊은 여성 집단, ⑩ 청소년과 사회생활, 의사결정에서의 완전한 참여에 대한 국제적 기준을 제시하고 있다.

(6) 2000년대 청소년을 위한 범세계적 활동 프로그램(1996)

오스트리아의 비엔나에서 11월에 개최된 UN 세계 청소년 포럼 결과에 의하면 UN 청소년 권리헌장을 작성하고, 청소년 권리에 대한 특별 보고자를 임명하여 청소년 권리 현황 모니터 및 보고서를 제출하게 하였다. 정부는 인권 교육을 교육 과정에 포함시키고, 인권 분야 지도자 훈련 과정을 설치하고 청소년단체의 UN 인권 교육 10개년 계획(1995~2004)에 참여하며, 청소년참여와 권리 증진을 위해 적합한 자료를 개발하여 제시할 것을 요구하였다(천정웅, 2016 : 176).

(7) 브라가 청소년 실천 계획(1998)

포르투갈 브라가에서 1998년 8월 2일부터 7일까지 '제3회 세계 청소년 포럼'이 진행되었다. 이 포럼은 청소년 실천 계획을 통해 청소년들에게 인류 발전을 위해 참여의 권한을 부여해야 함을 강력하게 표명하고 있다. 장애 청소년, 극빈지역 청소년 등 소수 집단 청소년들의 동등한 참여와 이들을 지원하기 위한 다양한 방안이 제시되었으며, 청소년 관련 비정부단체들이 유엔체제의 전체 의사결정 과정에 민주적인 방식으로 참여할 것, 유엔이 청소년 이슈에 보다 높은 우선순위를 둘 것 등을 제안하였다.

특히 청소년 권리에 대한 실천 계획에서는 인권 교육이 기본적인 인간의 권리임을 밝히고, 이러한 권리는 보편적으로 받아들여지고 있는 시민적 · 문화적 · 경제적 · 정치적 · 사회적 권리들과 그 침해에 대한 정보를 알고 교류할 수 있는 것이라고 밝혔다. 이는 모든 청소년이 인권 교육에 핵심적 수혜자이자 공급자로서 참여해야 한다는 것이다(천정웅, 2016 : 176).

(8) 리스본 선언(1998)

청소년정책과 프로그램에 대한 리스본 선언은 1998년 8월 8일부터 12일까지 포르투갈 리스본에서 열린 제1회 세계 청소년관계장관회의 결과 채택된 선언문이다. 장관회의는 '2000년과 그 이후를 향한 UN의 세계 청소년 행동 프로그램' 123조항의 제안에 의거, 지역 간 협력을 강화하고 국제적인 정규 회의를 마련하는 문제를 논의하기 위해 개최되었다.

핵심 기조는 사회의 모든 수준과 영역의 의사결정 과정에서의 청소년참여였다. 청소년은 상상력과 이상, 무한한 에너지와 비전을 가진 존재로서 그들이 살고 있는 사회의 문화, 경제, 기술적 발전을 지속하는 데 없어서는 안 될 중요한 존재로 규정하였다(천정웅, 2016 : 176-177).

4) 청소년 인권의 국내적 발전

(1) 유엔 아동권리협약 비준

우리나라 청소년 권리에 대한 선언으로는 1923년 아동의 권리공약을 시작으로 1975년 어린이 헌장이 발표되었고, 1990년 청소년 헌장을 통해 대한민국 청소년이 나아가야 할 길을 제시하였다. 헌장의 제정으로 청소년의 권리가 증진되는 것은 아니지만 아동에 관한 국제협약이 유엔총회에서 채택되자 우리나라에서도 1990년 서명하고 1991년 11월 20일에 비준을 하였다. 이는 청소년에 대한 인권 교육에 관심을 가지는 계기가 되었다.

우리나라는 1923년 어린이날을 제정하였으며, 아동의 권리공약 3장을 선포하고, 청소년 헌장의 제정 및 개정 등을 통해 아동·청소년 권리의 보장을 위해 노력하고 있다(천정웅, 2016 : 177-178).

(2) 국내 법률의 제·개정

우리나라는 1997년 12월 13일에 개정된 「교육기본법」에 "학습자의 기본적 인권은 교육의 과정에서 존중되고 보호되어야 하며"라는 규정을 넣었다(제12조 제1항). 또한 2000년 1월 12일에 「아동복지법」을 개정하면서 제3조(기본이념) 제1항에서 "아동은 자신 또는 부모의 성별, 연령, 종교, 사회적 신분, 재산, 장애 유무, 출생 지역 등에 따른 어떠한 종류의 차별도 받지 않고 자라나야 한다."라는 차별금지 원칙을 규정하였다. 그리고 제2항에서는 "아동은 완전하고 조화로운 인격발달을 위해 안정된 가정환경에서 행복하게 자라나야 한다"라고 규정하고, 제3항에서는 "아동에 관한 모든 활동에 있어서 아동의 이익이 최우선적으로 고려되어야 한다."라는 '아동 최선의 이익' 원칙을 명시하였다.

한편 청소년 관련 법률에서도 인권 관련 조항이 창설되었다. 1999년 1월 18일 개정된 「청소년기본법」에서는 제2조 제1항에 "청소년이 사회 구성원으로서 정당하게 대우받고 권익을 보장받으며, 스스로 생각하고 자유롭게 활동할 수 있도록" 한다는 조항을 신설하였다. 이어 2004년 2월 9일에 「청소년기본법」을 전면 개정하면서 제2조 제2항 제1호에 "청소년의 참여보장"이 들어갔고, "청소년의 기본적 인권은 청소년활동·청소년복지·청소년보호 등 청소년육성의 모든 영역에서 존중되어야 한다"라고 규정하였다.

또한 2004년 2월 9일 「청소년복지지원법」을 제정하면서 제2장의 제목을 "청소년의 인권보장 및 복지향상"으로 하였으며, 제3조에 청소년의 인권보장, 제4조에 청소년의 자치권 확대, 제5조에 청소년 인권에 관한 내용을 포함하였다. 제3조의 내용으로는 제1항에서 차별금지의 원칙을 명시하고, 제2항에서는 의견표명권과 자기결정권을 규정하였다. 제4조에서는 "본인과 관련된 의사결정에 참여할 권리"를 보장하고, "청소년이 원활하게 정보에 접근하고 의사를 표명할 수 있도록" 청소년 관련 정책의 자문 · 심의 등의 절차에 청소년 대표가 참여할 수 있도록 하거나 의견을 수렴하게 규정하였다(천정웅, 2016 : 178-179).

3. 청소년 인권

1) 청소년 인권의 특성

청소년은 아직 어른은 아니지만 인간이라는 측면에서 인간으로서의 기본적 권리를 가지며, 사회적 개념으로서의 청소년은 두 가지 특성을 지닌다. 첫째, '역사성'으로 중세에는 청소년이라는 개념이 없었던 것이 근세 이후 등장하게 되었으며 최근에는 청소년기가 길어짐에 따라 이 시기를 따로 떼어 발달과업을 논해야 한다는 주장이 있다. 둘째, '사회적 제도성'으로 어느 특정 시기에 그 사회의 여건과 필요에 따라 청소년 개념의 설정 여부와 그 개념의 내용을 그 사회가 결정하고 규정해서 제도화해 왔다는 것을 말한다. 따라서 사회적 제도에 따라 나라마다 법률적인 차원에서 청소년이 어떠한 권리를 가지고 있는지 다르게 규정하는 것이다. 현재 우리 사회의 경우에는 청소년은 아직 성인이 아니기 때문에 양육과 사회적 보호가 필요한 존재이며 법률적으로도 완전한 권리를 갖지 못한 존재로 규정하고 있다.

청소년은 아직 어른은 아니나 앞으로 어른이 될 사람이다. 즉, 청소년은 청소년으로 머물러 있는 것이 아니라 점차 '어른'이라는 범주로 변화해 간다. 현재 1세대의 청소년은 향후 2세대의 어른이 되는 것이고, 2세대의 청소년은 3세대의 어른이 된다. 따라서 청소년은 어른이라는 범주 개념의 예비적 성격을 지니며 사회는 이들에게 성인이 되기 위한 준비를 시켜야 한다. 그러므로 사회적 합목적성을 위해 청소년을 간섭하고 교육할 필요성이 있다(이봉철, 1992).

결국 청소년들은 성인이 아니기 때문에 사회적 합목적성을 근거로 그들의 권리가 제한될 수 있기는 하지만 이 경우에도 청소년들의 진정한 발달과 이익을 위해 필요한 경우에 한해서만 이를 제한할 수 있다. 바로 이러한 점이 청소년 인권의 특징이라고 할 수 있다. 이는 원칙적으로는 청소년의 권리를 최대한 인정하면서 동시에 스스로 자신의 권리에 책임질 수 있는 성숙한 성인으로 교육시키기 위한 조처라고 볼 수 있다.

2) 청소년 인권의 내용

청소년 인권의 내용을 담고 있는 대표적 국제규범은 1989년 UN이 정한 '아동권리협약'이다. 여기에서는 18세 미만의 아동과 청소년을 대상으로 그들의 권리를 규정하고 있으며 그들은 '인종이나 성별, 언어, 종교, 정치적 또는 기타의 의견, 재산, 사회적 신분에 관계없이 그리고 어떤 차별도 없이 규약에 규정된 제반 권리를 향유'할 수 있게 하고 정부는 이를 보장할 수 있는 모든 조치를 간구하도록 촉구하고 있다. 또한 모든 국가는 청소년들의 최상의 이익을 우선적으로 고려하여 관련 정책을 세울 책임이 있음을 명시하고 있다.

3) 학교 밖 청소년의 인권

(1) 사회 환경에서 어려움을 겪는 청소년

복지 차원에서 도움이 필요한 환경에 놓인 청소년, 사회적으로 외면받는 소수 집단이 생각보다 많이 존재하며, 이들은 사회적 약자라고 불리기도 한다. 청소년의 인권과 관련하여 소수 집단이라는 개념을 언급한 한국청소년개발원(2005)의 보고서에서는 소수 집단 청소년을 주류 집단에서 벗어난 모든 청소년으로서, 근로 청소년, 장애 청소년, 북한이탈 청소년 등에 한정하여 그 인권실태를 파악하고 있다. 그러나 이 외에도 청소년 집단 중에서 소수 집단은 다양하게 규정할 수 있다.

중등교육 학령기의 학교 밖 청소년의 비율을 살펴보면 우리나라는 2022년 현재 5.83%로 상대적으로 많은 비율을 보이고 있다. 이는 국가마다 교육정책이나

(단위 : %)

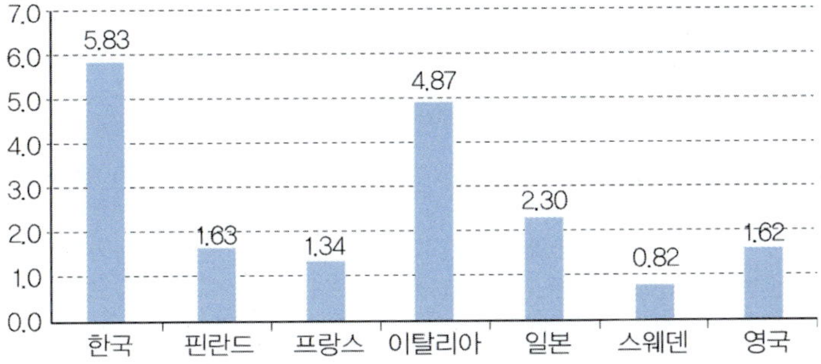

▌그림 3-1▐ 중등교육 학령기의 학교 밖 청소년 비율

주 : 국가별 중등교육 학령기의 학교 밖 청소년 비율을 산출하는 연령 대상에 대한 정보
자료 : UNESCO(2023). UIS Statistics. Education.
출처 : 여성가족부(2023). 2022 청소년백서.

가치관, 문화 등의 차이를 전제하더라도 우리나라의 많은 청소년들이 학교 밖으로 나온다는 것으로 해석된다.

(2) 근로 청소년과 인권

① 근로 청소년의 현황과 인권 문제

기본적으로 청소년 근로자는 비숙련, 저학력 노동력이 대부분이기 때문에 다양한 근로 환경에서 차별적인 대우를 받을 가능성이 크다. 따라서 법적으로 청소년의 근로를 보호하려는 노력은 여러 법에서 나타나고 있다. 청소년의 근로권과 관련한 법규 내용은 헌법, 근로기준법, 유엔의 아동권리협약, 청소년 헌장 등에서 다양하게 찾아볼 수 있다.

구체적으로 보면 미성년자의 근로를 보호하기 위해 취직을 할 수 있는 최소연령은 만 15세로 정하고 있으며, 18세 미만의 청소년은 부모의 동의서를 받아서 일할 수 있도록 하고 있다. 그리고 15세 이상 18세 미만의 연소자는 하루 7시간, 일주일에 40시간을 초과하여 일할 수 없도록 하였으며, 하루에 4시간 이상 일한다면 30분 이상을 쉴 수 있고, 1주일에 15시간 이상 일을 한다면 휴게 · 휴일을 받을 권리가 있다. 임금 역시 최저임금 이상의

〈표 3-1〉 청소년의 근로 권리에 관한 법규 내용

관계법	청소년 근로 권리에 대한 내용
헌 법	• 모든 국민은 근로의 권리를 가진다(제32조 제1항). • 연소자의 근로는 특별한 보호를 받는다(제32조 제5항).
근로기준법	• 여자와 18세 미만인 자는 도덕상 또는 보건상 유해・위험한 사업에 사용하지 못한다(제65조). • 사용자는 18세 미만인 자에 대하여는 그 연령을 증명하는 가족관계기록 사항에 관한 증명서와 친권자 또는 후견인의 동의서를 사업장에 비치하여야 한다(제66조). • 취직인허증을 소지하지 않은 15세 미만인 자는 근로자로 사용하지 못한다(제64조).
유엔의 아동권리협약	• 당사국은 아동이 경제적 착취 및 위험하거나, 아동의 교육에 방해되거나, 아동의 건강이나 신체적・지적・정신적・도덕적 또는 사회적 발달에 유해한 노동의 수행으로부터 보호받아야 한다(제32조).
청소년 헌장	• 청소년은 일할 권리와 직업을 선택할 권리를 가진다.

보수를 받도록 보장하고 있으며, 6개월 이상 계속 일할 경우에는 성인의 최저임금과 똑같이 적용하도록 되어 있다.

② 청소년 아르바이트의 현황과 인권 문제

청소년의 아르바이트 경험이 학업생활과 직업선택에 상당한 영향이 있음에도 불구하고 그 실태를 파악하는 자료는 많지 않다. 아르바이트를 하는 청소년의 경우 정규직 근로에 비하여 더 많은 권리 침해를 경험하는 것으로 보인다. 기본적으로 청소년의 아르바이트 업종이 기술을 익히거나 안정된 공간에서 일을 하기보다는 거리나 외부 공간에서의 근로가 주를 이룰 정도로 근로 환경이 열악한 것에서도 알 수 있다.

2020년부터 조사된 배달/ 운전 아르바이트 고용형태 및 계약서 등 작성 여부를 보면 배달・운전 아르바이트 경험 청소년의 44.4%가 배달앱의 호출을 받아 일한 플랫폼 노동자로 나타났다. 플랫폼 노동형태의 배달 아르바이트에서 근로계약서 작성은 의무사항이 아니며, 배달・운전 아르바이트를 하면서 배달업무 수수료 관련 계약서를 작성했다는 응답자는 24.3%에 불과했다. 한편 산재보험 가입 제외 동의서를 작성했다는 응답은 11.2%에 이르는 것으로 나타났다. 청소년 아르바이트가 감소하였음에도 배달/ 운전 아르바이트 일자리가 증가하고 있어, 경제적 이유 등으로 아르바이트를 하고자 하는 청소년이 배달/ 운전 아르바이트에 종사하게 될 가능성도 커지고 있다. 따라서 보호에 취약한 배달/ 운전 아르바이트 근로자의 근로 권익 보호를 위한 장치가 필요할 것으로 보인다.

청소년 근로계약서 작성 및 배부 여부와 관련하여서는 근로계약서를 작성하지 않았다는 청소년이 2020년 53.1%로 나타났다. 이는 아르바이트 경험 청소년의 절반 이상이 근로계약서 작성 없이 근로하였음을 의미한다. 한편 아르바이트 업무 내용, 급여, 근로 시간, 휴일 등의 내용이 모두 포함된 근로계약서를 작성한 청소년은 29.8%였으며, 해당 내용이 들어갔는지 잘 모르는 청소년도 13.2%였다. 또한 근로계약서를 작성한 청소년 중 계약서를 교부받은 비율은 54.6%였다(여성가족부, 2023).

인권 침해를 당하면서도 불리한 입장에서 일을 하게 되는 이유는 기본적으로 노동력을 제공하는 청소년이 부모의 근로동의서나 노동계약서 없이 노동을 하기 때문이다. 비합법적인 상태에서 일을 하다 보니 청소년들은 부당한 대우를 받거나, 인권 침해를 당하더라도 법적인 보호를 요청하지

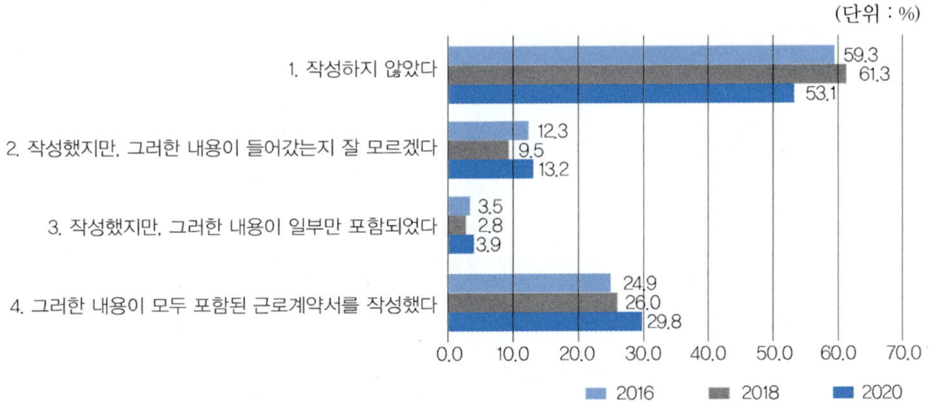

| 그림 3-2 | 청소년 아르바이트 근로계약서 작성 여부

자료 : 여성가족부. 청소년 매체이용 및 유해환경 실태조사. 각 년도 원자료.
출처 : 여성가족부(2023). 2022 청소년백서.

못한다. 더 근본적인 이유는 청소년 노동에 대한 사회적 합의가 부족하여 일하는 청소년에 대한 사회적 존중과 지지가 형성되지 않기 때문이다. 그러므로 청소년들의 근로권 문제는 사회적으로 심각하게 고려할 필요가 있다. 또한 부당행위 및 처우로 인한 노동권 침해를 방지하기 위한 관리·감독 노력이 필요하며, 노동권이 침해받은 경우 제도를 활용할 수 있도록 청소년 근로자에게 지원 정책 홍보와 노동 인권 인식 향상을 위한 교육이 요구된다.

③ 청소년의 근로를 보는 두 관점

청소년의 근로에 대한 사회적 인식은 크게 근절론과 보호론으로 나눌 수 있다. 이는 Myers(1991; 박창남 외, 2003 재인용)의 분류에 따른 것으로, 먼저 근절론 입장에서는 적절한 대안 없이 청소년이 근로 시장에 참여하면 청소년기에 경험할 다양한 경험을 할 수 없으므로, 가능한 한 근로 시장에 개입하지 않도록 해야 한다고 본다. 이에 비해 보호론은 일하기를 희망하는 청소년에게 일할 기회를 주는 것이 그들의 권리를 지켜주는 것이라고 주장한다. 즉, 소비가 중심이 되는 현대 사회에서 스스로 아르바이트 등을 통해 소득을 얻는 경험을 쌓는 것을 긍정적으로 보기 때문에 청소년의 근로를 허락하고 비합리적인 근로 조건을 개선해 주는 것이 그들의 인권을 지켜주는 것이라고 보는 것이다(박창남 외, 2003 : 207-238).

(3) 보호청소년과 인권

① 보호청소년 현황

보호청소년은 죄를 범한 소년과 형벌 법령에 저촉되는 행위를 저질러 소년법의 보호처분을 받아 보호시설에 있는 청소년을 말한다. 청소년 범죄현황을 성별로 살펴보면 전반적으로 남자 소년의 범죄가 많지만 여자 소년범의 비율도 점차 증가하고 있다.

청소년기 특유의 성격적 특성 때문에 비행이나 범죄를 저지르는 경우가 많다고 여기기 때문에 대부분의 나라에서 징계나 처벌보다는 보호 차원에서 그들을 훈육하는 데 초점을 두고 있다. 우리나라에서도 소년범의 보호와 교정 · 교화를 위해 소년사건은 별도로 소년법과 소년원법, 기타 보호관찰법, 청소년보호법 등을 마련해 두고 특별조치를 취하고 있다.

소년사건에 대해서는, 부득이한 경우를 제외하고는 소년 또는 그 보호자를 경찰관서에 소환하지 않고 경찰관이 직접 가정이나 학교 또는 직장을 방문하도록 되어 있다. 또한 소년범에 대한 형사처분은 일정한 소송절차에 따라 심리하여 재판하되 심리 결과 벌금 이하의 형에 해당하는 범죄이거나 보호처분에 해당한다고 인정되면, 소년법원에 송치하여 보호사건으로 처리하도록 하고 있다.

② 보호청소년의 인권 문제

국가인권위원회(2002)에 따르면 보호청소년들이 경찰에서 시작하여 소년원에 이르기까지 다음과 같은 인권 침해를 겪고 있음을 밝히고 있다. 첫째, 경찰에서 겪은 인권 침해 행위 경험으로는 폭언(43.5%)과 구타(40.5%)가 가장 많아서, 절반에 가까운 청소년들이 인권 침해 경험을 한 것으로 나타났다. 둘째, 검찰에서 겪은 인권 침해의 경험으로는 폭언(21.9%)과 구타(12.1%), 협박(9.4%)이 가장 많이 나타났다. 셋째, 재판과정에서 겪은 억울한 일로는 폭언이나 폭행(7.4%)과 하고 싶은 말을 못하게 했다(26.2%)거나 충분히 변호해 줄 사람이 없었다(15.1%)가 가장 많이 지적되었다. 넷째, 소년원에서의 피해 경험으로는 구타(13.6%)와 폭언(8.4%), 협박(3.9%) 등이 지적되었다. 보호처분을 받은 청소년들은 여러 상황에서 매우 다양한 인권 침해를 받고 있는 셈이다. 그러나 이러한 사실들이 보호청소년의 인권 문제로서 사회적으로 제기되지 못하기 때문에 아직도 시정되지 않고 반복되고 있다.

③ 보호청소년을 위한 인권 대책

범죄 청소년에 대하여 일차적으로 이들을 보는 시각을 바꾸고, 이들에 대한 사법적인 형벌을 가능한 한 지양하며, 교육과 보호 차원에서 이들을 지도하고 비행을 예방할 수 있는 대책을 강구해야 할 것이다. 또한 소년사건에 대하여 모든 절차에서 당사자에게 억울하다는 느낌이 들지 않도록 공정한 사법처리가 범죄 청소년의 인권 보호를 위한 출발점이라고 할 수 있다. 따라서 수사과정에서 고문과 가혹행위, 비인간적·굴욕적 대우가 빈번하게 발생한다는 점을 고려하여, 청소년들에게 적법 절차의 권리를 교육하여 스스로를 보호할 수 있는 법적인 자기 보호의 힘을 길러주어야 한다. 이와 더불어 사회적으로 청소년도 성인과 같이 적법 절차에 따라 처우받을 수 있도록 제도화해야 한다. 또한 청소년이라는 인식에서 그들의 인격을 보호하고, 권리를 부당하게 침범하지 않도록 하는 교육이 필요하다.

4) 학업 중단 청소년과 인권

(1) 학업 중단 청소년 실태

청소년이 학업 중단을 결정하게 되는 이유는 시대에 따라 다르다. 1970년대 이전에는 가정의 경제적인 어려움 때문이었다. 그러나 경제 성장이 어느 수준에 도달한 1990년대에 오면서 학업 중단자 문제는 새로운 국면을 맞이하였다. 여전히 경제적 이유로 학업을 중단하는 학생들도 있지만 많은 학업 중단자가 비행이나 학교생활 부적응, 그리고 학습에 대한 무관심과 무기력으로 인해 나타났다. 그 이후 1990년대 후반부터는 학교 교육에 대한 불신과 새로운 교육에 대한 열망으로 학교 밖에서 대안교육을 찾아 나서거나 조기 해외 유학 등 새로운 요인이 학업 중단의 원인으로 등장하고 있다.

(2) 학업 중단 청소년의 인권 문제

학업을 중단한 청소년은 개인적인 측면에서 기본적으로 교육권을 보장받지 못한 상태이다. 어떤 경우라도 청소년은 발달과정에서 필요한 기술 습득의 기회를 가져야 하는데, 학업을 중단함으로써 이 기회를 상실하게 될 뿐만 아니라 이로 말미암아 나타나는 차별을 경험하게 된다.

또한 학업을 중단한 이후의 생활도 문제가 된다. 취업을 하지 못하는 경우는 집단 소속감 없이 문제 청소년으로 전락할 위험에 그대로 노출되어 있으며, 학업 중단 청소년의 경우 근로과정에서 중퇴자 또는 저학력자라는 이유로 나쁜 인식을 받게 되거나, 대부분 임시직이나 저임금에 머물게 되면서 열악한 작업 환경 속에서 노동 착취를 당하는 경우가 많다.

(3) 학업 중단 청소년의 권리 보장

우리나라에서는 일반적으로 학교를 중간에 그만둔 사람에 대해 편견을 갖는 경향이 있다. 그러나 이러한 편견은 차별이며 인권 침해적인 시선이다. 따라서 학업 중단 청소년을 위해서 가장 우선되어야 할 문제는 이들에 대한 사회적 편견을 제거하는 일이다.

이들을 위한 고려 사항은 사회에서의 지원 방안을 통해 이들이 사회생활을 시작하거나 학교로 돌아갈 수 있는 길을 모색해 주는 것이다. 학업을 중단한 경우 가장 큰 문제점은 소속 집단이 없다는 것이다. 특히 처음부터 근로와 관련된 진로를 택한 경우와는 달리, 중도에 학교에서 이탈하거나 탈락한 경우에는 직업 선택에 대한 안내를 받을 곳도 마땅치 않기 때문에 이들을 돌봐줄 전문적인 네트워크가 필요하다. 또한 중도에 학업을 그만둔 청소년들이 사회생활을 준비하거나 학교로 되돌아가도록 하기 위해 계획을 세우고 훈련할 수 있는 전문적인 상담기관이 필요하다. 그리고 학업 중단 청소년을 위한 지원을 하되 같은 연령대의 다른 청소년과 구분되지 않도록 하는 장치를 갖추어 제도적으로 다시 차별받지 않도록 하는 노력이 필요하다.

〈표 3-2〉 청소년 인권 보호에 대한 가정과 국가의 관계

시 기	국가이념 유형	권리의 내용	국가의 역할	역사적 특징
17~18세기	자유방임주의	부권 강조	야경국가	아동기의 출현과 (핵)가족의 중요성 부각 : 아동에 대한 아버지의 권한 강조
19세기	국가부권주의	양육권 강조 (아동과 청소년의 양육받을 권리 강조)	국가의 권위적 간섭	가정의 자녀 보호와 교육의 강조 : 부모에 대한 국가의 개입 강조, 대리모, 위탁, 입양에 호의적
20세기 초 · 중반	가족중심주의	친권 강조 (생물학적 부모의 친권 강조)	국가의 지지적 개입	복지국가의 출현 : 부모 요구의 증가, 국가의 가족에 대한 지원 강화
20세기 후반	아동권리주의	인권 강조 (아동과 청소년의 권리 강조)	아동권리의 보호를 위해 적극적 개입	유엔 아동권리협약 채택 : 아동권리에 관한 국가의 법률제정과 정책 수립에 관한 논의

4. 인권 교육

1) 인권 교육의 의미와 필요성

1994년에 발표된 '유엔 인권 교육 10년'에서는 "인권 교육은 인권과 기본적 자유를 존중하는 가치와 태도를 습득하여 개개인의 인성과 존엄성이 충분히 습득되도록 하는 교육 활동이며, 동시에 이러한 변화를 통하여 인종이나 성별, 국적, 종교나 문화, 기타 구분에 따른 사람들 간의 차별과 편견이 종식되고 평등한 관계와 관용, 이해와 우호, 평화가 증진되는 사회 형성에 기여하는 활동이다."라고 정의하였다.

또한 '세계인권선언'은 전문에서 "모든 개인과 사회 구성원은 교육을 통해서 인권과 자유의 존중을 증진시키기 위해서 노력"할 것을 권고하고 있으며, 본문 제26조에서 교육의 한 가지 목적은 "인권과 기본적인 자유에 대한 존중을 강화하는 것"이라고 선언하고 있다.

이러한 인권에 대한 교육이 필요한 이유는 인권이란 시간이 지나면 저절로 알게 되는 것이 아니라 교육을 통해 알게 되는 것이기 때문이다. 따라서 부모와 교사들이 우선 인권 교육을 받아야 하며, 아울러 성장하고 있는 아동과 청소년들에게 어린 시절부터 인권에 대한 의식과 태도를 기를 수 있도록 교육해야 한다.

특히 청소년 시기는 인격 성장과 정체성 발달이 이루어지는 시기로 인성과 인격이 형성되는 시기이며, 타인에 대한 존중감을 기를 수 있는 사회성이 발달되는 시기이다. 최근에 부각되고 있는 왕따 문제나 일진회 등 청소년 폭력과 비행의 문제는 청소년 시기에 타인에 대한 존중, 인간에 대한 존엄성을 키워주는 것이 얼마나 중요한지 잘 설명해 준다. 그러므로 이 시기의 청소년들에게 자신의 인권을 이해하고 타인의 권리를 인정하도록 하는 인권 교육은 매우 중요하다.

2) 인권 교육의 내용과 방법

인권 교육은 현장의 특성을 우선시해야 하기 때문에 이러한 교육 방법의 원리가 동일하게 적용되는 것으로 이해할 수는 없다. 인권 교육으로 제안된 수업 방법은 크게 두 가지로 대표된다. 첫째, 대중매체를 활용하는 방법이다. 이는 교사의 강의에 의존하는 전통적인 교수 방법보다는 시청각 자료의 활용이 효과적이라는 판단에 따라 중요한 수업 방법으로 활용되었다. 둘째, 학습자의 활동 중심 수업을 통해 인권 교육이 이루어지도록 하는 것이다. 인권의 특성상 스스로 자신의 인권에 대한 이해력과 민감성을 갖는 것이 목적이라는 점에서 학습자가 주도적으로 학습할 수 있도록 문제 상황을 만들어 주어야 한다.

이러한 인권 교육이 실효를 거두기 위해서는 우선 학교장이나 교사 연수에서 학생의 인권의식 개선을 위한 인권 교육과 연수 기회를 확대해 나가야 한다. 이를 통해 인권의식의 개선과 전문지도력 증대를 모색해야 하며, 나아가 인권 교육 시간을 확보해야 한다. 또한 학교 밖 NGO 단체나 평생교육기관과도 연계하

〈표 3-3〉 인권 교육의 내용

지 식	기 능	가치와 태도
• 인간의 권리와 의무 • 인권의 역사 • 불평등, 차별의 여러 형태 • 인권을 위한 규약과 법	• 언어능력 • 비판적 판단력 • 사회성 • 의사결정에 대한 참여 능력 • 법률이나 국제기구 이용 능력	• 인간 존엄성에 대한 자각과 문제의식 • 차이의 수용과 반차별적 태도 • 책임 있게 행동하고 개성 추구

여 다양한 인권 교육 프로그램을 실시하는 것도 바람직하다. 더불어 학부모 단체가 주체가 되어 부모교육 프로그램 속에 자녀 인권의식의 개선이나 가정 내 인권 침해 방지를 위한 학부모 대상 인권 교육도 병행하여 시행한다면 좋을 것이다.

학습문제

01 인권의 특성에 해당하지 않는 것은?

① 인간의 고유성　　② 제도적 권리가 우선
③ 실정법보다 우위　　④ 보편성
⑤ 도덕적 정당성

해설 ②

02 아동권리협약에 대한 내용이 아닌 것은?

① 무차별 원칙　　② 생존과 발달의 권리
③ 어린이 의견 존중의 원칙　　④ 부모의 자기결정권
⑤ 아동 이익 최우선의 원칙

해설 ④

03 청소년의 근로 권리에 대한 설명으로 옳지 않은 것은?

① 도덕상 또는 보건상 유해·위험한 사업에 사용하지 못함
② 연소자의 근로는 특별한 보호를 받음
③ 청소년은 일할 권리와 어떤 직업이든 선택할 권리가 있음
④ 취직인허증을 소지하지 않은 15세 미만인 자는 근로자로 사용하지 못함
⑤ 18세 미만인 자에 대하여는 그 연령을 증명하는 가족관계기록 사항에 관한 증명서와 친권자 또는 후견인의 동의서를 사업장에 비치

해설 ③

참고문헌

박창남 · 도종수(2003). 청소년 학교중퇴 의도의 원인에 관한 연구. **청소년학연구** 10(3).
여성가족부(2023). 2022 청소년백서.
이봉철(1992). 인권, 청소년 그리고 청소년권. **청소년의 권리와 사회적 불평등**. 한국청소년연구원.
천정웅(2016). **청소년복지론**. 경기 : 양서원.
한국청소년개발원(2005). **청소년인권론**. 경기 : 교육과학사.

교육기본법
국가인권위원회(2002)
____________(2003)
____________(2006)
근로기준법
세계인권선언문
아동권리협약
아동복지법
청소년기본법
청소년복지지원법
청소년활동진흥법
청소년헌장
헌법

PART 02

청소년관련법과 전달체계

제4장 청소년관련법

제5장 청소년복지정책

제6장 청소년복지 행정

제7장 외국의 청소년복지 현황

CHAPTER 04

청소년관련법

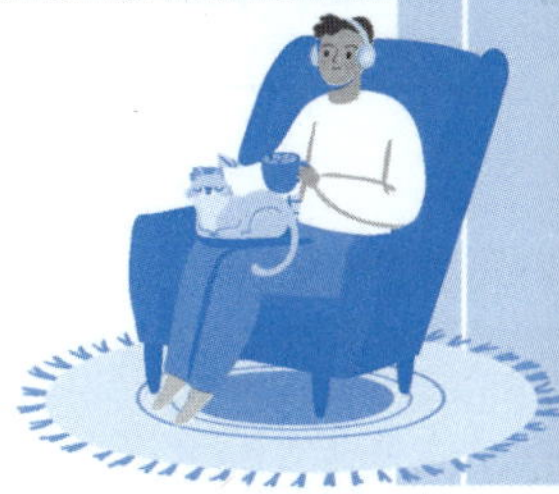

학습목표

- 청소년기본법에서 사용하는 청소년 관련 용어의 개념을 설명할 수 있다.
- 청소년보호법에서 언급하는 규제사항을 설명할 수 있다.
- 아동 · 청소년의 성보호에 관한 법률의 특징을 설명할 수 있다.
- 아동복지법에서 언급하는 아동복지시설을 종류별로 설명할 수 있다.

청소년은 정신적 · 신체적 · 정서적 · 사회적 특수성 때문에 일반법과는 구별되는 청소년관련법의 적용을 받게 된다. 이를 통하여 청소년들이 건전하고 책임 있는 시민으로서 성장할 수 있도록 성장과 발달을 촉진 · 향상시키며, 청소년들이 유해환경과 다양한 위험으로부터 보호받을 수 있도록 사회와 국가가 책임을 수행하도록 한다.

이러한 청소년관련법은 청소년 또는 청소년육성 및 보호와 직간접적으로 관련이 있는 법으로써 청소년을 직접 대상으로 하거나 청소년의 권리 · 의무에 관계된 조항을 포함하는 모든 법령과 규칙으로써 「청소년기본법」, 「청소년보호법」, 「아동 · 청소년의 성보호에 관한 법률」, 「아동복지법」 등 청소년의 보호 · 선도 · 육성 등을 입법 취지로 하는 경우와 「교육기본법」, 「학교보건법」, 「평생교육법」 등 청소년을 주요 대상으로 하거나 법 적용 대상의 일부가 청소년인 경우 등 각 법령별로 입법 취지와 적용 대상을 달리하면서 부분적이고 단편적으로 제정 · 시행되어 왔다(한국청소년개발원, 1994; 김성이 외, 2013 : 289-290).

우리나라는 청소년관련법의 범주에 해당되는 법령이 매우 많고 각각 청소년의 연령 기준이나 호칭에서도 상이한 상태이기에 일정한 연령 범주를 대상으로

〈표 4-1〉 청소년 영역과 관련법 분류

법	관련법
청소년기본법	청소년, 청소년육성, 청소년활동, 청소년복지, 청소년보호, 청소년시설, 청소년지도자, 청소년단체
청소년활동진흥법	청소년활동, 청소년활동시설, 청소년수련활동, 청소년교류활동, 청소년 문화활동, 청소년수련거리
청소년복지에 관한 법	청소년복지지원법, 아동복지법, 한부모가족지원법, 근로기준법
청소년보호에 관한 법	청소년보호법, 아동・청소년의 성보호에 관한 법률, 학교폭력예방 및 대책에 관한 법률, 소년법, 보호소년 등의 처우에 관한 법률

모든 법을 적용하는 것은 한계가 있다. 그러므로 이 장에서는 청소년을 지원하기 위한 정책적 근거가 되는 법을 중심으로 살펴보고자 한다.

1. 청소년기본법

1) 청소년기본법의 이해

한국청소년기본계획의 진단(체육청소년부, 1991)에 바탕을 둔 청소년기본법은 1991년 12월 31일 제정 · 공포되었고, 1993년 1월 1일부터 시행되었으며 소관 부처는 문화체육관광부였다. 청소년기본법은 청소년육성정책에 관한 법률들의 기본법적 지위를 가지는 것으로 헌법 다음으로 효력을 가지며, 청소년육성정책을 다루는 다른 법령을 제정 · 개정할 때에나 행정기관이 청소년육성에 관련된 계획을 수립할 때에는 헌법규정(제2장, 제9장)과 청소년기본법의 규정을 위반해서는 안 된다. 이 법은 청소년활동에 대한 지원법으로 청소년복지, 환경, 문화, 비행, 교류, 상담 및 육성기금에 대한 포괄적 규정을 가지며, 하위법으로 「청소년기본법 시행령」과 「청소년기본법 시행규칙」이 있다.

2) 청소년기본법의 특징

(1) 목적

청소년기본법 제1조에 의하면 “청소년의 권리 및 책임과 가정 · 사회 · 국가 및 지방자치단체의 청소년에 대한 책임을 정하고, 청소년정책에 관한 기본적인 사항을 규정하는 것”을 명시하고 있다. 또한 제2조를 통하여 “청소년이 사회 구성원으로서 정당한 대우와 권익을 보장받음과 아울러 스스로 생각하고 자유롭게 활동할 수 있도록 하며 보다 나은 삶을 누리고 유해한 환경으로부터 보호될 수 있도록 함으로써 국가와 사회가 필요로 하는 건전한 민주시민으로 자랄 수 있도록 하는 것”을 기본이념으로 한다.

이러한 기본이념을 구현하고 장기적 · 종합적 청소년육성정책을 추진함에 있어서 청소년의 참여보장, 청소년의 창의성과 자율성에 기초한 능동적 삶의 실현, 청소년의 성장 여건과 사회 환경 개선, 민주 · 복지 · 통일 조국에 대비하여 청소년의 자질 향상 등을 추진 방향으로 삼고 있다. 이 법은 청소년육성에 관하여 다른 법률보다 우선하여 적용하며, 청소년육성에 관한 법률을 제정하거나 개정할 때에는 이 법의 취지에 맞도록 하여야 한다(제4조).

(2) 정의

청소년기본법 제3조에서는 각각의 용어에 대한 정의를 다음과 같이 하고 있다.

- **청소년** : 만 9세 이상 24세 이하인 사람
- **청소년육성** : 청소년활동을 지원하고 청소년의 복지를 증진하며 근로 청소년을 보호하는 한편, 사회 여건과 환경을 청소년에게 유익하도록 개선하고 청소년을 보호하여 청소년에 대한 교육을 보완함으로써 청소년의 균형 있는 성장을 돕는 것
- **청소년활동** : 청소년의 균형 있는 성장을 위하여 필요한 활동과 이러한 활동을 소재로 하는 수련활동 · 교류활동 · 문화활동 등

- **청소년복지** : 청소년이 정상적인 삶을 누릴 수 있는 기본적인 여건을 조성하고 조화롭게 성장·발달할 수 있도록 제공되는 사회적·경제적 지원
- **청소년보호** : 청소년의 건전한 성장에 유해한 물질·물건·장소·행위 등 각종 청소년 유해환경을 규제하거나 청소년의 접촉 또는 접근을 제한함
- **청소년시설** : 청소년활동·청소년복지 및 청소년보호에 제공되는 시설
- **청소년지도자** : 청소년지도사와 청소년상담사를 말하는 것으로 청소년시설, 청소년단체 및 청소년 관련기관에서 청소년육성에 필요한 업무에 종사하는 사람
- **청소년단체** : 청소년육성을 주된 목적으로 설립된 법인이나 대통령령으로 정하는 단체

(3) 권리

청소년기본법 제5조에는 청소년의 권리와 책임을 규정하고 있다. 첫째, 청소년의 기본적 인권은 청소년활동·청소년복지·청소년보호 등 청소년육성의 모든 영역에서 존중되어야 한다. 둘째, 청소년은 인종·종교·성별·나이·학력·신체조건 등에 따른 어떠한 종류의 차별도 받지 아니한다. 셋째, 청소년은 외부적 영향에 구애받지 아니하면서 자기 의사를 자유롭게 밝히고 스스로 결정할 권리를 가진다. 넷째, 청소년은 안전하고 쾌적한 환경에서 자기발전을 추구하고 정신적·신체적 건강을 해치거나 해칠 우려가 있는 모든 형태의 환경으로부터 보호받을 권리를 가진다. 다섯째, 청소년은 자신의 능력을 개발하고 건전한 가치관을 확립하며 가정·사회 및 국가의 구성원으로서의 책임을 다하도록 노력하여야 한다.

(4) 인력

청소년기본법 제5장을 통하여 청소년지도자에 대해 명시하고 있는데, 제21조를 통하여 청소년지도사의 자격기준 강화와 배치기준을 명시하고 있다. 1999년 법

개정을 통하여 청소년지도사의 자격부여 제도가 개편되고 배치대상 및 배치기준에 관한 일부 규정이 정비됨에 따라 청소년 관련 분야의 경력, 기타 자격을 갖춘 자가 자격검정에 합격하고 연수를 마친 자에게 청소년지도사의 자격을 부여하는 등 그 자격이 강화되었으며, 청소년시설 및 청소년단체는 청소년육성을 담당하는 청소년지도사 또는 청소년상담사를 배치하여야 한다(제23조).

(5) 전담기구

청소년육성에 관한 업무를 효율적으로 운영하기 위하여 시 · 도 및 시 · 군 · 구에 청소년육성에 관한 업무를 전담하는 기구를 따로 설치할 수 있으며, 청소년육성 전담기구의 사무 범위, 조직 등에 필요한 사항은 조례로 정한다(제26조). 또한 특별자치시장 · 특별자치도지사 · 시장 · 군수 · 구청장은 청소년육성을 담당하게 하기 위하여 청소년지도위원을 위촉하여야 하는데, 이에 따른 청소년지도위원의 자격 · 위촉절차 등에 필요한 사항은 조례로 정한다(제27조).

2. 청소년보호법

1) 청소년보호법의 이해

우리 사회가 자율화와 물질만능주의의 경향이 심각해지고, 음란과 폭력성을 띤 유해매체물과 유해약물 등의 유통과 유흥주점과 각종 청소년 유해업소에의 청소년 고용 · 출입이 빈번해짐에 따라 청소년 문제가 사회문제화되어 가는 어려움에 처하게 되었다. 이에 미래의 주역이 될 청소년이 올바르게 성장하여 건강한 인격체로 자랄 수 있도록 하기 위해서 가정과 학교는 물론이고 정부, 언론 · 시민단체 등 모든 사회의 주체들이 총체적 참여를 통해 우리 사회에 만연한 청소년 유해환경을 척결하여야 한다는 사회적 공감대가 형성되어(문화관광부, 2002)

「청소년보호법」을 1997년 3월 7일 제정 · 공포하여 동년 7월 1일부터 시행하게 되었다. 이 법은 형법 관련법의 특별법적 성격을 가지고 있기 때문에 형법이 가지고 있는 구제법으로서의 특징을 가진다.

2) 청소년보호법의 특징

(1) 목적

청소년보호법은 제1조를 통하여 청소년에게 유해한 매체물과 약물 등이 청소년에게 유통되는 것과 청소년이 유해한 업소에 출입하는 것 등을 규제하고, 청소년을 유해한 환경으로부터 보호 · 구제함으로써 청소년이 건전한 인격체로 성장할 수 있도록 하고 있다. 청소년 유해환경의 규제에 관한 형사처벌에 있어서 청소년보호법은 타 법률에 우선하여 적용되는 것을 원칙으로 한다(제6조).

(2) 대상

청소년보호법에서 말하는 보호대상자로서의 청소년은 만 19세 미만의 자로 규정한다. 단, 만 19세에 도달하는 해의 1월 1일을 맞이한 자는 제외하고 있다(제2조 제1항).

(3) 책임 규정

청소년보호법에 의한 보호대상이 되는 청소년을 위한 가정의 역할과 책임(제3조), 사회의 책임(제4조), 국가와 지방자치단체의 책임(제5조)을 규정함으로써 단속의 실효성을 보장하고 유해환경으로부터 청소년보호를 위한 사회주체의 책임을 부여함으로써 범국민적 참여 장치를 법적으로 마련하고 있다.

(4) 규제사항

청소년 유해매체물의 결정 및 유통에 관한 규제에 초점을 두고 있다(제2장).

청소년 유해매체물의 개념과 심의 기준을 분명히 함으로써 청소년 유해매체물의 표시의무, 포장의무, 표시 · 포장 훼손금지, 판매금지, 전시 · 진열금지, 구분 · 격리, 방송시간 제한, 광고 선전 제한 등을 통해 청소년 유해매체물의 청소년 대상 유통을 강력히 규제하고 있다.

(5) 전담체계

이 법의 규정에 의한 청소년보호업무의 전담을 위해 여성가족부 장관은 청소년보호위원회를 설치할 수 있으며(제6장 제36조), 청소년 유해매체물, 청소년 유해약물 등 청소년 유해업소 등의 심의 · 결정을 한다.

3. 아동 · 청소년의 성보호에 관한 법률

1) 아동 · 청소년의 성보호에 관한 법률 이해

청소년의 성을 사는 행위, 성매매를 조장하는 온갖 형태의 중간 매개 행위 및 청소년에 대한 성폭력 행위를 하는 자들을 강력히 처벌하고, 성매매와 성폭력 행위의 대상이 된 청소년을 보호 · 구제하는 장치를 마련함으로써 청소년의 인권을 보장하고 건전한 사회 구성원으로 복귀할 수 있도록 하는 한편 청소년을 대상으로 하는 성매매 및 성폭력 행위자의 신상을 공개함으로써 범죄 예방 효과를 극대화하고자 하였다(문화관광부, 2002).

이 법은 2000년 2월 3일 제정 · 공포되어 동년 7월 1일부터 시행되었다. 이 법의 위임사항에 관한 「아동 · 청소년의 성보호에 관한 법률 시행령」도 만들어졌으며, 소관부처로는 청소년보호위원회를 두고 있다.

2) 아동 · 청소년의 성보호에 관한 법률 특징

(1) 목적

이 법은 제1조를 통하여 아동 · 청소년대상 성범죄의 처벌과 절차에 관한 특례를 규정하고 피해아동 · 청소년을 위한 구제 및 지원 절차를 마련하며 아동 · 청소년대상 성범죄자를 체계적으로 관리함으로써 아동 · 청소년을 성범죄로부터 보호하고 아동 · 청소년이 건강한 사회 구성원으로 성장할 수 있도록 함을 목적으로 한다.

또한 이 법에서 규정하고 있는 아동 · 청소년은 청소년보호법 제2조 제1호의 규정에 따라 만 19세 미만의 자로 규정하면서 만 19세에 도달하는 해의 1월 1일을 맞이한 자는 제외하고 있다(제2조). 그리고 이 법을 해석 · 적용할 때에는 아동 · 청소년의 권익을 우선적으로 고려하여야 하며, 이해관계인과 그 가족의 권리가 부당하게 침해되지 아니하도록 주의하여야 한다(제3조).

(2) 의무

법 제4조를 통하여 국가 및 지방자치단체의 의무를 명시하고 있다. 즉, 국가와 지방자치단체는 아동 · 청소년 대상 성범죄를 예방하고, 아동 · 청소년을 성적 착취와 학대행위로부터 보호하기 위하여 필요한 조사 · 연구 · 교육 및 계도와 더불어 법적 · 제도적 장치를 마련하며 필요한 재원을 조달하여야 한다. 또한 국가는 아동 · 청소년에 대한 성적 착취와 학대행위가 국제적 범죄임을 인식하고 범죄 정보의 공유, 범죄 조사 · 연구, 국제사법 공조, 범죄인 인도 등 국제협력을 강화하는 노력을 하여야 한다.

또한 모든 국민은 아동 · 청소년이 이 법에서 정한 범죄의 상대방이나 피해자가 되거나 이 법에서 정한 범죄를 저지르지 아니하도록 사회 환경을 정비하고 아동 · 청소년을 보호 · 선도 · 교육하는 데 최선을 다하여야 한다(제5조).

(3) 처벌 조항

법 제2조를 통하여 아동·청소년 본인, 아동·청소년을 알선하는 자 또는 아동·청소년을 실질적으로 보호·감독하는 자에게 금품이나 기타 재산상 이익, 직무·편의 제공 등 대가를 제공하거나 이를 약속하고 성교행위 또는 유사성교행위를 하는 아동·청소년의 성을 사는 행위를 처벌하도록 명시하고 있다.

제7조를 통하여 아동·청소년에 대한 강간 및 강제 추행에 대하여 규정하고 있으며, 제8조를 통하여 장애인인 아동·청소년에 대한 간음 등을 규정하고 있다. 특히 제18조를 통하여 기관·시설 또는 단체의 장과 그 종사자가 자기의 보호·감독 또는 진료를 받는 아동·청소년을 대상으로 성범죄를 범한 경우에는 그 죄에 정한 형의 2분의 1까지 가중처벌 하도록 규정하고 있다.

제49조에는 등록정보의 공개를 통해 아동·청소년 대상 성범죄로 유죄판결이 확정된 자에 대하여는 대통령령에 따라 여성가족부 장관이 정보통신망을 이용하여 당해 범죄자의 신상인 성명, 나이, 주소(실거주지), 신체정보, 사진, 등록대상자 성범죄 요지, 성폭력범죄 전과사실, 전자장치 부착 여부 등을 공개할 수 있도록 하였다.

4. 아동복지법

우리나라의 근대적 아동복지법은 1961년 12월 30일에 제정·공포된 「아동복리법」으로, 한국전쟁 이후 발생한 수많은 고아와 빈곤아동 등 요보호아동을 대상으로 한 시설보호 중심의 법이었다. 그 후 1982년 제정된 아동복지법에서부터 요보호아동을 포함하여 일반 아동까지 그 범위가 확대되고 아동의 건전육성과 그 책임소재를 명백히 하였다. 특히 2000년에 전부 개정된 아동복지법은 아동학대 예방을 위해 일반 국민에 의한 자율적 신고와 아동복지 전문가의 신고 의무를 명백히 하고 있다.

1) 목 적

아동복지법은 아동이 건강하게 출생하여 행복하고 안전하게 자랄 수 있도록 아동의 복지를 보장하는 것을 목적으로 한다(제1조). 이 법에서는 다음과 같은 기본이념을 갖는다. 첫째, 아동은 자신 또는 부모의 성별, 연령, 종교, 사회적 신분, 재산, 장애 유무, 출생지역, 인종 등에 따른 어떠한 종류의 차별도 받지 아니하고 자라나야 한다. 둘째, 아동은 완전하고 조화로운 인격발달을 위하여 안정된 가정환경에서 행복하게 자라나야 한다. 셋째, 아동에 관한 모든 활동에 있어서 아동의 이익이 최우선적으로 고려되어야 한다. 넷째, 아동은 아동의 권리보장과 복지증진을 위하여 이 법에 따른 보호와 지원을 받을 권리를 가진다(제2조).

2) 정 의

아동복지법 제3조에서 사용하는 용어의 개념은 다음과 같다.

- **아동** : 18세 미만인 사람
- **아동복지** : 아동이 행복한 삶을 누릴 수 있는 기본적인 여건을 조성하고 조화롭게 성장·발달할 수 있도록 하기 위한 경제적·사회적·정서적 지원
- **보호자** : 친권자, 후견인, 아동을 보호·양육·교육하거나 그러한 의무가 있는 자 또는 업무·고용 등의 관계로 사실상 아동을 보호·감독하는 자
- **보호대상아동** : 보호자가 없거나 보호자로부터 이탈된 아동 또는 보호자가 아동을 학대하는 경우 등 그 보호자가 아동을 양육하기에 적당하지 아니하거나 양육할 능력이 없는 경우의 아동
- **지원대상아동** : 아동이 조화롭고 건강하게 성장하는 데 필요한 기초적인 조건이 갖추어지지 아니하여 사회적·경제적·정서적 지원이 필요한 아동
- **가정위탁** : 보호대상아동의 보호를 위하여 성범죄, 가정폭력, 아동학대, 정신질환 등의 전력이 없는 보건복지부령으로 정하는 기준에 적합한 가정에 보호대상아동을 일정 기간 위탁하는 것

- **아동학대** : 보호자를 포함한 성인이 아동의 건강 또는 복지를 해치거나 정상적 발달을 저해할 수 있는 신체적 · 정신적 · 성적 폭력이나 가혹행위를 하는 것과 아동의 보호자가 아동을 유기하거나 방임하는 것
- **피해아동** : 아동학대로 인하여 피해를 입은 아동
- **아동복지시설** : 제50조에 따라 설치된 시설
- **아동복지시설 종사자** : 아동복지시설에서 아동의 상담 · 지도 · 치료 · 양육을 하는 사람. 그 밖에 아동의 복지에 관한 업무를 담당하는 사람

3) 책 무

아동의 건강증진 및 보호책임의 주체로서 국가와 지방자치단체, 아동의 보호자, 그리고 국민 등으로 구분하여 각각의 책무를 명시하고 있다. 국가와 지방자치단체의 책무에 관한 개정 및 신설 등의 규정을 살펴보면 다음과 같다(제4조).

첫째, 국가와 지방자치단체는 아동의 안전 · 건강 및 복지증진을 위하여 아동과 그 보호자 및 가정을 지원하기 위한 정책을 수립 · 시행하여야 한다. 둘째, 국가와 지방자치단체는 보호대상아동 및 지원대상아동의 권익을 증진하기 위한 정책을 수립 · 시행하여야 한다. 셋째, 국가와 지방자치단체는 아동이 태어난 가정에서 성장할 수 있도록 지원하고, 아동이 태어난 가정에서 성장할 수 없을 때에는 가정과 유사한 환경에서 성장할 수 있도록 조치하며, 아동을 가정에서 분리하여 보호할 경우에는 신속히 가정으로 복귀할 수 있도록 지원하여야 한다. 넷째, 국가와 지방자치단체는 장애아동의 권익을 보호하기 위하여 필요한 시책을 강구하여야 한다. 다섯째, 국가와 지방자치단체는 아동이 자신 또는 부모의 성별, 연령, 종교, 사회적 신분, 재산, 장애 유무, 출생지역 또는 인종 등에 따른 어떠한 종류의 차별도 받지 아니하도록 필요한 시책을 강구하여야 한다. 여섯째, 국가와 지방자치단체는 「아동의 권리에 관한 협약」에서 규정한 아동의 권리 및 복지증진 등을 위하여 필요한 시책을 수립 · 시행하고, 이에 필요한 교육과 홍보를 하여야 한다. 일곱째, 국가와 지방자치단체는 아동의 보

호자가 아동을 행복하고 안전하게 양육하기 위하여 필요한 교육을 지원하여야 한다.

4) 전담체계

보건복지부 장관은 아동정책의 효율적인 추진을 위하여 5년마다 아동정책 기본계획을 수립하여야 하며(제7조), 보건복지부 장관, 관계 중앙행정기관의 장 및 시 · 도지사는 매년 기본계획에 따라 연도별 아동정책 시행계획을 수립 · 시행하여야 한다(제8조). 그리고 보건복지부 장관은 5년마다 아동의 양육 및 생활환경, 언어 및 인지 발달, 정서적 · 신체적 건강, 아동안전, 아동학대 등 아동의 종합실태를 조사하여 그 결과를 공포하고, 이를 기본계획과 시행계획에 반영하여야 한다. 다만, 보건복지부 장관은 필요한 경우 보건복지부령으로 정하는 바에 따라 분야별 실태조사를 할 수 있다(제11조).

아동의 권리증진과 건강한 출생 및 성장을 위하여 종합적인 아동정책을 수립하고 관계부처의 의견을 조정하며 그 정책의 이행을 감독하고 평가하기 위하여 국무총리 소속으로 아동정책조정위원회를 두도록 하였다(제10조).

아동복지에 관한 업무를 담당하기 위하여 특별시 · 광역시 · 도 · 특별자치도 및 시 · 군 · 구에 각각 아동복지전담공무원을 둘 수 있다. 전담공무원은 사회복지사업법 제11조에 따른 사회복지사의 자격을 가진 사람으로서 그 임용 등에 필요한 사항은 해당 시 · 도 및 시 · 군 · 구의 조례로 정한다. 전담공무원은 아동에 대한 상담 및 보호조치, 가정환경에 대한 조사, 아동복지시설에 대한 지도 · 감독, 아동범죄 예방을 위한 현장 확인 및 지도 · 감독 등 지역 단위에서 아동의 복지증진을 위한 업무를 수행한다(제13조).

또한 시 · 군 · 구에 아동위원을 둔다. 아동위원은 그 관할 구역의 아동에 대하여 항상 생활상태 및 가정환경을 상세히 파악하고 아동복지에 필요한 원조와 지도를 행하고 전담공무원 및 관계 행정기관과 협력하여야 하며, 그 업무의 원활한 수행을 위하여 적절한 교육을 받을 수 있다. 아동위원은 명예직으로 하되,

수당을 지급할 수 있으며, 그 밖에 아동위원에 관한 사항은 해당 시·군·구의 조례로 정한다(제14조).

5) 금지행위

아동의 보호를 위해서 절대적 금지행위를 규정하고 있는데 그 내용은 다음과 같다(제17조). ① 아동을 매매하는 행위, ② 아동에게 음란행위를 시키거나 이를 매개하는 행위 또는 아동에게 성적 수치심을 주는 성희롱 등의 성적 학대행위, ③ 아동의 신체에 손상을 주거나 신체의 건강 및 발달을 해치는 신체적 학대행위, ④ 아동의 정신건강 및 발달에 해를 끼치는 정서적 학대행위, ⑤ 자신의 보호·감독을 받는 아동을 유기하거나 의식주를 포함한 기본적 보호·양육·치료 및 교육을 소홀히 하는 방임행위, ⑥ 장애를 가진 아동을 공중에 관람시키는 행위, ⑦ 아동에게 구걸을 시키거나 아동을 이용하여 구걸하는 행위, ⑧ 공중의 오락 또는 흥행을 목적으로 아동의 건강 또는 안전에 유해한 곡예를 시키는 행위 또는 이를 위하여 아동을 제3자에게 인도하는 행위, ⑨ 정당한 권한을 가진 알선기관 외의 자가 아동의 양육을 알선하고 금품을 취득하거나 금품을 요구 또는 약속하는 행위, ⑩ 아동을 위하여 증여 또는 급여된 금품을 그 목적 외의 용도로 사용하는 행위 등을 하여서는 안 된다.

6) 아동학대 금지

국가와 지방자치단체는 유아교육법에 따른 유치원의 유아 및 초·중등교육법에 따른 학교의 학생에 대한 아동학대의 조기발견 체계 및 제45조에 따른 지역아동보호전문기관 등 관련기관과의 연계 체계를 구축하고, 학대피해 학생 등이 유치원 또는 학교에 안정적으로 적응할 수 있도록 지원하여야 한다. 또한 교육부 장관은 아동학대의 조기발견과 신속한 보호조치를 위하여 대통령령으로 정하는 바에 따라 장기결석 학생 등의 정보 등을 보건복지부 장관과 공유하여야 한다(제22조의2).

또한 아동보호전문기관의 장은 피해아동의 보호, 치료 등을 수행함에 있어서 피해아동, 그 보호자 또는 아동학대 행위자에 대한 조치를 관계 중앙행정기관의 장, 시·도지사 또는 시장·군수·구청장에게 협조 요청할 수 있으며, 요청을 받은 관계 중앙행정기관의 장, 시·도지사 또는 시장·군수·구청장은 정당한 사유가 없으면 이에 따라야 한다(제22조의3).

국가는 아동학대 예방사업을 활성화하고 지역 간 연계 체계를 구축하기 위하여 중앙아동보호전문기관을 둔다. 지방자치단체는 학대받은 아동의 발견, 보호, 치료에 대한 신속처리 및 아동학대 예방을 담당하는 지역아동보호전문기관을 시·도 및 시·군·구에 1개소 이상 두어야 한다. 다만, 시·도지사는 관할 구역의 아동 수 및 지리적 요건을 고려하여 조례로 정하는 바에 따라 둘 이상의 시·군·구를 통합하여 하나의 지역아동보호전문기관을 설치·운영할 수 있다. 지역아동보호전문기관을 통합하여 설치·운영하는 경우 시·도지사는 지역아동보호전문기관의 설치·운영에 필요한 비용을 관할 구역의 아동 수 등을 고려하여 시장·군수·구청장에게 공동으로 부담하게 할 수 있다. 보건복지부 장관, 시·도지사 및 시장·군수·구청장은 아동학대 예방사업을 목적으로 하는 비영리법인을 지정하여 중앙아동보호전문기관 및 지역아동보호전문기관의 운영을 위탁할 수 있다(제45조).

7) 추가사업

〈표 4-2〉 아동복지시설의 추가사업 내용

종 류	내 용
아동가정지원사업	지역사회아동의 건전한 발달을 위하여 아동, 가정, 지역주민에게 상담, 조언 및 정보를 제공
아동주간보호사업	부득이한 사유로 가정에서 낮 동안 보호를 받을 수 없는 아동을 대상으로 개별적인 보호와 교육을 통하여 아동의 건전한 성장을 도모
아동전문상담사업	학교부적응아동 등을 대상으로 올바른 인격형성을 위한 상담, 치료 및 학교폭력 예방
학대아동보호사업	학대아동 발견, 보호, 치료 및 아동학대 예방 등을 전문적으로 실시

공동생활가정사업	보호대상아동에게 가정과 같은 주거여건과 보호를 제공
방과후 아동지도사업	저소득층 아동을 대상으로 방과후 개별적인 보호와 교육을 통하여 건전한 인격형성을 도모

출처 : 아동복지법 제52조(개정 2016.3.22).

8) 아동복지시설

아동복지법 제52조에서 규정하고 있는 아동복지시설의 종류는 다음과 같다. 이러한 아동복지시설은 통합하여 설치할 수 있으며, 각 시설 고유의 목적 사업을 해치지 아니하고 각 시설별 설치기준 및 운영기준을 충족하는 경우 사업을 추가로 실시할 수 있다.

〈표 4-3〉 아동복지시설의 종류

종 류	내 용
아동양육시설	보호대상아동을 입소시켜 보호, 양육 및 취업훈련, 자립지원 서비스 등을 제공
아동일시보호시설	보호대상아동을 일시보호하고 아동에 대한 향후의 양육대책수립 및 보호조치를 행함
아동보호치료시설	아동에게 보호 및 치료 서비스를 제공하여 불량행위를 하거나 불량행위를 할 우려가 있는 아동으로서 보호자가 없거나 친권자나 후견인이 입소를 신청한 아동 또는 가정법원, 지방법원소년부지원에서 보호위탁된 19세 미만인 사람을 입소시켜 치료와 선도를 통하여 건전한 사회인으로 육성하며, 정서적・행동적 장애로 인하여 어려움을 겪고 있는 아동 또는 학대로 인하여 부모로부터 일시 격리되어 치료받을 필요가 있는 아동을 보호・치료함
공동생활가정	보호대상아동에게 가정과 같은 주거여건과 보호, 양육, 자립지원 서비스를 제공
자립지원시설	아동복지시설에서 퇴소한 사람에게 취업준비기간 또는 취업 후 일정 기간 동안 보호함으로써 자립을 지원
아동상담소	아동과 그 가족의 문제에 관한 상담, 치료, 예방 및 연구
아동전용시설	어린이공원, 어린이놀이터, 아동회관, 체육・연극・영화・과학실험전시 시설, 아동휴게숙박시설, 야영장 등 아동에게 건전한 놀이・오락, 그 밖의 각종 편의를 제공하여 심신의 건강유지와 복지증진에 필요한 서비스를 제공
지역아동센터	지역사회 아동의 보호・교육, 건전한 놀이와 오락의 제공, 보호자와 지역사회의 연계 등 아동의 건전육성을 위하여 종합적인 아동복지서비스를 제공

아동보호전문기관	아동학대 신고접수, 현장조사 및 응급보호, 피해아동 상담・조사를 위한 진술녹화실 설치・운영, 피해아동, 피해아동의 가족 및 아동학대 행위자를 위한 상담・치료 및 교육, 아동학대 예방 교육 및 홍보, 피해아동 가정의 사후관리, 자체사례회의 운영 및 아동학대사례전문위원회의 설치・운영
가정위탁지원센터	보호대상아동에 대한 가정위탁사업 활성화를 위해 홍보 및 가정위탁을 하고자 하는 가정의 발굴, 가정위탁을 하고자 하는 가정에 대한 조사 및 가정위탁 대상 아동에 대한 상담, 가정위탁을 하고자 하는 사람과 위탁가정 부모에 대한 교육, 위탁가정의 사례관리, 친부모 가정으로의 복귀 지원, 가정위탁 아동의 자립계획 및 사례관리, 관할 구역 내 가정위탁 관련 정보 제공

출처 : 아동복지법 제52조(개정 2016.3.22).

(1) 가정위탁지원센터

목 적	• 보호대상아동의 보호를 위하여 기준에 적합한 가정에 보호대상 아동을 일정 기간 위탁, 보호 • 안정적인 보호가 가능해 친/ 외조부모에 의한 양육이 더 권장되는 보호형태	
가정위탁의 유형	대리양육	친/ 외조부모에 의한 양육
	친인척 위탁	친/ 외조부모를 제외한 친인척에 의한 양육
	일반 가정위탁	심사를 거친 일반 가정에 의한 양육
사례관리 프로세스	인테이크 및 사정 → 서비스계획 수립 → 서비스 제공 → 모니터링 → 종결 → 사후관리	
지원서비스	정서지원, 문화 체험, 후원금/ 후원 물품 지원, 정보 제공, 자립 지원, 위탁부모대상 교육으로 보호 아동에게 안정적이고 전문적인 서비스 제공	
교육 대상	예비/ 일반 위탁 부모, 봉사자, 실습생, 후원자, 지역사회 기관	
지역사회 홍보	지역 매체를 통한 홍보, 홍보물 제작, 지역사회 기관과의 협력, 홈페이지 운영 등 온라인을 통한 홍보	

(2) 아동보호전문기관

목 적	학대받은 아동의 치료, 아동학대의 재발 방지 등 사례관리 및 아동학대 예방
아동학대 유형	신체/ 정서/ 성/ 방임/ 유기
아동보호전문기관	• 아동복지법에 의해 민간에서 운영 • 2014년부터 아동학대범죄처벌에 관한 특례법 제정으로 국가가 개입

<table>
<tr><td>아동학대 사건 발생 시</td><td colspan="2">경찰과 전담공무원이 같이 조사 및 판단</td></tr>
<tr><td rowspan="3">사례관리 대상</td><td>피해아동</td><td>상담, 의료지원, 심리 치료, 학습 지원 등 실시</td></tr>
<tr><td>학대 행위자</td><td>• 학대 행위자에 대한 여러 가지 집중적 서비스로 아동학대 방지
• 학대 행위자에 대한 서비스가 재학대 여부에 많은 영향을 미침</td></tr>
<tr><td>가족</td><td>• 가정의 문제 요인 제거를 위한 가족 상담 및 치료, 경제 및 가사 지원
• 사례에 따라 가정에서 분리되는 아동들이 가정에 복귀할 수 있도록 가족 기능 강화</td></tr>
<tr><td>사후관리</td><td colspan="2">종결 및 재학대 발생 여부를 확인하기 위한 모니터링 실시</td></tr>
<tr><td>아동학대 예방과 조기발견</td><td colspan="2">예방 교육, 예방 캠페인 실시</td></tr>
</table>

(3) 지역본부

<table>
<tr><td>목 적</td><td colspan="2">• 경제적 지원을 통해 사회보장제도를 보완하여 UN 아동권리협약에 명시된 아동(가족)의 기본권 보호
• 지역본부 업무의 80%는 기본생활지원사업
• 불우이웃 결연 사업을 위탁받은 어린이재단이 빈곤가정 아동에게 경제적 지원</td></tr>
<tr><td>직무 내용</td><td colspan="2">계획 수립 결과보고, 사례 발굴 및 관리, 후원금 지급, 네트워크 관리</td></tr>
<tr><td>지역본부의 기본생활지원</td><td colspan="2">• 모금 사업 + 후원금 지원
• 경제적 지원을 통한 사회보장제도의 보완으로 UN 아동권리협약에 명시된 아동의 기본권 보장</td></tr>
<tr><td rowspan="3">지원본부 사업 지원</td><td>결연양육비</td><td>• 보호대상아동에게 한 달에 한 번 표준지원금 지급
• 2021년 기준으로 결연서비스를 받는 아동은 약 19,000명으로 전체의 60% 수준</td></tr>
<tr><td>빈곤가정</td><td>보육, 학습, 주거, 의료 등 그 성격에 맞는 후원금 지원</td></tr>
<tr><td>아동 관련 시설 사업비</td><td>외부 지원/ 공모 사업 등을 통한 사업비 지원</td></tr>
</table>

학습문제

01 청소년복지 관련법이 아닌 것은?

① 청소년보호법　② 청소년복지지원법
③ 아동복지법　④ 근로기준법
⑤ 한부모가족지원법

해설 ① 청소년보호법은 청소년보호에 관한 법에 해당한다.

02 아동복지시설의 종류가 아닌 것은?

① 지역아동센터　② 공동생활가정
③ 아동관찰소　④ 아동상담소
⑤ 아동양육시설

해설 ③

03 아동복지법 제3조에서 말하는 아동학대의 개념이 아닌 것은?

① 정상적 발달을 저해할 수 있는 신체적·정신적·성적 폭력이나 가혹행위
② 많은 학원 수강
③ 아동의 보호자가 아동을 유기
④ 보호자를 포함한 성인이 아동의 건강 또는 복지를 해치는 일
⑤ 아동의 보호자가 아동을 방임

해설 ②

04 지역아동센터의 업무에 해당하지 않는 것은?

① 건전한 놀이와 오락 제공

② 보호자와 지역사회의 연계

③ 지역사회 아동의 보호·교육

④ 아동의 건전육성을 위한 종합적 복지서비스 제공

⑤ 아동과 그 가족의 문제에 관한 상담

해설 ⑤

참고문헌

김성이 · 조학래 · 노충래 · 신효진(2013). **청소년복지학**. 경기 : 양서원.

문화관광부(2002). 2002 청소년백서.

체육청소년부(1991). 한국청소년기본계획.

한국청소년개발원(1994). **청소년 관계법과 행정**. 인간과복지.

아동복지법

아동 · 청소년의 성보호에 관한 법률

유아교육법

청소년기본법

청소년보호법

초 · 중등교육법

헌법

CHAPTER 05

청소년복지정책

학습목표

- 청소년복지정책의 목표를 설명할 수 있다.
- 위기청소년 대상의 정책을 분야별로 설명할 수 있다.
- 청소년복지정책의 원리를 설명할 수 있다.

1. 청소년복지정책의 이해

1) 청소년복지정책의 개념

청소년복지정책의 범주는 청소년정책과 청소년의 개념을 어떻게 정의하느냐에 따라 크게 광의적 범주와 협의적 범주로 나눈다. 먼저 청소년정책의 범주를 넓은 의미에서 살펴보면, 청소년을 대상으로 하는 모든 국가 정책이라는 의미로, 여기에는 청소년정책 주무부처인 여성가족부와 함께 청소년과 관계된 중앙정부 각 부처의 청소년 관련 정책과 사업들을 모두 포괄한다.

한편 청소년정책을 좁은 의미에서 살펴보면 청소년의 권리와 참여, 청소년활동, 청소년복지, 청소년의 안전과 보호, 청소년의 교육, 청소년과 노동, 청소년의 비행 및 범죄, 청소년정책 추진체제 등 대체로 여성가족부가 주도하는 협의적 범주의 청소년정책들로 살펴볼 수 있다. 물론 청소년 유관부처인 보건복지부(청소년복지의 일부 업무), 교육부(청소년의 안전과 보호, 청소년의 교육 중 일부 업무), 고용노동부(청소년과 노동의 일부 업무) 등이 일부 청소년 관련 정책 및 업무를 추진하고 있지만 여성가족부와 정책적 협력관계를 유지하면서 추진하고 있다. 이들 협의적 범주의 청소년정책은 대체로 청소년기본법을 근간으로 하여 청소년활동진흥법, 청소년복지지원법, 청소년보호법, 청소년 성보호에 관한 법률, 학교 밖 청소년지원에 관한 법률 등 관계 법령에 근거하여 추진하거나 중장기 청소년정책 기본계획에 근거하여 추진한다.

한편 대상에 따라 아동과 청소년을 구분하지 않고 아동정책과 청소년정책을 통합해 넓은 의미에서 청소년정책으로 살펴보기도 한다. 반면에 아동과 청소년에 관한 근거 법률, 즉 아동복지법 및 UN 아동권리협약에 따라 아동과 청소년기본법 등에 따른 청소년의 연령을 나누어 아동정책과 청소년정책을 구분하기도 한다. 이 중 상호 중첩되는 연령, 즉 9~17세의 연령에 해당하는 정책은 각기 정책의 수립과 추진부처에 따라 아동정책 혹은 청소년정책으로 분류하는 경향이 있다(여성가족부, 2016 : 2-3).

우리나라는 청소년기본법에 근거하여 1993년부터 5년마다 범정부적 차원의 중장기 청소년정책 기본계획을 수립 · 추진해 왔다. 이를 기반으로 정부는 그동안 청소년 체험활동 활성화를 위한 기반 확대, 청소년정책 참여의 기회 확대, 지역사회 통합지원체계 구축 및 위기청소년 지원 강화, 인터넷게임 중독 예방을 위한 법 · 제도 개선 및 치료지원 강화 등의 뚜렷한 성과를 거두어 왔다. 그러나 이러한 성과에도 불구하고 청소년 인구의 지속적인 감소, 가족구조의 다변화와 가족 기능의 위축, 뉴미디어와 통신기술의 급격한 발달, 청년 노동시장의 위축 및 고용 불안정 등 청소년을 둘러싼 사회 · 경제적 환경 변화가 가속화됨에 따라 이에 선제적으로 대응할 수 있는 범정부적 차원의 포괄적이고 종합적인 청소년정책의 필요성이 꾸준히 제기되었다(여성가족부, 2016 : 6).

2) 청소년정책 기본계획

정부는 보다 미래지향적이고 실효성을 갖춘 정책을 마련하고자 청소년 관련 학계, 시설, 단체, 청소년, 학부모 등 각계각층의 의견을 광범위하게 수렴하여 청소년의 다양한 체험활동을 장려하는 적극적 정책을 기조로 「제7차 청소년정책 기본계획(2023~2027년)」을 수립 · 추진하고 있다(여성가족부, 2023).

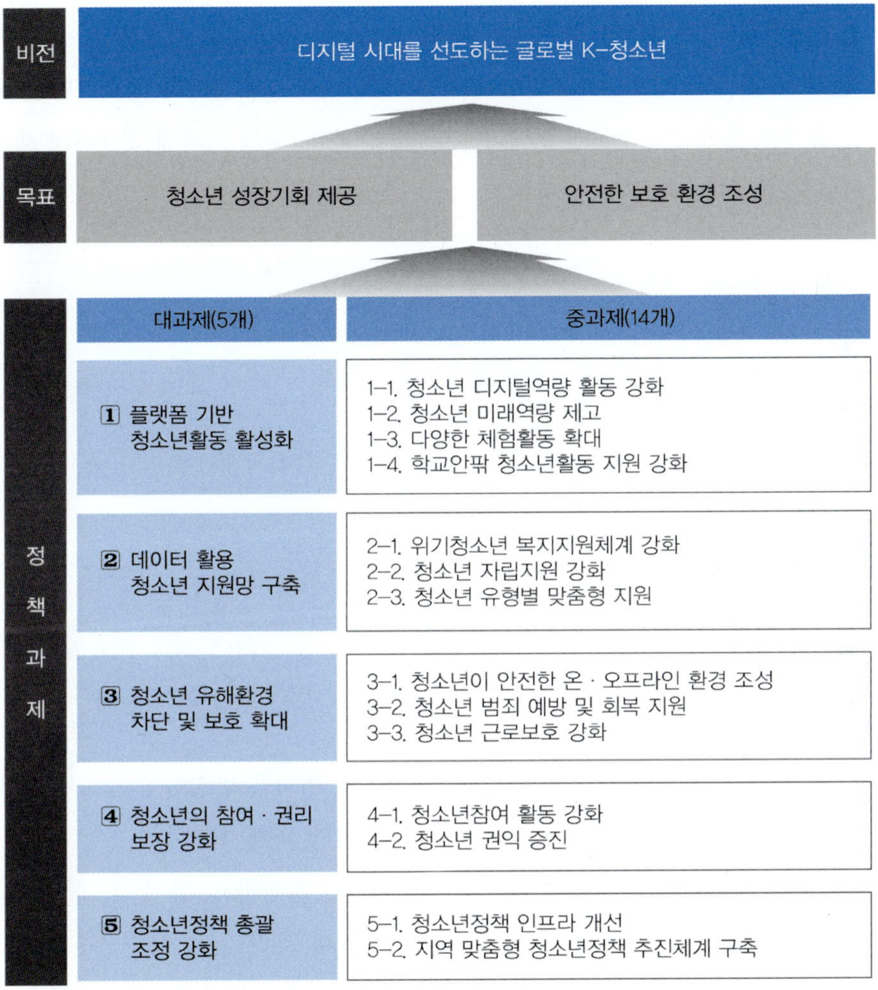

| 그림 5-1 | 제7차 청소년정책 기본계획(2023~2027년)

출처 : 여성가족부(2023).

3) 제7차 청소년정책 기본계획의 구조 및 특징

(1) 기본계획의 구조

청소년정책 기본계획이 추구하는 목표는 청소년 성장기회 제공과 안전한 보호 환경 조성이다. 청소년기본법상 '기본이념'에 따른 4개 분야와 정책기반을 포함한 총 5개 분야 기준으로 5개 대과제, 14개 중과제, 39개 소과제 및 108개 세과제로 구성하였다.

> 제2조(기본이념)
> ① 사회 구성원으로서 정당한 대우와 권익을 보장받음(복지)
> ② 스스로 생각하고 자유롭게 활동할 수 있도록 하며 보다 나은 삶을 누림(활동)
> ③ 유해한 환경으로부터 보호될 수 있도록 함(보호)
> ④ 국가와 사회가 필요로 하는 건전한 민주시민으로 자랄 수 있도록 함(참여·권리)

(2) 특징

다양한 청소년 목소리와 급변하고 있는 정책 환경 변화에 적극 대응할 수 있는 과제 발굴 및 강화에 중점 둔 것으로 다음과 같은 특징을 갖는다.

- 디지털 네이티브인 청소년 특성과 정책 여건 변화를 반영하여 청소년 디지털 관련 활동 기반 확대 및 역량 제고를 위한 과제 확대
- 학교 밖, 가정 밖 등 유형별 청소년 복지지원을 강화하고, 신 소외 대상 발굴 등 정책대상 범위를 확대하여 관련 지원 과제 추진
- 디지털 매체 유해환경·사이버 폭력, 도박·마약류 문제 등 최근 이슈되고 있는 유해환경에 적극적으로 대처하기 위한 정책과제 발굴
- 청소년참여활동의 실효성 제고를 위한 참여 역량 강화, 참여기구 간 교류 활성화 등 참여활동 지원체계 강화

- 청소년정책의 현장 체감도를 높일 수 있도록 지역사회 청소년시설, 지방자치단체, 교육청 등 유관기관 간 협업 강화를 위한 과제 추진

4) 제7차 청소년정책 기본계획의 과제

(1) 플랫폼 기반 청소년활동 활성화

청소년 디지털역량 활동 강화	청소년 미래역량 제고	다양한 체험활동 확대	학교안팎 청소년활동 지원 강화
• 디지털 활동 및 교육 지원 • 청소년활동 지원체계 디지털 기반 개선	• 미래역량 제고 활동 확대 • 진로체험 및 교육 지원	• 테마별 활동기회 제공 • 자기주도적 활동 프로그램 확대 • 안전한 청소년활동 기반 마련	• 학교 연계 청소년활동 지원 • 지역사회 연계 학교안팎 청소년활동 강화

(2) 데이터 활용 청소년 지원망 구축

위기청소년 복지지원체계 강화	청소년 자립지원 강화	청소년 유형별 맞춤형 지원
• 위기청소년 발굴 및 치유지원 강화 • 지역 중심 위기청소년 지원 확대 • 정보시스템 기반 위기청소년 지원체계 운영	• 학교 밖 청소년 지원 사각지대 해소 • 가정 밖 청소년 보호 및 자립지원 확대 • 후기 청소년(19~24세) 안정적 삶 지원	• 다문화 청소년 지원 강화 • 청소년(한)부모 생활·양육 지원 • 신 소외 청소년 발굴 및 지원 • 장애 및 경계선지능 청소년 지원

(3) 청소년 유해환경 차단 및 보호 확대

청소년이 안전한 온·오프라인 환경 조성	청소년 범죄 예방 및 회복 지원	청소년 근로보호 강화
• 디지털 역기능 예방 • 사이버 및 학교폭력 예방 강화 • 청소년 유해환경 차단 • 청소년 친화형 생활 환경 구축	• 청소년 대상 성범죄 대응 강화 • 청소년 성범죄 피해 지원 및 예방 교육 확대 • 청소년 선도보호 및 회복 지원	• 근로유형별 청소년 보호 강화 • 근로 청소년 부당처우 예방 및 보호 • 청소년과 사용자의 근로보호 인식 확산

(4) 청소년의 참여 · 권리 보장 강화

청소년참여활동 강화	청소년 권익 증진
• 청소년의 다양한 참여기회 활성화 • 청소년참여 역량 제고 및 소통 강화	• 청소년 권리 보장 및 대표성 제고 • 청소년 건강 및 생활 지원

(5) 청소년정책 총괄 조정 강화

청소년정책 인프라 개선	지역 맞춤형 청소년정책 추진체계 구축
• 법 · 재원 등 청소년정책기반 체계화 • 청소년지도자 지원 및 전문성 제고 • 청소년시설 · 기관 · 단체 운영 개선 · 지원	• 지방자치단체 청소년정책 전달체계 내실화 • 지역 단위 청소년정책 협력 강화 • 인구감소 지역 청소년 지원

출처 : 관계부처합동(2023.2). 제7차 청소년정책 기본계획(2023~2027).

2. 청소년복지정책의 역사

우리나라 청소년정책의 변천과정은 중앙정부 청소년정책 담당부처 및 주요 관계 법령 제정과 맥을 같이한다. 청소년정책의 변천과정은 일반적으로 다음과 같이 일곱 단계로 나눌 수 있다.

〈표 5-1〉 청소년정책 변천

단 계	시 기	특 성	명 칭	주무부처(기구)	주요 관계 법령
1단계	1948.8.~ 1964.9.	부처별 별도 추진	부처별 관련업무 추진	각 부처	-
2단계	1964.10.~ 1977.8.	부처 차원의 조정	청소년보호대책 위원회	내무부 무임소장관실	-
3단계	1977.8.~ 1988.6.	정부 차원의 조정	청소년대책위원회	국무총리실 문교부	청소년육성법 제정

4단계	1988.6.~ 2005.4.	정부 차원의 조정, 부처 차원의 총괄 집행	청소년육성위원회	체육부/ 체육청소년부/ 문화체육부/ 문화관광부/ 문화관광부 - 국무총리실(청소년보호위원회)	청소년기본법 제정 청소년보호법 제정 청소년성보호법 제정 청소년활동진흥법 제정 청소년복지지원법 제정
5단계	2005.4.~ 2008.2.	청소년조직 통합, 단일청소년 전담 조직 출범	청소년위원회/ 국가청소년위원회	국무총리실	-
6단계	2008.3.~ 2010.2.	아동정책과 청소년정책의 통합	보건복지가족부	보건복지가족부	-
7단계	2010.3.~ 현재	여성가족부 개편 및 이관	여성가족부	여성가족부	• 학교 밖 청소년 지원에 관한 법률 제정 • 2023 새만금 세계스카우트 잼버리 지원 특별법 제정

출처 : 여성가족부(2023). 2022년 청소년백서, pp. 3-4.

1) 1단계(1948.8. ~ 1964.9.)

이 기간은 특별히 청소년정책을 조정하는 정부행정기구도 없고, 전담하는 기구도 없던 시기이다. 이 시기 청소년정책은 각 부처별로 청소년과 관련된 정책을 산발적으로 추진하는 것이 전부였던 시기이다.

2) 2단계(1964.10. ~ 1977.8.)

이 시기는 내무부 및 무임소장관실에 청소년보호대책위원회를 설치 · 운영하였다. 주요 업무는 문제청소년에 대한 규제 및 보호 위주의 정책으로, 이 시기 청소년정책의 특징은 부처 차원의 조정과, 규제 · 보호 위주의 청소년정책으로 요약할 수 있다.

3) 3단계(1977.8. ~ 1988.6.)

이 시기에 이르러서야 정부 차원의 청소년 관계정책의 조정이 이루어지기 시작하였다. 즉, 국무총리실에 청소년대책위원회를 설치하여 범정부적 차원의 청소년 정책 조정이 시작되었으며, 1983년 4월부터 1985년 1월까지 청소년정책이 문교부 소관으로 이관되었다가 다시 1985년 2월 국무총리실로 이전되었다. 청소년문제 개선종합대책(1985~1987)은 이때 수립되었다. 3단계의 막바지인 1987년 11월 28일 청소년정책 발전의 모태라 할 수 있는 청소년육성법이 제정 · 공포되었고, 1988년 7월 1일 동 법률이 시행되었다. 청소년육성법이 제정되기 전까지의 단계는 요보호 중심과 청소년 일탈 및 비행 예방, 규제와 보호 등 청소년의 긍정적 개발보다는 이들을 부정과 비행의 대상으로 삼아 선도 · 보호하려는 관점이 우세하였다.

4) 4단계(1988.6. ~ 2005.4.)

이 시기는 청소년위원회가 설치되기 전까지의 시기로 청소년육성법의 시행과 함께 출발하였다. 청소년육성법이 본격 시행됨으로써 비로소 청소년에 대한 새로운 시각의 구축과 인식의 전환이 이루어졌다. 하지만 청소년육성법의 시행은 단지 선언적 의미에 그쳐 실질적인 청소년정책의 발전을 이루지 못한 한계도 동시에 가지고 있다.

한편 이 시기에 청소년 관련 전담조직이 설치 · 운영되기 시작하였다. 이 시기에 들어와 전체 청소년에 대한 종합적 · 장기적 정책을 수립하고 이를 추진하기 위하여 체육부가 관장하는 청소년육성위원회가 설치되었으며, 체육부 내에 청소년국이 신설되었다. 이는 곧 청소년정책조정실로 확대 · 개편되었으며, 구 청소년 헌장이 제정(1990.5.12.)되었다. 1990년 12월 체육부에서 다시 체육청소년부로 부처명이 바뀌면서 청소년업무의 영역이 확장되고 청소년정책이 활성화되기 시작하였다. 이 시기에 우리나라 청소년정책의 근간이 되는 한국청소년기본계획이 수립(1991.6.27.)되었고, 제1차 청소년육성 5개년계획이 수립(1993.6.)되었으며 청소년육성법을 대체하는 청소년기본법이 제정(1991.12.)되었다. 이후 1993년 문화체육부로 통합되면서 청소년정책조정실은 청소년정책실로 명칭이 변경되었다. 또한 1998년부터 2002년까지 제2차 청소년육성 5개년계획이 수립되었으며,

1998년 10월 25일 새로운 청소년 헌장을 제정하게 되었다.

이 기간 동안 청소년에 관한 주요 관계 법령 제정과 시행이 이어졌고, 중앙정부 차원의 청소년 중장기 기본계획이 수립 · 추진되면서 청소년에 대한 긍정적인 관점과 개발이 본격적으로 확산되었다. 또한 청소년정책에 대한 국가와 사회의 책임이 강조되기 시작하였다.

5) 5단계(2005.4. ~ 2008.2.)

5단계는 2005년 4월 청소년정책 조직의 통합과 단일 청소년전담조직이 출범한 이후부터 2008년 2월까지의 시기이다. 그동안 이원화된 청소년 중앙행정조직은 체계적 · 종합적 정책수행의 곤란과 함께, 새로운 청소년정책 환경 변화에 능동적으로 대처하는 데 한계를 갖게 되었고, 나아가 각 부처에 산재한 청소년정책의 총괄 조정역할에도 어려움을 갖게 되었다. 따라서 이를 극복하기 위하여 2004년 12월 17일 정부혁신지방분권위원회는 정부의 청소년기능 육성 및 보호 · 통합을 위해 국무총리소속 청소년위원회 설치를 확정 · 발표하였다. 2004년 12월 20일 청소년위원회 설립추진단을 구성 · 운영하였고, 2005년 4월 27일 국무총리 소속하의 청소년위원회를 공식적으로 발족하였으며, 청소년기본법 개정에 따라 2006년 3월 30일 국가청소년위원회로 명칭을 변경하였다. 이 시기에는 위기청소년통합지원체계 등 청소년복지기반이 조성되었고 청소년참여와 인권 등이 지속적으로 확대되었다. 아울러 청소년정책 전담부처의 통합 일원화 등 행정체계가 정비되었다.

6) 6단계(2008.3. ~ 2010.2.)

이 시기는 2008년 3월 정부조직 개편으로 아동과 청소년정책의 통합이 추진되면서 청소년정책이 보건복지가족부로 편입된 이후 2010년 2월 여성가족부로 이관되기까지의 시기를 말한다. 하지만 아동정책과 청소년정책의 통합 추진은 상당한 갈등을 겪으면서 결국 여성가족부로 이관되어 다시 분리되기에 이르렀다.

7) 7단계(2010.3. ~ 현재)

이 시기는 2010년 1월 18일 가족 해체 및 다문화가족 등 현안 사항에 적극 대응하기 위하여 보건복지가족부의 청소년 및 다문화가족을 포함한 가족 기능을 여성가족부로 이관하는 내용의 정부조직법을 개정하고 여성부가 여성가족부로 개편(2010.3.19. 시행)되어 지금에 이르는 시기다. 이 기간에 여성 정책의 조정과 종합, 여성의 권익증진 등 지위향상뿐만 아니라 가족 정책이 일층 강화되었다. 그러면서 청소년정책이 여성 · 가족정책과 연계발전 전략을 지향하게 되었다.

그러나 여성정책 및 가족정책의 강화에 비해 상대적으로 청소년정책이 위축되어 그 외연이 축소되었다는 비판도 있다. 2014년 5월 「학교 밖 청소년지원에 관한 법률」이 제정되고, 2015년 5월 동 법률이 시행되면서 학교 밖 청소년을 포괄하여 모든 청소년으로 청소년정책의 대상이 확대되었다. 아울러 이 시기는 사설 해병대 캠프 사고, 세월호 참사 등의 안전사고들로 인해 청소년정책 및 사업에 있어 청소년의 안전이 무엇보다 강조됨에 따라 청소년활동진흥법을 개정하여 제9조의2에 의거한 '청소년수련활동 신고제'를 시행하게 되었다. 또한 2018년 12월에 「2023 새만금 세계스카우트 잼버리 지원 특별법」이 제정되고 시행되면서 청소년의 참여를 활성화하고, 청소년이 주도하는 활동을 확대하고 있다(여성가족부, 2023 : 4-6).

3. 청소년복지정책의 실제

1) 급여대상자 선택기준

우리나라의 경우 청소년복지지원법상 정책 대상자는 첫째, '청소년'으로 9세 이상 24세 이하의 모든 청소년으로 일차적 급여대상의 선정은 '연령'에 의한 구분을 통해 해당하는 모든 청소년을 대상으로 보편적 정책을 펼치고 있다. 둘째,

'위기청소년'으로 가정문제가 있거나 학업 수행 또는 사회 적응에 어려움을 겪는 등 조화롭고 건강한 성장과 생활에 필요한 여건을 갖추지 못한 청소년을 대상으로 선별적 정책을 펼치고 있다.

(1) 일반 청소년 대상의 정책

우리나라는 연령을 기준으로 모든 청소년에게 인권보장, 참여, 우대, 건강보장 등의 정책을 실현하고 있다. 인권보장과 참여에 있어서는 모든 영역에 있어서 청소년의 인권을 보장하고 청소년이 정당한 사회 구성원으로서 본인과 관련된 의사결정 과정에 참여할 권리가 있음을 규정하고 있다. 건강보장과 관련해서는 세부 시행내용이 구체적이지는 않으며, 청소년 우대제도에 국한되어 있다. 그러나 우대제도 역시 이용료의 면제나 할인 정도에 불과한 실정이다.

청소년증은 9세 이상 18세 이하의 청소년이 학생, 비학생 간에 차별 없이 신분 확인을 통해 수송시설, 문화시설 등에서 할인혜택을 받을 수 있도록 2003년 도입되었다. 2004년에 청소년복지지원법에 청소년 우대 및 청소년증 발급에 관한 근거규정을 마련한 후 본격적으로 시행된 제도로서 공적 신분증, 청소년 우대증표, 교통카드의 기능을 가지고 있다. 그러나 대부분 학생증으로 대체해서 할인이 적용되고 있는 실정이다 보니 청소년증이 오히려 학교 밖 청소년임을 입증하는 수단이 되고 있어서 발급이 활성화되지 못하고 있는 실정이다.

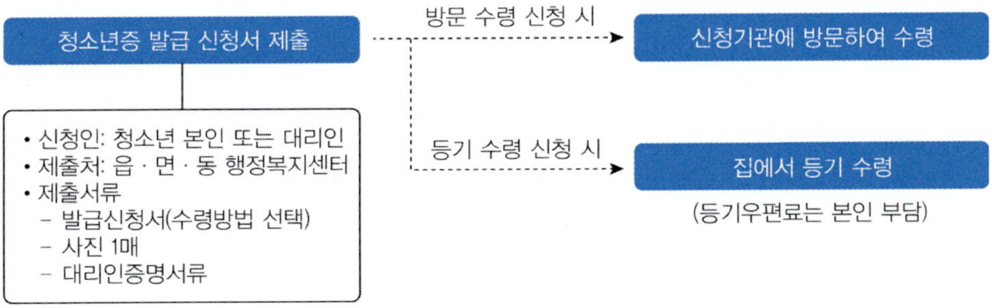

｜그림 5-2｜ 청소년증 발급 절차

출처: 여성가족부(2023). 2022 청소년백서, p. 156.

(2) 위기청소년 대상의 정책

위기청소년을 위한 사회안전망 및 자립지원 강화는 보호자가 없거나 실질적으로 보호자의 보호를 받지 못하고 사회 · 경제적으로 어려움이 있는 위기청소년에게 생활비 · 치료비 · 학업지원비 등의 지원을 통해 생활의 안정을 도모하는 것으로 다음과 같이 세 가지로 나누어 살펴볼 수 있다(여성가족부, 2016 : 11-13).

① 인프라 확충을 통한 서비스 대응력 강화

여기에는 청소년상담복지센터, 청소년 상담 채널, 지역사회 자원 등을 통해 위기청소년을 발견 · 구조 청소년과 그 가족에 대해 상담 등을 지원한다.

첫째, 청소년상담복지센터는 청소년의 건강한 성장과 복지증진을 목적으로, 청소년 상담, 긴급구조, 자활, 의료지원 등의 역할을 담당하고 있다. 각 지방자치단체는 지역 특성과 여건에 따라 별도의 법인 설립을 포함하여 직영운영이 가능하며, 청소년단체 등을 통한 위탁 운영의 방법으로 청소년상담복지센터를 지원한다.

주요 업무로는 청소년과 부모에 대한 상담 · 복지지원, 상담 · 복지 프로그램의 개발 및 운영, 상담 자원봉사자와 청소년지도자 교육 및 연수, 청소년 상담 또는 긴급구조를 위한 전화 운영, 청소년 폭력 · 학대 등으로 피해를 입은 청소년의 긴급구조와 법률 · 의료지원 및 일시보호 지원, 청소년의 자립능력 향상을 위한 자활 및 재활지원 등이 있다. 2023년 기준 전국 240개소의 청소년상담복지센터에서는 대면 상담, 청소년 상담, 문자, 채팅상담 등의 1388 청소년 상담 채널 운영, 청소년 동반자 파견 등의 지원을 하고 있다(여성가족부, 2023).

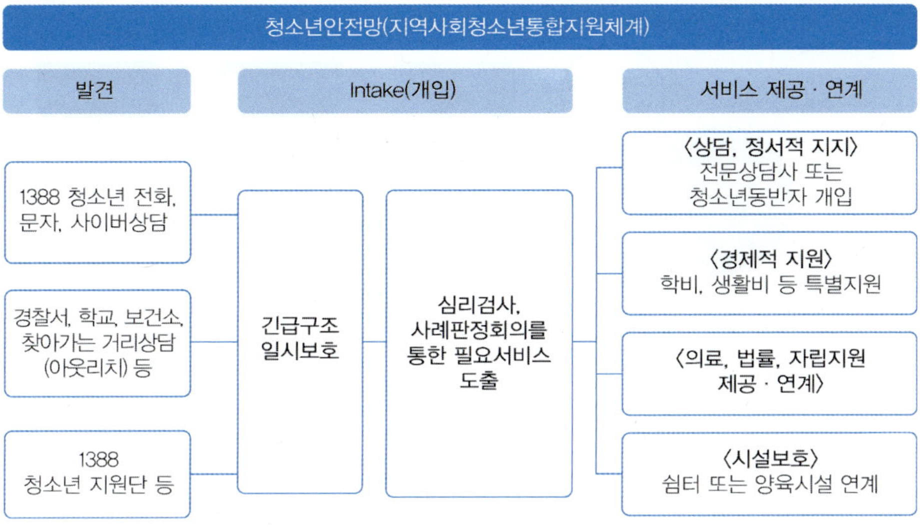

▎그림 5-3▎ 청소년안전망 운영 체계

출처 : 여성가족부(2023). 청소년안전망 설명자료.

둘째, 지역사회 청소년안전망은 통합지원체계로서 지역사회 내 청소년 관련 자원을 연계하여 위기청소년에 대한 상담 · 보호 · 교육 · 자립 등 맞춤형 서비스를 제공하는 사업으로 가정과 사회로 복귀 · 자립할 수 있도록 지원하는 데 목적을 두고 있다. 지역사회청소년통합지원 절차는 청소년 전화 1388, 청소년 사이버상담(www.cyber1388.kr) 및 문자 · 카카오톡 상담(1388), 필수 연계기관인 경찰서, 교육청, 청소년 비행센터 등, 1388 청소년 지원단을 통한 위기청소년 발굴, 긴급구호 · 일시보호 및 심리검사 등을 통한 개입, 전문상담사나 청소년 동반자를 통한 정서적 지지, 학비 · 생활비 특별지원 등 경제적 지원, 의료, 법률 지원, 쉼터 또는 양육시설을 지원하는 통합 서비스 제공 및 연계 순으로 이루어진다. 지역사회청소년통합지원체계 및 다양한 청소년 상담 채널을 통해 위기청소년 맞춤형 서비스가 제공되고 있다.

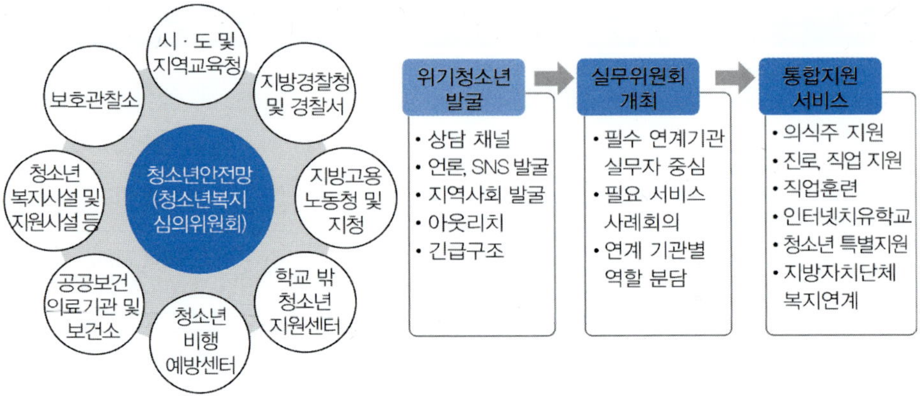

❙ 그림 5-4 ❙ 지역사회청소년통합지원체계 – 청소년복지심의위원회 및 실무위원회 체계도

출처 : 여성가족부(2023). 2022 청소년백서.

셋째, 가출 청소년 보호 및 자립지원 강화를 위한 청소년쉼터 운영을 내실화하였다. 청소년쉼터는 다양한 원인으로 인해 가정의 도움을 받지 못하고 있는 가출 청소년들을 위한 생활보호시설로 의식주 제공 등 대체가정의 역할부터 필요로 하는 서비스를 맞춤형으로 제공하는 가출 청소년 특화시설로, 일정 기간 보호하면서 상담 · 주거 · 학업 · 자립 등을 지원하는 데 목적이 있다. 이를 위해 가출 청소년의 일시보호 및 숙식 제공, 가출 청소년의 상담 · 선도 · 수련활동, 가출 청소년의 학업 및 직업훈련 지원활동, 청소년의 가출예방을 위한 거리상담지원 활동 등을 수행한다. 2023년 기준 전국 137개 지역에 쉼터가 운영 중이며, 청소년쉼터 종사자를 확충하는 데 노력을 기울였고, 이들에 대한 전문성 강화 및 소진방지 교육 프로그램도 연간 총 4회 실시되고 있다.

넷째, 청소년동반자 프로그램은 청소년동반자가 우울증, 가출, 폭력피해, 인터넷 중독 등 보다 심화된 위기 상황에 직면한 청소년에게 직접 찾아가는 상담서비스로, 지역사회 자원 연계서비스를 제공하고 건전하게 성장할 수 있도록 상담서비스를 제공한다. 청소년이 동반자와 연결되면 청소년안전망을 통해 전체적인 정보와 자원을 활용할 수 있도록 지원하고, 개별 청소년의 특성을 고려해 안정적이고 일관성 있는 맞춤형 지원서비스를 제공한다.

다섯째, 청소년 특별지원사업은 정상적인 삶을 영위할 수 있는 기본적인 여건을 조성하고 조화롭게 성장하고 발달할 수 있도록 지원이 필요한 청소년을 위기청소년으로 규정하고, 다른 제도 및 법에 의하여 동일한 항목의 지원을 받지 못하는 청소년을 돕는 서비스이다. 청소년상담사, 청소년지도사, 사회복지사, 교원, 공무원, 청소년 본인, 보호자, 관계자 등이 시 · 군 · 구에 신청하거나 청소년안전망 운용기관에서 발굴하여 신청하면 구체적인 지원이 이루어진다.

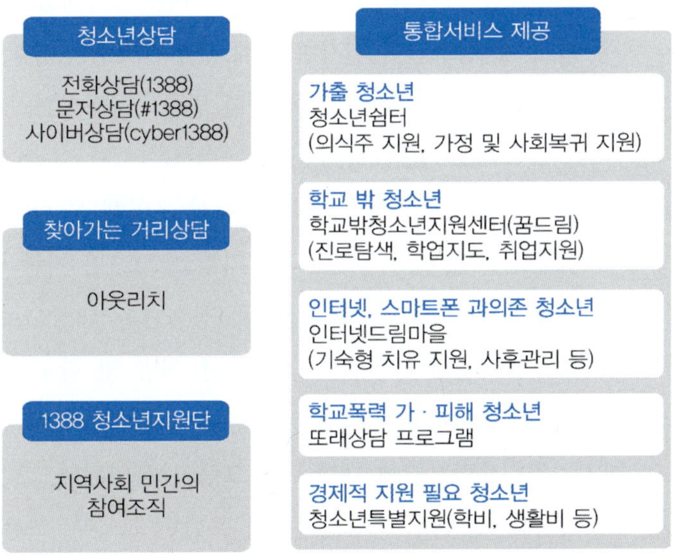

| 그림 5-5 | 지역사회청소년통합지원체계(CYS-Net) 서비스 체제

자료 : 여성가족부(2017).

지원 내용으로는 기초생계비와 숙식 제공, 건강검진 및 치료, 고등학교 입학자격 검정고시 또는 고등학교 졸업 학력 검정고시 등의 교육비용, 취업을 위한 훈련비, 폭력이나 학대 등 위기 상황에 필요한 법률상담 및 소송비용, 그 밖에 청소년의 건전한 성장을 위하여 필요하다고 인정하는 비용의 지원 등이 있다.

② 학교 밖 청소년의 연결 고리 강화

보호 사각지대 해소를 위해 학교 밖 청소년의 연결 고리를 강화하도록 하는 것이다. 학교 밖 청소년 지원센터 지정 · 운영사업은 학교 밖 청소년의 개인적 특성과 수요를 고려한 상담지원, 교육지원, 직업체험 및 취업지원, 자립지원 등 학교 밖 청소년이 건강한 사회 구성원으로 성장할 수 있도록 지원하기 위해 「학교 밖 청소년 지원에 관한 법률」 시행(2015.5.29.)에 맞추어 본격적으로 실시하고 있다.

2007년부터 일부 지역 청소년상담복지센터에서 운영해 온 학교 밖 청소년 지원 프로그램은 2015년 전국적으로 확장되었고 2023년 기준 총 222개소 학교밖청소년지원센터(꿈드림)에서 학교 밖 청소년을 대상으로 운영하고 있다. 학교밖청소년지원센터에서는 학업 중단 예방 및 학교 밖 청소년의 자립역량 강화를 목적으로 초기상담 및 욕구파악에서부터 교육지원, 직업체험 및 취업지원, 자립지원에 대한 프로그램이 운영된다.

학교 밖 청소년 지원을 위해 여성가족부를 포함한 교육부, 고용노동부, 법무부, 문화체육관광부, 보건복지부, 경찰청 등 관계부처합동 「학교 밖 청소년 지원 대책」(2015.5.22.)을 발표하여, 정부-지역-민간 협업을 통해 학교 밖 사각지대를 해소하고 촘촘한 지원체계 마련을 위한 기초를 다지고 있다.

이 외에도 학업중단숙려제, 전국 교육청에 구성되는 미취학 · 장기결석 관리 전담기구에 학교밖청소년지원센터 참여를 제도화하였다. 이를 위해 초 · 중등교육법 시행령 개정 및 구성 · 운영 지침을 마련해 추진(2017.3.1.)하고 있다. 이 외에도 학교 밖 청소년 발굴 확대를 위해 법률을 개정하여 개인정보 동의 주체에 친권자를 포함하고 친권자 등과 연락이 되지 않는 청소년 중 상담·보호가 필요한 경우 학교밖청소년지원센터에 연계한 후 센터에서 동의를 받도록 하였다.

③ 자립역량 강화를 위한 지원

학교 밖 청소년의 자립역량 강화를 위한 지원을 다각화하고 있다. 학교 밖 청소년들을 일대일 상담 후 특성별 맞춤형 서비스를 지원하여 학업지원, 취업지원, 자립역량 등으로 구분해 그에 따라 맞춤형 지원을 실시한다. 학업지원을 위해서는 학습동아리, 멘토링, 검정고시, 대학입시 설명회 지원을 시행하고 있고, 취업지원을 위해서는 학교 밖 청소년 맞춤형 직업훈련 및 인턴십을 제공하고 있다. 자립역량을 위해서는 자유공간 마련, 문화 활동 지원, 해외봉사 기회 제공 등을 실시하고 있다. 학습 멘토링 등 기초 학습역량 제고, 상급학교 진학 지원 외에도 진로설계, 진로탐색, 직업훈련, 인턴십 등 원스톱 취업지원으로 학교 밖 청소년 맞춤형 일자리를 연계하고 있다. 이 외에도 학교 밖 청소년에 대한 부정적 인식 개선 및 차별대우 시정을 조치하고 있으며, 학교 밖 청소년 건강검진, 잠복결핵검진을 포함하는 등 건강검진 DB 구축을 통해 학교 밖 청소년의 건강관리도 강화하고 있다.

2) 급여의 형태

청소년복지서비스는 청소년기본법, 청소년복지지원법, 아동복지법, 한부모가족지원법 등을 근거로 지원되며, 주로 현금 및 현물, 돌봄 및 보호, 사업 및 프로그램 등의 형태로 제공된다.

(1) 현금 및 현물

청소년복지지원법에 의한 특별지원 대상 청소년에게는 생계비 지원과 생활,

건강, 학업, 자립, 상담, 법률, 활동 등을 지원하며, 인터넷게임 중독 청소년에게는 치료비를 지원한다. 한부모가족에 대한 2023년 지원내용을 살펴보면 다음과 같다.

첫째, 저소득 한부모가족에 대한 지원이다. 세대주인 모 또는 부가 18세 미만(취학 시 만 22세 미만)의 자녀를 양육하거나 부모로부터 부양을 받지 못하는 만 18세 미만 손자·녀를 (외)조부 또는 (외)조모가 양육하는 조손가족으로 가구 소득인정액 기준 중위소득 60% 이하인 경우의 지원이다.

〈표 5-2〉 복지급여 지급 기준(2023.1.~)

지원종류	지원대상	지원금액
아동양육비	• 소득인정액이 기준 중위소득 60% 이하인 가족의 만 18세 미만 자녀	월 20만 원
추가 아동양육비	• 소득인정액이 기준 중위소득 60% 이하인 조손 및 만 35세 이상 미혼 한부모가족의 만 5세 이하 아동	자녀 1인당 월 5만 원
	• 소득인정액이 기준 중위소득 60% 이하인 만 25세 이상 34세 이하 청년한부모가족의 만 5세 이하 아동	자녀 1인당 월 10만 원
	• 소득인정액이 기준 중위소득 60% 이하인 만 25세 이상 34세 이하 청년한부모가족의 만 6세 이상 18세 미만 아동	자녀 1인당 월 5만 원
아동교육지원비 (학용품비)	• 소득인정액이 기준 중위소득 60% 이하인 가족의 중학생, 고등학생 자녀	자녀 1인당 연 9.3만 원
생계비 (생활보조금)	• 한부모가족복지시설에 입소한 가족 중 소득인정액이 기준 중위소득 60% 이하인 가족	가구당 월 5만 원

출처 : 여성가족부(2023). 한부모가족자녀양육지원.

2024년부터 한부모가족 증명서 발급 및 아동양육비 지원을 위한 소득기준이 기준중위소득 63%로 완화된다. 또한 아동양육비는 자녀가 고등학교 재학 중인 경우 고등학교 3학년에 다니는 해의 12월까지 지원이 가능해지며 21만 원으로 인상된다(여성가족부, 2023.8.29. 보도자료).

둘째, 청소년한부모 자립지원이다. 24세 이하 청소년한부모에게 아동양육비, 검정고시 학습비, 자립촉진수당 등을 지원하여 조기 자립할 수 있도록 지원하는 제도로 세대주인 모 또는 부가 만 24세 이하 청소년인 경우, 세대주인 모 또는 부가 만 18세 미만의 자녀를 양육하는 경우로서 가구 소득인정액 기준 중위소득 65% 이하인 경우 지원하는 제도이다. 그러나 국민기초생활보장법에 의한 교육급여, 생계급여를 지원받거나 긴급복지지원법에 의한 생계지원, 교육지원을 받는 경우, 그리고 장애인복지법에 의한 교육비 지원, 아동복지법에 의한 가정위탁 양육보조금을 받는 가구는 제외된다.

〈표 5-3〉 청소년한부모 자립지원

지원종류	지원대상	지원금액
아동양육비	• 소득인정액이 기준 중위소득 65% 이하인 청소년한부모 가족의 자녀	월 35만 원
아동교육지원비 (학용품비)	• 소득인정액이 기준 중위소득 60% 이하인 가족의 중학생, 고등학생 자녀	자녀 1인당 연 9.3만 원
생활보조금	• 한부모가족복지시설에 입소한 가족 중 소득인정액이 기준 중위소득 60% 이하인 가족	가구당 월 5만 원
검정고시 등 학습지원	• 소득인정액이 기준 중위소득 65% 이하인 가족으로서 '부' 또는 '모'가 검정고시를 준비하는 경우 등	가구당 연 154만 원 이내
자립촉진수당	• 소득인정액이 기준 중위소득 65% 이하인 가족으로서 '부' 또는 '모'가 학업이나 취업활동을 하는 경우	가구당 월 10만 원

출처 : 여성가족부(2023). 청소년한부모 아동양육 및 자립지원.

2024년부터 아동양육비의 경우 자녀가 0~1세인 경우 월 40만 원으로 인상될 예정이며, 2세 이상은 종전과 동일한 월 35만 원이 지급된다(여성가족부, 2023.8.29. 보도자료).

(2) 돌봄 및 보호

학교와 가정으로부터 벗어난 청소년의 보호 및 선도와 청소년의 건강한 성장을 돕고자 가출 청소년과 성매매, 구조 청소년 등 위기청소년의 긴급구조와 일시보호를 돕는 드롭인센터(Drop-in-center), 청소년복지지원법 제16조에 의한 청소년가출예방 및 보호 · 지원에 관한 법률에 의한 청소년쉼터, 청소년치료재활센터 및 관련기관 등이 운영되고 있다.

드롭인센터는 거리의 청소년을 조기에 발견하여 다양한 정보 및 상담을 통해 맞춤형 복지서비스를 제공하여 가출 청소년이 범죄로 유입되지 않고 가정으로 복귀할 수 있도록 돕고 있으며, 반복가출 청소년이면서 쉼터를 거부하는 청소년에게 생활지원을 해주고 상담을 통하여 심리적 변화를 갖게 하여 정상화될 수 있도록 지원한다. 그들의 비행화·노숙화를 방지하여 건강한 청소년으로 성장하도록 돕는 사회안전망으로서 학교 및 청소년 관련기관 간의 연계·협력을 통한 위기청소년을 위한 사회안전망을 구축한다.

청소년쉼터는 가정 밖 청소년 조기발견을 통한 범죄 및 비행으로부터 보호, 의식주의 생활보호, 정서적 지지 및 심리상담, 의료지원, 학업복귀, 취업지원 등 맞춤형 자립지원서비스 제공을 통해 신속한 가정복귀와 사회진출을 지원하고 있다.

우리나라의 청소년쉼터는 1992년 10월 28일 최초로 설치되었으며, 만 14~24세의 가출·위기청소년에게 주거환경을 제공하면서 무료숙식 및 의료 서비스 제공, 가출 청소년을 위한 상담 및 심리검사, 생활지도 등이 진행된다. 2023년 기준 전국에 총 137개소의 청소년쉼터가 설치되어 운영되고 있으며, 심리치료를 위한 상담과 자립을 위한 교육 프로그램도 실시하고 있다. 쉼터는 청소년들에게 주거공간을 제공하여 청소년들이 아르바이트를 하기에 수월하며, 식사를 제공하는 등 청소년 문제에 대한 통합적 접근을 통해 건전한 사회 구성원으로 성장할 수 있도록 돕는다.

청소년치료재활센터는 정서적·행동적 장애를 가진 만 9~18세의 청소년을 지원하는 곳으로서 정서나 행동에 어려움을 겪는 청소년이 건강하게 성장하도록 종합적이고 전문적인 서비스를 제공하는 기숙형 상담, 치료기관을 운영한다. 국립중앙청소년디딤센터에서는 오름과정(1개월), 디딤과정(4개월), 힐링캠프(11박 12일) 등을 운영하고 있다(국립중앙청소년디딤센터, 2023).

참고 청소년 상담 채널 '디포유스(d4youth)'란?

- 온라인 성착취(성매매) 피해 아동 · 청소년을 위한 상담 채널
  - [대상] 성착취 피해를 입었거나, 관련 상담을 원하는 아동 · 청소년 및 조력인 등 누구나
  - [내용] 피해상황별 정보 제공 및 연계(심리상담 · 법률 · 의료 · 피해촬영물 삭제 등)
  - [상담시간] 평일 오전 10시~오후 10시
  - [상담 신청방법] 각 채널 검색 후 일대일 채팅 및 메시지 전송
    ※ 카카오톡 · 라인 @d4youth/ 트위터 · 인스타그램 · 페이스북 @d4youth1020

출처 : 여성가족부(2023). 정책뉴스.

3) 급여의 전달체계

정책 대상으로서 청소년 관련 업무를 관장하는 정부부처는 여성가족부이며, 청소년에 대한 복지, 교육, 일자리, 비행예방 등의 정책은 관련 부처에서 각각 담당하고 있다. 청소년복지는 여성가족부 청소년가족정책실 내 청소년자립지원과에서 총괄하고 있으며, 위기청소년을 대상으로 하는 대부분의 복지서비스는 시 · 도 및 시 · 군 · 구에 설치된 청소년상담복지센터를 통해서 지원되고 있다.

아동과 관련한 아동정책 주관 정부부처는 보건복지부로 아동복지정책과와 청소년복지정책과로 이원화되어 있으며, 상당수의 아동 · 청소년복지사업이 민간위탁을 중심으로 운영되고 있다.

4) 급여의 재원

우리나라의 여성가족부 청소년정책관실의 소관 예산은 국고에 의한 일반회계, 광역지역발전특별회계, 청소년육성기금 등으로 다양하게 구성되어 있으나 안정적 사업추진과 기금 고갈의 문제를 고려할 때 국고에 의한 일반회계로 추진되는 것이 가장 바람직하다. 특히 예산이 각 부처별로 분산되어 있기에 효율성이 떨어지고 적절한 예산집행이 이루어지도록 시행계획 등에 대한 평가를 통해 가장 합리적인 예산이 집행되도록 해야 할 것이다.

5) 청소년정책의 원리

청소년정책의 원리는 청소년정책의 수립과 집행 및 평가에 이르는 전 과정에서 지켜야 할 기본 방향이나 지침 또는 준거틀로서 기본 원리를 제시하면 다음과 같다(김성이 외, 2013 : 301-302).

(1) 타당성

청소년정책의 타당성은 미래사회의 주역이 되는 청소년의 건전육성을 지원한다는 목표를 도외시하여서는 안 된다는 합목적성을 말한다. 따라서 청소년을 정치적 목적의 달성을 위해 수단으로 사용하거나 청소년을 위한다는 명목하에 그들의 자주적 의사를 무시하고 얽매이도록 해서는 안 된다.

청소년정책은 청소년 행정이나 단체 및 시설의 최종적 수혜자인 청소년의 삶의 질 향상과 민주적 시민으로서의 자질과 국가사회의 발전에 기여할 수 있는 역량을 제고시킨다는 목표에 합당해야 한다.

(2) 참여성

청소년으로 하여금 정책 결정과정에 가능한 한 많이 참여시켜야 한다는 것이다. 청소년정책의 표적집단인 청소년의 인구규모가 점차 줄고 있지만 그들을 위한 다양한 단체나 시설, 정부부처, 가정 · 학교 · 대중매체 · 사회와도 밀접한 관련을 맺고 있기에 정책 수립에서부터 평가과정에 이르기까지 이들을 참여시켜야 한다.

(3) 포괄성

정책의 내용과 범위가 다양하기 때문에 청소년복지, 교육, 수련, 보건, 노동, 환경, 가정, 문화, 오락, 여가활동, 비행, 범죄, 교정, 선도 · 보호 등의 광범위한 정책 내용이 어느 한 분야에 치중하지 않도록 포괄적으로 수립해야 하고 이는 상호 관련성을 갖고 시행되어야 한다.

(4) 안정성

정책의 계속성과 일관성을 의미하는 것으로 청소년정책의 수립과정이나 집행과정 및 그 성과는 장기간에 걸쳐 이루어지며, 정책의 효과 또한 장기적으로 나타난다고 할 수 있다. 그리고 양적으로도 측정 불가능하고 질적 측면에서 더욱 중요시되어야 할 부분이 많기 때문에 단기간에 성과를 과시할 수 없는 것이 청소년정책이다. 이처럼 장기적으로 진행이 되다 보면 탄력적으로 적응하면서 수정 · 보완하는 적응성, 탄력성, 신축성도 요구된다.

(5) 실현성

청소년정책이 행정과 청소년 관련 단체나 시설의 프로그램으로 구체화되어 청소년의 삶의 질과 복지가 향상되고 자주적 민주시민으로서 국가와 사회의 유능한 구성원으로서 역할을 수행할 때 정책의 효과는 나타난다고 할 수 있다. 따라서 실현 가능한 정책이 되기 위해서는 청소년 문제를 해결하고 개선하여 그 성과가 극대화될 수 있도록 철저한 준비가 필요하다.

4. 청소년참여 활성화 정책

여성가족부는 청소년의 눈높이에 맞춘 청소년정책을 추진하기 위하여 청소년 참여기구인 청소년특별회의, 청소년참여위원회, 청소년운영위원회를 체계화하고, 청소년들에게 다가갈 수 있는 온라인 매체 활용을 통하여 접근성을 높이는 등 다방면에서 청소년의 시민역량 강화를 위한 지원을 확대하고 내실화하고자 노력해 왔다.

특히 청소년들의 사회참여 기회를 확대하는 등 장래 민주시민으로서의 청소년 인권을 확립해 나가는 한편, 「청소년에 관한 UN 총회 특별세션」과 「UN 세계 청소년포럼」 그리고 「UN 세계 청소년 장관회의」에서 채택한 리스본 선언 등을 통해 확인된 청소년 사회참여의 가치를 정책에 반영하여 정책수요자인 청소년이 정책과정에 직접 참여하는 한국형 '청소년참여기구'를 운영하여 왔다.

1) 청소년참여위원회

청소년참여위원회는 청소년으로 구성되어 있으며, 여성가족부 및 지방자치단체에 설치·운영 중인 청소년참여기구이다. 정부는 청소년참여위원회를 통해 청소년정책의 형성·집행·평가과정에 청소년이 주체적으로 참여할 수 있도록 제도화함으로써 청소년 친화적 정책을 구현하고 청소년의 권익증진을 도모하고 있다.

청소년참여위원회는 1998년 '제2차 청소년육성 5개년계획'에 '청소년의 정책참여 기회 확대' 분야의 세부사업으로 제시되면서 시작되었다. 동 계획에 따라 1998년 11월 문화관광부 내에 청소년위원회가 설치된 이후 전국으로 확산되었다. 또한 2012년 2월 '청소년참여활동'의 중요성을 인식하고 청소년복지지원법에 있던 청소년의 자치권 확대 근거법령을 청소년기본법으로 이관하였다. 청소년기본법으로의 이관은 청소년참여위원회의 활동이 복지의 차원이 아닌, 모든 청소년이 직접 참여할 수 있는 기본적인 권리로서 청소년자치권에 대한 중요성을 부각하고, 청소년기본법의 법 제정 취지에 부합한다는 점을 근간으로 하여 이루어졌다. 이러한 청소년참여기구 활동은 개인적으로 청소년 자신의 잠재 역량을 개발하고 사회성을 향상하는 한편, 사회적으로 청소년의 권리 신장과 건전한 민주시민으로의 육성에 기여하고 있다.

2) 청소년운영위원회

전국의 생활권 청소년수련시설인 청소년수련관과 청소년문화의집은 청소년활동진흥법 제4조에 따라 시설의 사업, 프로그램 운영과 관련된 의사결정 과정에 청소년이 참여할 수 있도록 청소년운영위원회가 설치·운영되고 있다.

1998년도 '제2차 청소년육성 5개년계획'의 정책 기조가 청소년의 자율 · 참여를 장려하는 방향으로 변화함에 따라 2001년도부터 전국 청소년수련시설 설치 · 운영을 사업 지침에 담아 권장함으로써 운영이 시작되었으며, 이후 2003년 청소년활동진흥법 제정으로 법적 근거가 마련되면서 급속도로 확대 설치되었다.

설치 목적은 청소년수련시설을 이용하는 청소년의 의견과 욕구를 반영하여 청소년수련시설이 청소년 중심으로 운영될 수 있도록 하기 위한 것이다. 현재 청소년운영위원회는 청소년수련시설의 심의 · 평가 등을 통해 시설 운영 전반에 참여함은 물론 프로그램을 직접 기획 · 운영하고, 청소년 대표로서 각종 지역사회 청소년 관련 행사에 참가하는 등 다양한 활동을 전개하고 있다.

3) 청소년특별회의

청소년특별회의는 청소년기본법 제12조에 의하여 전국 17개 시 · 도 청소년과 청소년전문가들이 토론과 활동을 통해 청소년의 시각에서 청소년이 바라는 정책과제를 발굴하고, 정부에 건의하여 정책화하는 청소년참여기구이다.

청소년특별회의는 2004년 시범사업을 거쳐, 2005년 청소년기본법에 근거규정이 마련되면서 매년 정기적으로 개최되고 있으며, 2018년부터 시 · 도 참여위원회 위원 전원을 특별회의 위원으로 위촉하고 있다. 청소년특별회의는 전국의 청소년위원들이 매년 하나의 정책의제를 선정하여 정책과제를 발굴해 가는 전국 규모의 참여기구로, 청소년의 정책참여 활동 기회 확대를 통한 성장역량을 함양하고 있다.

청소년특별회의는 전국의 청소년 대표로 구성되며, 이들은 정책과제 발굴, 특별회의 활동 홍보, 토론회 · 캠페인 등 개최 및 참여 활동을 수행한다. 매년 선정된 정책의제에 따라 지역별로 청소년과 전문가의 의견 수렴과 토론, 워크숍, 캠페인 등을 통해 정책과제를 발굴하고 연구를 통해 세부정책과제를 선정한 후 본회의에서 이를 최종적으로 정부에 보고 · 제안한다.

〈표 5-4〉 청소년참여기구

구 분	청소년특별회의	청소년참여위원회	청소년운영위원회
기능	범정부적 차원의 청소년정책 과제에 청소년참여	청소년들이 국가 및 지방자치단체 정책과정에 참여	청소년수련시설 사업・프로그램 운영에 참여
근거	청소년기본법 제12조 (청소년특별회의 개최)	청소년기본법 제5조의2 (청소년의 자치권 확대)	청소년활동진흥법 제4조 (청소년운영위원회)
운영 현황	청소년 위원 500여 명	전국 233개소(시・도 17개, 시・군・구 216개)	전국 331개소

출처 : 여성가족부(2023). 2023년 청소년사업 안내 1권.

4) 청소년참여 지역사회변화 프로그램

'청소년참여 지역사회변화 프로그램'은 자신이 거주하는 지역사회의 문제점들을 인식하고 이를 개선하기 위한 변화 프로그램을 청소년이 직접 기획・실천하는 사업이다. 2007년부터 시작된 동 사업은 청소년을 대상으로 사회 구성원 관계 개선, 지역사회 개발・개선, 청소년 권익 개선, 친화적 환경 등 지역사회의 변화를 이끌어낼 수 있는 활동을 제안받고 프로그램 사업비를 지원한다. 2010년 공모를 통해 청소년 관련기관을 지원하던 '참여공모 프로그램'과 통합하여 '청소년참여 지역사회변화 프로그램'으로 명칭이 변경되었다.

5) 청소년증 발급

청소년증은 해당 연령에 대한 신분 확인을 통해 수송시설, 문화시설 등에서의 할인혜택을 제공받게 함으로써 다양한 문화체험 기회를 보장하고 청소년의 건강한 성장을 지원하기 위해 2003년에 도입된 제도이다. 2004년에 청소년복지지원법에 청소년 우대 및 청소년증 발급에 관한 근거규정을 마련한 후 본격적으로 시행되었다.

5. 청소년 관련 주요 행사

1) 청소년의 달

청소년의 능동적이고 자주적인 주인의식을 고취하고 청소년육성을 위한 국민의 참여 분위기를 조성하기 위하여 매년 5월을 청소년의 달로 정하고 있으며(청소년기본법 제16조), 청소년의 달을 기념하기 위하여 중앙부처 및 지방자치단체와 연계하여 청소년의 달 주제와 관련된 행사를 5월 중에 전국적으로 추진하고 있다.

기념식에서는 청소년정책 발전과 청소년의 건강하고 바른 성장에 기여한 청소년과 청소년을 위해 헌신적으로 일해 온 유공자를 발굴·시상하고 있다. 2016년에 더 많은 사회적 공감대를 형성하기 위하여 대한민국 청소년박람회 개막식과 통합하여 추진하였다. 중앙행정기관 외 지방자치단체 및 학교, 청소년단체 등에서도 5월 청소년의 달을 맞아 청소년정책에 대한 국민들의 관심 제고와 미래 청소년이 나아갈 올바른 방향을 제시할 수 있는 다양한 프로그램을 운영하고 있다.

2) 대한민국 청소년박람회

대한민국 청소년박람회는 청소년의 달을 맞아 개최하는 국내 최대 규모의 청소년 대상 박람회로 청소년 문화의 새로운 경향과 방향을 모색하는 국내 유일의 범 청소년 축제의 장이다. 2005년부터 개최된 박람회는 2008년부터 행사 장소를 서울에서 벗어나 지방자치단체와 공동으로 주최하는 전국 단위의 행사로 진행하고 있다. 이를 통해 주제별 부스를 선정하여 청소년의 참여와 체험, 소통을 위한 공간을 마련하여 다양한 문화콘텐츠를 공유, 창출, 확산할 수 있는 기회를 갖고 있다.

3) 성년의 날

'성년의 날'은 청소년이 만 19세가 되는 해에 국가와 민족의 장래를 짊어질 성인으로서의 자부심과 책임의식, 가치관 확립의 기회를 제공하기 위한 법정 기념일이다. 과거 전통사회에서 관례(冠禮)란 성인식으로, 특히 양반사회에서 남자는 상투를 틀어 올리고 여자는 계례(笄禮)라 하여 쪽을 지어 비녀를 꽂는 의식을 말한다. 하지만 현재 전통의식인 관례는 없어지고 대신 1973년 4월 20일을 '성년의 날'로 제정하였으며, 1985년부터는 5월 셋째 월요일을 '성년의 날'(각종 기념일 등에 관한 규정, 대통령령 제23400호)로 정하여 기념행사를 개최하고 있다.

4) 청소년지도자대회

'청소년지도자대회'는 청소년정책 현장의 청소년지도자들이 상호 공동관심사에 대한 정보 및 인식을 공유하고, '상호교류와 화합의 장' 마련을 통해 청소년지도자로서의 긍지와 자부심을 고취하기 위하여 2005년 처음 실시 후 매년 개최되고 있다.

2008년 정부조직이 개편되면서 기관 통합으로 행사명을 '청소년지도자대회'에서 아동지도자들을 포함한 '아동 · 청소년지도자대회'로 통합 개최하였으나, 2010년 여성가족부로 '청소년' 업무가 이관되면서 다시 '청소년지도자대회'로 명칭이 변경되어 추진 중이다.

5) 청소년푸른성장대상(大賞)

여성가족부는 사회 각 분야에서 청소년의 건강한 성장을 위해 헌신적으로 일해 온 개인 · 단체 및 바른 성장으로 또래들의 귀감이 되는 청소년을 발굴 · 시상함으로써 그 공적을 널리 알리고 청소년에 대한 범국민적 관심을 제고하기 위해 매년 '청소년푸른성장대상'을 시상하고 있다.

학습문제

01 청소년복지정책의 목표가 아닌 것은?

① 균형 있고 조화로운 성장 ② 안전하고 건강한 생활환경
③ 자기주도적 참여와 권리증진 ④ 대상별 맞춤형 서비스 강화
⑤ 미래핵심인재 양성

해설 ④ 대상별 맞춤형 서비스 강화는 정책과제 5대 영역 중 청소년복지 및 자립지원서비스에 해당한다.

02 청소년증에 대한 설명이 아닌 것은?

① 학생, 비학생 간에 차별 없이 신분 확인과 할인혜택
② 취약가구 청소년이 대상
③ 공적신분증
④ 2003년 도입
⑤ 9세 이상 18세 이하의 청소년이 대상

해설 ②

03 청소년상담복지센터에 대한 설명이 아닌 것은?

① 청소년의 복지증진
② 긴급구조
③ 청소년의 건강한 성장 도모
④ 청소년쉼터 운영
⑤ 청소년 상담

해설 ④

04 청소년정책의 원리가 아닌 것은?

① 포괄성 ② 타당성 ③ 참여성
④ 안전성 ⑤ 이상성

해설 ⑤

참고문헌

김성이 · 조학래 · 노충래 · 신효진(2013). **청소년복지학**. 경기 : 양서원.
여성가족부(2016). 2016년 청소년백서.
_________(2017). 청소년한부모 자립지원 안내.
_________(2018). 청소년사업 안내.
_________(2023). 2022 청소년백서.
_________(2023). 정책뉴스.
_________(2023). 정책정보-청소년.
_________(2023). 제7차 청소년정책기본계획 발표.
_________(2023). 2023년 청소년사업 안내 1권.
_________(2023). 청소년안전망 설명자료.
_________(2023). 청소년한부모 아동양육 및 자립지원.
_________(2023). 한부모가족자녀양육지원.

Gilbert, N., & Specht, H. (1986). *Dimensions of Social Welfare Policy*(2nd ed.). Englewood Cliffs, NJ : Prentice-Hall.

국립중앙청소년디딤센터. 2023.
드롭인센터. 2017.
한국청소년쉼터협의회. 2017.

청소년기본법
청소년복지지원법
청소년활동진흥법
한부모가족지원법

HAPTER 06

청소년복지 행정

학습목표

- 청소년활동진흥법에 따른 청소년 활동시설을 분류하여 설명할 수 있다.
- 청소년수련활동 인증제도에 대하여 설명할 수 있다.
- 청소년 관련 전문직을 분류하여 설명할 수 있다.

1. 청소년 활동시설

청소년활동진흥법 제10조에서는 청소년 활동시설의 종류를 청소년 수련시설과 청소년 이용시설로 구분하고 있다. 국가와 지방자치단체는 물론 법인, 단체 또는 개인 등의 민간분야도 활동시설의 설치와 운영이 가능하지만, 민간의 경우에는 시 · 군 · 구청장의 허가를 받아야 한다.

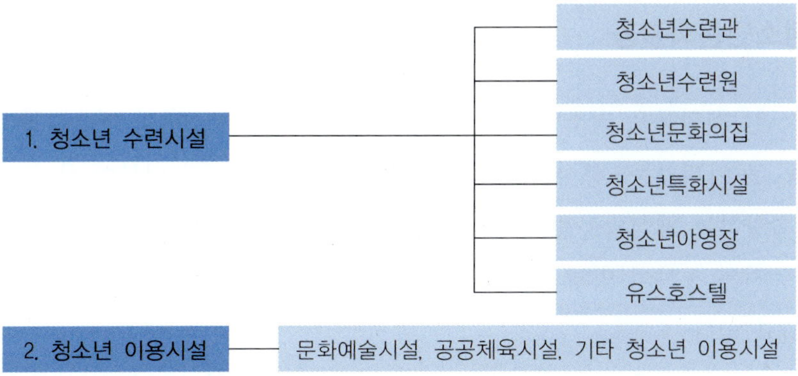

┃그림 6-1┃ 청소년 활동시설의 종류

출처 : 여성가족부(2023). 2022 청소년백서, p. 582.

2. 청소년활동 지원

1) 청소년활동 프로그램 공모지원

청소년활동 프로그램 공모는 학교 교육과정에 창의적 체험활동 전면시행(2013년), 자유학기제 시범 운영(2013년)에 따라 청소년들이 여유시간을 활용할 수 있도록 다양한 청소년활동 참여 기회를 제공하고, 소외계층 청소년의 건전한 성장을 돕기 위한 동기부여 프로그램을 발굴·지원하는 데 목적이 있다.

이에 따라 청소년의 눈높이에 맞는 프로그램을 발굴·보급하고 이에 필요한 인적·물적 제반 자원의 경제적인 활용 방향을 확립하여 청소년들이 진로, 역사·문화예술, 가족·인성, 과학·환경, 모험개척, 봉사 등의 활동을 통해 잠재역량을 개발하고 국제 경쟁력을 갖출 수 있도록 지원하고 있다. 청소년활동 프로그램에 대한 컨설팅, 평가 및 환류과정을 통하여 프로그램 운영의 일관성과 효율성을 제고하고 프로그램의 질을 향상시키고자 '청소년활동 프로그램 공모사업 컨설팅 및 평가 사업'을 실시하고 있으며, 2016년에는 자유학기제 지원을 위해 진로 분야를 확대하고, 모험·봉사, 역사, 가족·인성, 문화예술·과학환경 등 청소년에 대한 사회적 요구에 부응하는 참신하고 독창적인 프로그램을 중점 발굴하였다.

2) 청소년문화활동

청소년문화활동은 청소년활동진흥법 제2조에 따라 청소년이 예술활동·스포츠활동·동아리활동·봉사활동 등을 통하여 문화적 감성과 더불어 살아가는 능력을 함양하는 체험활동을 말한다. 청소년문화활동은 청소년들에게 문화적 감수성 증진을 통하여 입시 위주의 환경 속에서 청소년의 삶의 질을 향상하고자 추진되고 있다.

청소년문화활동은 청소년들이 상시적이고 자율적인 참여를 통해 지역사회 중심으로 건전한 청소년 문화를 형성하는 데 목적을 둔다. 지방자치단체와 연계하여 운영되고 있으며, 대표적 사업으로는 청소년동아리활동 지원사업과 청소년어울림마당이 있다.

(1) 청소년동아리활동

청소년동아리활동은 문화 · 예술 · 스포츠 등 다양한 취미활동을 통해 건강한 또래 관계를 형성하고 자신의 특기 · 소질을 개발할 수 있는 자율적 활동이다. 여성가족부는 전국 시 · 도별 청소년시설 및 각급 학교(초 · 중 · 고 · 대학교)의 동아리활동의 활성화를 위하여 인근 청소년 수련시설과 연계해 우수청소년동아리를 선정하여 지원하고 있다.

(2) 청소년어울림마당

청소년어울림마당은 청소년이 생활권 주변에서 문화적 감수성을 높일 수 있는 다양한 문화 · 예술 · 놀이 체험의 장으로 운영되고 있다. 또한 청소년들이 주체가 되어 기획하고 진행하는, 청소년의 다양한 문화표현의 장으로 운영될 수 있도록 하고 있으며, 모니터링을 통해 청소년 눈높이에서 청소년들의 욕구가 적극 반영될 수 있도록 유도하고 있다. 청소년어울림마당은 2021년 기준 청소년프로그램 공모 91개, 청소년동아리 2,500개, 어울림마당 126개 등을 통해 학업이나 진로 등으로 인한 청소년의 심리적 불안을 해소하기 위해 청소년 주도의 다양한 체험활동을 활성화하고 있다(여성가족부, 2023. 정책뉴스).

3) 청소년수련활동 인증제도

(1) 추진 배경

청소년수련활동 인증제도는 청소년활동진흥법 제35조 내지 제38조에 따라 시행된 제도로서 청소년수련활동이 청소년의 균형 있는 성장에 기여할 수 있도록 국가 및 지방자치단체 또는 개인 · 법인 · 단체 등이 실시하고자 하는 청소년수련활동을 인증하고, 인증된 수련활동에 참여한 청소년의 활동 기록을 유지 · 관리 · 제공하는 청소년수련활동 프로그램에 대한 국가 인증제도이다.

청소년수련활동 인증제는 글로벌 · 다문화 시대의 흐름에 발맞추어 청소년의 활동환경을 조성하고 지원하는 제도로, 청소년의 다양한 요구에 부응하고 사회문화적 역량을 개발 · 강화하는 데 목적을 두고 있으며, 청소년활동 기반 확립과 학교 교육과 연계한 활동 지원의 확대 요구에 대한 사회적 공감대가 형성되면서 2004년 2월 청소년활동진흥법 제35조에 근거규정을 마련하고 2006년부터 운영되고 있다.

청소년수련활동 인증제는 청소년활동 프로그램에 대한 사전인증으로 양질의 활동 기회 및 프로그램을 제공할 수 있게 하고, 수요자인 청소년의 욕구가 반영된 활동 프로그램을 제공하여 유용성, 공공성, 안정성을 강조하며, 인증받은 활동에 참여한 청소년의 활동 실적을 기록 · 관리함으로써 청소년들의 자기계발과 진로탐색에 필요한 자료로 활용될 수 있도록 지원하고 있다.

(2) 추진 현황

〈표 6-1〉 청소년수련활동 인증제도 추진 현황

연 도	내 용
2006년	• 청소년수련활동 인증제도 3월 시작
2007년	• 인증기준과 인증심사 절차의 간소화, 국제청소년활동 인증기준 개발 • 지방청소년활동진흥센터와 업무의 효율적 연계 운영 추진
2008년	• 인증제 운영규정과 인증심사원 운영규정을 통합 · 개정하여 제도 운영 체계를 정비 • 인증받은 활동의 효과성 측정을 위한 연구 기획과 만족도 조사 시작 • 학부모 참관단 32명을 시범 · 운영
2009년	• 제2기 청소년수련활동인증위원회 출범 • 교육과학기술부에서 학생생활기록부에 인증수련활동 참여기록을 등재하기로 결정 • 청소년 관련 학과 대입 시 가산점 반영을 하도록 업무협약 체결
2010년	• 인증프로그램의 신뢰성 및 공공성을 강화하기 위해 노력
2011년	• 정부부처 주관 활동 프로그램 인증 추진
2012년	• 인증신청 및 사후관리에 관련한 온라인 교육콘텐츠 개발 • 인증제 홍보동영상 제작, SNS 개설, 웹 메일 발송 등 다양한 홍보사업

2013년	• 제3기 청소년수련활동인증위원회 출범 • 인증기준을 공통기준 14개에서 6개로 통폐합
2014년	• 일정 규모 이상이거나 위험도가 높은 수련활동에 대한 인증 의무화 • 모든 인증 신청 프로그램에 안전에 관련한 전문인력 배치 강화
2015년	• 안전전문가의 위촉에 안전전문가 2인, 법조인 1인 위촉
2016년	• 인증제 운영규정과 인증심사원 운영규정으로 분리 • 인증제 시행 10주년을 맞아 새로운 인증마크 선포
2017년	• 학교단체 숙박형 활동유형 신설 • 개별단위 프로그램의 인증 도입 • 별도의 인증기준과 사후관리체계 도입 • 지도자 배치기준 현실화
2018년	• 위험도 높은 수련활동과 드론 등 안전 고려 활동을 자체적으로 점검·관리하는 안전점검 체크리스트 개발 및 보급 • 간편인증 시스템 도입을 통해 행정서류 간소화(31개 → 19개)
2019년	• 참여 학부모와 교사가 직접 참여하는 현장점검단 운영 • 보급형 프로그램을 통해 현장 맞춤형 컨설팅 지원 및 인증 신청의 어려움 해소
2020년	• 비대면방식 청소년활동 인증기준 개발을 통한 청소년활동의 혁신 도모 • 코로나19와 같은 재난 등의 사유로 인증활동 운영이 원활하지 못한 기관에 대한 인증수련활동을 중지할 수 있는 제도적 보완장치 마련
2021년	• 기본형 활동 운영시간 기준 완화(3시간 → 2시간), 기본형 회기별 최소 시간 폐지를 통한 인증수련활동 구성의 자율성 확대 • 인증 접수 형식요건 검사단계 폐지, 자동 적합성 검사 시스템 기능 개발, 인증심사 보완 단계 신설 등의 제도와 운영 절차 개선 • 인증수련활동 운영 시 감염병 방역관리를 위한 안전대책을 인증기준에 반영하여 인증수련활동의 안전 강화
2022년	• 사후관리 컨설팅 제도 도입 • 인증수련활동 참여자에 대한 방역물품 제공을 통해 안전한 활동 환경 지향 • 인증수련활동의 활동장을 복수 활동장으로 지정·운영하도록 제도 개선

출처 : 여성가족부(2023). 2022 청소년백서, pp. 176-179.

청소년수련활동 인증기준 요건에 있어서 프로그램이란 청소년의 발달 특성과 욕구를 반영하여 프로그램을 개발하고 평가체계를 마련하여 자원의 효율적인 운영계획이 수립되도록 하여야 한다. 또한 지도력이란 프로그램 운영 및 관리에 적합한 자를 선정, 청소년참여 인원 수 대비 지도자 배치, 안전고려활동에는 유자격자 등을 배치하도록 한다. 활동환경이란 청소년들에게 안전하고 적합한 활동환경을 제공할 수 있도록 공간과 설비, 사용요건, 보험가입 등 계획을 철저하게 수립하는 것을 요건으로 한다.

〈표 6-2〉 청소년수련활동 인증제 활동유형

활동유형	내 용
기본형	전체 프로그램 운영 시간이 2시간 이상으로서, 시행한 날에 끝나거나 또는 2일 이상의 각 회기로 구성되어 있으며 숙박 없이 수일에 걸쳐 이루어지는 활동
숙박형	숙박에 적합한 장소에서 일정 기간 숙박하며 이루어지는 활동
이동형	활동 내용에 따라 선정된 활동장을 이동하여 숙박하며 이루어지는 활동
학교 단체 숙박형	학교의 장이 참가를 승인한 활동으로 숙박에 적합한 장소에서 일정 기간 숙박하며 이루어지는 활동 * 개별 단위 프로그램 : 학교 단체 숙박형 활동을 구성하는 각각의 프로그램

출처 : 여성가족부(2023). 2022 청소년백서, p. 181.
한국청소년활동진흥원(2022).

4) 지역청소년활동정책 진흥사업

(1) 운영현황

청소년활동진흥센터는 국가 정책에 따라 1996년부터 청소년자원봉사센터로 출범하여 2006년도에 청소년활동진흥센터로 개편되어 설치되었다. 1996년도에 청소년자원봉사센터로 출범할 당시에는 학교교육정책에 자원봉사활동이 도입됨에 따라 지역사회에서 청소년자원봉사의 지원과 활성화를 전담하는 조직으로서 단일하면서 명확한 과업을 가지고 출범하였다. 2004년 청소년기본법의 전면개정에 의한 한국청소년진흥센터의 설치와 청소년활동진흥법의 제정을 통한 청소년활동진흥센터의 설치에 관한 법적 근거(청소년활동진흥법 제7조)가 마련되었다.

청소년활동진흥센터는 중앙과 각 지방에서 '청소년활동의 진흥'이라는 포괄적인 과업과 국가(중앙) - 지방(시 · 도) - 지역(시 · 군 · 구)으로 이어지는 청소년정책의 전달체계를 구성하는 중요한 정책기구로서의 조직과 기능이 확대되었으며, 지역의 청소년활동정책 전달 중심기관으로서의 위상을 가지고 현재 기능과 역할을 지속적으로 확대하고 있다.

(2) 역할과 사업 내용

지방청소년활동진흥센터는 청소년활동진흥법 제7조에 따라 청소년활동의 진흥을 위한 청소년정책 전달체계상의 정책기관으로 해당 지역의 청소년활동을 진흥하는 중추적인 역할을 수행하는 기관이다. 주요 사업은 지역청소년활동 요구 조사, 청소년활동 프로그램의 개발과 보급, 청소년활동에 대한 교육과 홍보, 청소년활동 정보 제공, 지역 교육기관과의 연계 및 지원, 지역 청소년자원봉사활동의 활성화, 청소년수련활동 인증제도의 지원, 청소년수련활동신고제 및 안전업무 지원, 국가 및 지방자치단체의 청소년정책 과제·사업의 지역 현장 전달 및 지원 등이다.

〈표 6-3〉 **지방청소년활동진흥센터 사업 기능**

업무영역	주요 업무	주요 업무 개요	사업 예시
1. 청소년활동 현장 역량 증진 지원	1-1. 청소년지도자 교육훈련	교육훈련 등 현장 청소년지도자의 역량개발을 지원하는 업무	• 맞춤형 직무교육 및 정책사업 직무교육 • 현장 학습활동 지원 등
	1-2. 청소년활동 기관운영 지원	현장의 청소년활동 운영에 필요한 정보·프로그램·예산 등을 지원하는 업무	• 현장 기관 컨설팅 운영 • 수련시설 평가 지원(설명회, 사후관리, 만족도 조사 등) • 청소년활동 프로그램 개발 및 보급
2. 청소년활동 정책개발 및 실행 지원	2-1. 정책개발 및 제도화 지원	국가 및 지방의 청소년 관련 정책의 개발 및 제도화를 지원하는 업무	• 정책방안 개발 및 정책수립지원 • 청소년활동 실태 및 요구조사, 결과 활용 등
	2-2. 국가 정책사업 실행 지원	국가 청소년 관련 정책사업의 실행을 지원하는 업무	• 고유 국가 정책사업 운영 – 청소년 어울림마당·동아리활동, 자원봉사활동, 비교과활동, 수련활동 인증제·신고제, 포상제 활성화 – 청소년활동 안전 지원 • 청소년참여 및 권리 증진 – 청소년참여기구, 청소년참정권 등
	2-3. 시·도 정책사업 실행지원	지방자치단체 청소년 관련 정책사업의 실행을 지원하는 업무	• 시·도청소년정책사업 지원 – 청소년 축제, 국내·외 청소년 교류 등

3. 청소년 정보 자원 관리 및 서비스	3-1. 청소년 정보 수집 관리 및 제공	지역 내 청소년과 관련된 정보 자료를 조사·분석·수집 관리하여 수요자의 요구에 맞게 서비스를 제공하는 업무	• 청소년 정보 수집·관리 체계 구축 • 청소년활동 정보서비스 제공 등
	3-2. 청소년활동 인지도 제고	청소년활동에 대한 인지도를 높이고 긍정적인 인식을 제고하는 업무	• 청소년활동 홍보 • 청소년활동 인지도 개선
4. 청소년활동 정책수행 인프라 관리	4-1. 청소년활동진흥센터 전문화	센터의 조직과 인력의 전문성을 제고하는 업무	• 센터 역량 강화 – 전략기획(중장기 및 연간사업기획 등) • 센터 성과관리
	4-2 청소년활동 네트워크 구축	중앙-시·도-시·군·구의 정책네트워크와 현장네트워크를 구축하고 운영하는 업무	• 현장네트워크 구축(학교, 교과 연계 포함) • 네트워크 협력사업 운영(프로그램, 예산 등 지원) • 청소년지도자 대회, 신년인사회, 사업설명회 등

출처 : 여성가족부(2023). 2022 청소년백서, pp. 174-175.

3. 청소년 관련 전문직

1) 청소년지도자

'청소년지도자'라 함은 청소년기본법에 의한 청소년지도사 및 청소년상담사와 청소년시설·청소년단체·청소년 관련기관 등에서 청소년육성 및 지도업무에 종사하는 자를 총칭한다. 청소년지도사 양성계획에 따라 1993년부터 2022년까지 청소년지도사 자격증 소지자는 총 66,095명이 배출되었으며, 청소년상담사 자격증 소지자도 33,817명을 양성하였다(여성가족부, 2023).

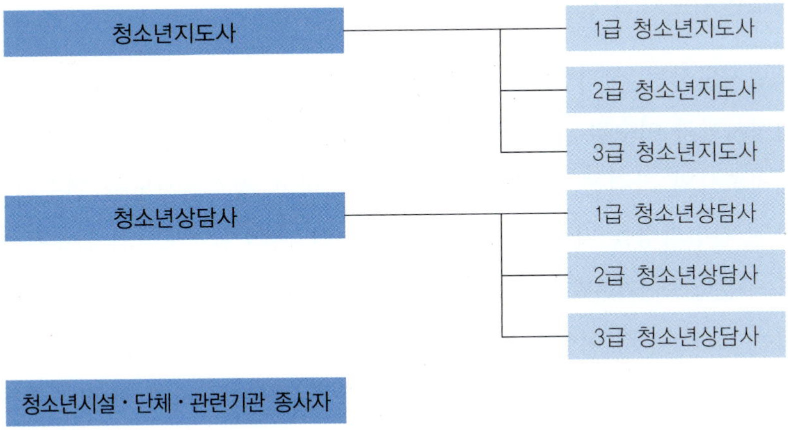

| 그림 6-2 | 청소년지도자의 분류

출처 : 여성가족부(2023). 2022 청소년백서, p. 593.

2) 청소년지도사

급격한 사회변화에 따라 심각해지고 있는 청소년 문제를 적극적으로 해결하고 체계적인 청소년활동을 제공하기 위해서는 청소년수련활동에 대한 전문지식과 지도기법 및 자질을 갖춘 청소년지도자의 양성이 필요하다. 청소년지도자의 체계적이고 전문적인 양성을 위해 「청소년기본법」에서는 청소년지도사 양성 및 배치에 관한 내용을 규정하여 1993년부터 국가공인 청소년지도사를 양성해 오고 있다.

청소년지도사는 국가(여성가족부 장관)로부터 자격을 부여받아 청소년 수련시설 및 청소년단체 등에서 청소년활동 · 복지 · 보호와 관련된 업무를 담당하는 전문가로 청소년활동(프로그램, 사업)을 전담하며, 청소년의 수련활동, 지역 · 국가 간 교류활동, 동아리활동, 봉사활동, 예술활동 등을 지도한다. 청소년지도사는 양성계획에 따라 1993년부터 2022년까지 1급 소지자 2,473명, 2급 소지자 47,866명, 3급 소지자 15,756명 등 총 66,095명의 국가공인 청소년지도사가 배출되었다.

(1) 청소년지도사의 법적 근거

청소년지도사는 국가공인자격으로서 1993년부터 청소년기본법에 의거하여 자격검정시험과 이수과정을 통한 청소년지도사 양성을 목적으로 진행되고 있다. 청소년지도사의 자격은 자격검정시험에 합격하고 청소년지도사 연수기관에서 실시하는 연수과정을 마친 자로 한정하고 있다. 청소년지도사의 급수는 1, 2, 3급으로 구분(청소년기본법 제21조 제4항 및 동법 시행령 제19조)되며, 한국산업인력공단에서는 2011년부터 여성가족부 장관의 위탁을 받아 연 1회 청소년지도사 자격검정시험을 실시하고 있으며, 한국청소년활동진흥원에서 자격 관련 연수를 실시한다.

(2) 청소년지도사의 응시자격

청소년지도사의 응시자격과 관련한 별도의 지침을 살펴보면 다음과 같다.

〈표 6-4〉 청소년지도사의 자격 종류 및 응시자격

구 분	응시자격
1급	2급 청소년지도사 자격취득 후 청소년활동 등 청소년육성업무에 종사한 경력이 3년 이상인 사람
2급	1. 대학졸업(예정)자 또는 이와 같은 수준 이상의 학력이 있는 사람으로서 2급 청소년지도사 자격검정에 필요한 과목 모두를 전공과목으로 이수한 사람 2. 2006년 12월 31일 이전에 대학을 졸업하였거나 이와 같은 수준 이상의 학력을 취득한 사람으로서 별표 1의2에 따른 과목을 이수한 사람 3. 대학원의 학위과정 수료(예정)자로서 2급 청소년지도사 자격검정에 필요한 과목 모두를 전공과목으로 이수한 사람 4. 2006년 12월 31일 이전에 대학원의 학위과정을 수료한 사람으로서 별표 1의2에 따른 과목 중 필수영역 과목을 이수한 사람 5. 대학 졸업 또는 이와 같은 수준 이상의 학력이 있다고 다른 법령에서 인정받은 후 청소년활동 등 청소년육성업무에 종사한 경력이 2년 이상인 사람 6. 전문대학 졸업 또는 이와 같은 수준 이상의 학력이 있다고 다른 법령에서 인정받은 후 청소년활동 등 청소년육성업무에 종사한 경력이 3년 이상인 사람 7. 3급 청소년지도사 자격취득 후 청소년활동 등 청소년육성업무에 종사한 경력이 2년 이상인 사람 8. 고등학교 졸업 또는 이와 같은 수준 이상의 학력을 인정받은 후 청소년활동 등 청소년육성업무에 종사한 경력이 8년 이상인 사람

3급	1. 전문대학 졸업(예정)자 또는 이와 같은 수준 이상의 학력이 있는 사람으로서 3급 청소년지도사 자격검정에 필요한 과목 모두를 전공과목으로 이수한 사람 2. 2006년 12월 31일 이전에 전문대학을 졸업하였거나 이와 같은 수준 이상의 학력을 취득한 사람으로서 별표 1의2에 따른 과목을 이수한 사람 3. 전문대학 졸업 또는 이와 같은 수준 이상의 학력이 있다고 다른 법령에서 인정받은 후 청소년활동 등 청소년육성업무에 종사한 경력이 2년 이상인 사람 4. 고등학교 졸업 또는 이와 같은 수준 이상의 학력이 있다고 다른 법령에서 인정받은 후 청소년활동 등 청소년육성업무에 종사한 경력이 3년 이상인 사람

출처 : 청소년기본법 시행령, [별표 1] 청소년지도사 자격검정의 등급별 응시자격 기준.
여성가족부(2023). 2022 청소년백서, pp. 594-595.

(3) 시험과목 및 방법

〈표 6-5〉 시험과목 및 방법

구 분	시험과목	검정방법	
1급 (5과목)	• 청소년연구방법론 • 청소년정책론 • 청소년 인권과 참여 • 청소년기관운영 • 청소년지도자론	주 · 객관식 필기시험	면접 없음
2급 (8과목)	• 청소년육성제도론 • 청소년지도방법론 • 청소년심리 및 상담 • 청소년문화 • 청소년활동 • 청소년문제와 보호 • 청소년프로그램 개발과 평가 • 청소년복지	객관식 필기시험	면접 (3급 청소년지도사 자격증 소지자는 면접시험 면제)
3급 (7과목)	• 청소년육성제도론 • 청소년지도방법론 • 청소년심리 및 상담 • 청소년문화 • 청소년활동 • 청소년문제와 보호 • 청소년프로그램 개발과 평가	객관식 필기시험	면접

※ 시험과목 중 법령 관련 출제 기준일은 필기시험 시행일 기준임.
※ 청소년지도사 자격검정의 과목과 관련된 전공과목의 인정범위는 여성가족부 장관이 별도로 정하여 고시함.
출처 : 청소년기본법 시행령, [별표 2] 청소년지도사 자격검정의 과목 및 방법(제20조 제3항 관련).
여성가족부(2023). 2022 청소년백서, p. 595.

(4) 청소년 수련시설 현황

청소년수련활동이란 청소년의 균형적 성장을 위하여 청소년의 능동적 참여하에 심신을 단련하고 자질을 배양하며, 다양한 취미를 개발하고, 정서를 함양할

뿐만 아니라 사회봉사활동을 통해 배움을 실천하는 등 청소년 시기에 필요한 기량과 품성을 함양하는 교육적 활동으로서 청소년지도자와 함께 청소년수련거리에 참여하여 배움을 실천하는 조직적 체험활동을 말한다.

또한 청소년 수련시설은 이러한 수련활동에 필요한 여러 가지 시설, 설비, 프로그램 등을 갖추고, 청소년지도자의 지도하에 체계적이고 조직적인 수련활동을 실시하는 시설로서 그 시설에서 운영되는 수련거리와 이를 기획·운영하며 청소년을 지도하는 청소년지도자의 세 가지 요소를 포함하고 있다.

이러한 청소년 수련시설은 기능이나 수련활동 및 입지적 여건 등에 따라 다양한 유형으로 구분된다. 이전에는 생활권 수련시설(청소년수련관, 청소년문화의집), 자연권 수련시설(청소년수련원, 청소년야영장), 그리고 유스호스텔로 구분되어 왔으나 2005년부터는 청소년수련관, 청소년수련원, 청소년문화의집, 청소년특화시설, 청소년야영장, 유스호스텔로 구분되었다.

〈표 6-6〉 청소년 수련시설

시설 종류	시설 개념 및 특성
청소년 수련관	• 다양한 수련거리를 실시할 수 있는 각종 시설 및 설비를 갖춘 종합수련시설 • 입지조건은 일상생활권, 도심지 근교 및 그 밖의 지역 중 수련활동 실시에 적합한 곳으로서 청소년이 이용하기에 편리한 지역 • 시설은 연건축면적이 1,500제곱미터 이상이어야 하며, 150인 이상을 수용할 수 있는 실내집회장, 연면적 150제곱미터 이상의 실내체육 시설, 2개소 이상의 자치활동실, 2개 이상의 특성화 수련활동장, 1개소 이상의 상담실, 1개소 이상 휴게실, 1개소 이상 지도자실이 필수 • 시·도지사 및 시장·군수·구청장은 시·군·구에 1개소 이상씩의 청소년수련관을 설치·운영해야 함(청소년활동진흥법 제11조)
청소년 수련원	• 숙박기능을 갖춘 생활관과 다양한 수련거리를 실시할 수 있는 각종 시설과 설비를 갖춘 종합수련시설 • 입지는 자연경관이 수려한 지역, 국립·도립·군립공원, 그 밖의 지역 중 자연과 더불어 행하는 수련활동 실시에 적합한 곳으로서 청소년이 이용하기에 편리한 지역 • 시설기준으로 100명 이상을 수용할 수 있는 생활관, 식당, 실내집회장, 야외집회장, 체육활동장, 수련의 숲, 강의실, 특성화 수련활동장, 지도자실, 휴게실, 비상설비, 기타 시설 등을 설치하도록 규정 • 기본적인 기능은 청소년들에게 자연과 더불어 숙박을 하며 단체 수련활동을 제공하는 것

청소년 문화의집	• 간단한 수련활동을 실시할 수 있는 시설 및 설비를 갖춘 정보・문화・예술 중심의 수련시설 • 다양한 유형의 청소년 수련시설 중 가장 작은 규모의 시설로 지역사회에 가장 근접한 지역에 위치하며 청소년들이 일상적으로 이용할 수 있는 시설 • 시・도지사 및 시장・군수・구청장은 읍・면・동에 청소년문화의집을 1개소 이상 설치・운영해야 함(청소년활동진흥법 제11조)
청소년 야영장	• 야영에 적합한 시설 및 설비를 갖추고 수련거리 또는 야영편의를 제공하는 수련시설 • 입지조건은 자연경관이 수려한 지역, 국립・도립・군립공원, 그 밖의 지역 중 자연과 더불어 행하는 수련활동 실시에 적합한 곳으로서 청소년이 이용하기에 편리한 지역
유스 호스텔	• 청소년의 숙박체계에 적합한 시설・설비와 부대・편의시설을 갖추고 숙식편의 제공, 여행청소년의 활동지원 등을 주된 기능으로 하는 시설 • 입지조건은 명승고적지, 역사유적지 부근 및 그 밖의 지역 중 청소년이 여행활동 시 이용하기에 편리한 지역
청소년 특화시설	• 청소년의 직업체험・문화예술・과학정보・환경 등 특정 목적의 청소년활동을 전문적으로 실시할 수 있는 시설과 설비를 갖춘 수련시설 • 입지조건은 일상생활권, 도심지 근교 및 그 밖의 지역 중 수련활동 실시에 적합한 곳으로서 청소년이 이용하기에 편리한 지역 • 청소년문화교류센터, 청소년미디어센터, 청소년직업체험센터 등

출처 : 청소년수련시설포털(2023).

〈표 6-7〉 청소년 수련시설 설치 유형

청소년 수련시설 설치 유형		청소년 수련시설 운영 유형	
공공시설	국가, 지방자치단체에서 설치한 시설	직영시설	공공 또는 민간 시설을 설치한 자가 직접 운영
민간시설	개인, 법인, 단체에서 설치한 시설	위탁시설	공공시설을 설치한 자가 청소년단체에 운영 위탁

출처 : 청소년수련시설포털(2023).

〈표 6-8〉 청소년 수련시설 종류별 설치현황

시설 종류 / 연도	청소년 수련관	청소년 수련원	청소년 문화의집	청소년 야영장	유스 호스텔	청소년 특화시설	계
2000년	87	181	132	119	62	0	581
2005년	137	203	164	138	87	0	729
2010년	163	171	201	47	112	9	703
2015년	181	193	245	43	126	9	797
2016년	185	191	248	45	120	10	799
2017년	185	161	254	38	112	10	760
2018년	185	162	257	38	112	10	764
2019년	188	171	287	37	114	14	811
2020년	191	170	295	37	113	15	821
2021년	195	154	314	33	103	14	813
2023년	199	155	341	34	107	15	851

※ 2023년 통계는 2023.12.3. 현재임
출처 : 청소년수련시설포털(2023).

(5) 청소년지도사 양성체계 및 배치기준

청소년기본법에 따르면, 청소년시설과 단체에는 일정한 기준에 의하여 청소년지도사를 배치하여야 하는데, 청소년시설별 청소년지도사 배치기준은 다음과 같다.

〈표 6-9〉 수련시설 종류 및 수용정원별 청소년지도사 배치기준표

시설 종류	수용정원 500명 이하				수용정원 250명당 배치기준(추가)			
	소계	1급	2급	3급	소계	1급	2급	3급
수련관	4명	1명	1명	2명	1명	1명		
	4명	1명	2명	1명				
	4명	1명	3명	–				
	4명	2명	2명	–				
	4명	3명	1명	–				

수련원	2명	–	1명	1명	1명	1명 ※ 최초 500명 초과 시 1급 배치
	2명	–	2명	–		
	2명	1명	1명	–		
	2명	1명	–	1명		
	2명	2명	–	–		
유스호스텔	1명	1명			1명	1명*(1급 또는 2급)
야영장	1명	1명			–	–
문화의집	1명	1명			–	–
특화시설	2명	–	1명	1명	–	–
	2명	–	2명	–		
	2명	1명	1명	–		
	2명	1명	–	1명		
	2명	2명	–	–		

※ 1. 청소년수련원 : 수용정원 최초 500명 초과 시 1급 추가 배치 및 초과하는 250명마다 1~3급 중 1명 추가 배치

2. 유스호스텔 : 숙박정원 500명 초과 시 1급 또는 2급 추가 배치

3. 청소년기본법 시행령 별표 5 참조(2020.1.29. 공포 · 시행)

출처 : 여성가족부(2023). 2023년도 청소년수련시설 관리 · 운영 지침.

3) 학교사회복지사

학교사회복지사는 학교에서 일어나는 학생의 문제들을 개인의 문제만이 아닌 개인을 둘러싼 환경과의 상호작용의 문제로 보고 심리적 · 사회적 문제들을 학생 · 학교 · 가정 · 지역사회의 연계를 통해 예방하고 해결함은 물론이고, 모든 학생이 자신의 잠재능력을 최대로 발휘할 수 있도록 최상의 교육환경과 공평한 교육기회를 제공하고자 한다.

(1) 발행처 및 근거법

사단법인 한국사회복지사협회는 학교사회복지사 자격시험을 시행하기 위해 한국학교사회복지학회 및 한국학교사회복지사협회에서 추천한 위원들로 구성된 '학교사회복지사 자격관리위원회'를 설치하고 학교사회복지사 자격시험 및 자격관리에 관한 업무를 위임하여 2020년 12월부터 국가자격제도로 시행하고 있다.

(2) 응시자격 및 시험

학교사회복지사는 관련 자격증이 있어야만 학교사회복지사가 되는 것은 아니지만 관련 경력 및 자격취득을 우선하여 선발하고 우대하고 있다.

응시 관련 필수자격 요건은 세 가지 사항이 모두 충족되어야 하며, 선택자격 요건은 세 가지 중 한 가지 이상이 충족되어야 한다. 법령에서 고등교육법에 의한 4년제 대학졸업자와 동등 이상의 학력이 있다고 인정하는 자로서 전공·학과에 관계없이 보건복지부령이 정하는 사회복지학 전공교과목과 사회복지 관련 교과목을 이수한 경우로 사회복지사 1급 자격증 취득자라면 응시 가능하다. 단, 보건복지부령으로 정하는 수련기관에서 1년 이상의 수련(1,000시간) 시간을 이수해야 하며, 지필평가 및 과제 제출을 통한 수련평가를 통과해야 자격을 취득한다.

〈표 6-10〉 학교사회복지사 응시자격

구 분	응시자격
필수자격 요건(3)	1. 사회복지사 1급 자격증 소지자 2. 학교사회복지론을 이수한 자 3. 아동복지론 또는 관련 교과목 중 1과목 이상을 이수한 자
선택자격 요건 중 1	4-1. 240시간 이상의 학교사회복지 관련 실습을 이수한 자 4-2. 초·중·고등학교에서 학생복지 업무를 전담하는 사회복지사로 6개월 이상 근무한 자 4-3. 사회복지기관에서 학교사회복지 관련 실무를 1년 이상 담당한 자

〈표 6-11〉 학교사회복지사 자격 과목

구 분	시험과목	문항 수	배 점	문제형식
필기시험	1. 학교사회복지론 2. 아동 · 청소년복지론	과목당 25문항	과목당 4점/ 1문제	객관식 5지 선다형
면접시험	학교사회복지에 관한 적성과 지식	–	–	–

1) 필기시험은 두 과목 합산 140점 이상, 과목당 50점 이상 득점한 자를 합격자로 한다.
2) 면접시험은 총 100점 중 70점 이상 득점한 자를 합격자로 한다.
3) 최종 합격자는 필기시험과 면접시험 모두 합격한 경우로 한다.
출처 : 한국학교사회복지사 자격관리위원회(2019). 2020년도 제16회 학교사회복지사 자격시험 시행변경공고.

(3) 학교사회복지사의 역할

〈표 6-12〉 학교사회복지사의 역할

역 할	내 용
임상전문가	학생을 위한 개별, 집단 상담 및 치료적 개입
교육자/ 자문자	• 학습, 진로를 위한 정보의 제공 • 사회성기술, 학습전략, 의사소통훈련, 각종 예방을 위한 교육
매개자/ 연계자	학생과 가족에게 필요한 자원의 발굴, 연계
조정자/ 중재자	학생과 가족에게 필요한 자원의 발굴, 연계
옹호자	학생과 가족의 인권을 보장하기 위한 옹호활동
자원개발자	학생과 가족, 학교에 필요한 지역사회자원의 발굴 및 개발촉진
공조자/ 협력자	교사를 비롯하여 다양한 전문가, 관련기관과의 협력, 공조
조사연구자	실태조사 및 효과성 연구를 통한 효과적 복지서비스 제공
정책제언가	학생복지 증진을 위해 다양한 수준에서의 정책감시, 제언에 참여

출처 : 한국학교사회복지사협회(2023).

(4) 관련 사업 영역

〈표 6-13〉 관련 사업 영역

구 분	내 용
교육복지우선지원사업 (www.eduzone.or.kr)	교육부 산하 시·도교육청 및 교육지원청이 주관하여 도시 저소득층이 밀집한 학교를 우선 선정하여 교육복지우선지원사업을 실시
지방자치단체사업	지방자치단체에서 지역의 아동, 청소년복지를 위하여 학교사회복지사업 실시
드림스타트 사업 (www.dreamstart.go.kr)	드림스타트 사업은 아동의 공평한 양육여건과 출발기회를 보장하기 위해 저소득층 임산부 및 0~12세 아동과 그 가족에게 보건, 복지, 교육을 통합한 전문적 맞춤 서비스를 제공하는 국가주도의 선진 아동복지 프로그램

출처 : 한국학교사회복지사협회(2023).

(5) 학교사회복지사의 업무

학교사회복지사는 학생이 처한 또래, 가족, 학교, 지역사회 등의 다양한 환경체계 안에서 상호작용할 수 있도록 하여야 하며, 학생이 가지는 문제는 개인에게서 비롯되는 경우도 있지만 다양한 환경체계와의 부정적 상호작용을 통해 어려움을 가질 수도 있음을 알아야 한다. 따라서 학생들의 어려움을 해결하기 위해서는 학생뿐 아니라 다양한 환경체계에 대해서도 개입하여야 한다. 이러한 관점에서 교사, 학부모, 지역사회 유관기관 등의 다양한 전문가들과 협력하여야 한다.

〈표 6-14〉 학교사회복지사의 업무

목 표	세부업무의 예	비 고
학교 사회복지 실천을 위한 여건조성	• 관련 협의체 및 협력 부서 조직 • 사무실 및 학생 상담 공간 마련과 환경구성 • 학생/ 학부모/ 교사/ 지역사회 대상 홍보 활동 • 자원봉사자 모집·배치 • 학교 욕구조사 및 지역사회 조사	

<table>
<tr><td rowspan="3">학생 대상 활동</td><td>개별 사회 사업</td><td>• 수시 개별상담 및 전문가 의뢰
• 복합적인 문제와 욕구를 가진 학생을 위한 다양한 전문가로 구성된 지원팀 운영
• 심리검사</td><td>담임 · 전문상담교사 · 보건교사 협조</td></tr>
<tr><td>집단 사회 사업</td><td>• 자아성장을 위한 집단활동 : 학습전략, 진로탐색, 자원봉사, 또래상담 등
• 문제해결을 위한 집단활동 : 의사소통기술훈련, 분노조절, 행동수정 등
• 예방교육 : 폭력예방, 공동체의식 향상집단 등</td><td>상담자원봉사자 협조, 지역사회 전문기관 활용</td></tr>
<tr><td>기타 문화 행사</td><td>• 문화체험 행사 및 방학 중 캠프
• 즐거운 학교생활을 위한 문화 이벤트
• 건강한 청소년문화를 위한 학생활동 지원</td><td>학생회, 교사 협조, 지역사회 자원연계</td></tr>
<tr><td colspan="2">가족지원 활동</td><td>• 가정방문, 부모상담
• 장학금, 생활보조금 등 연계
• 결손가정학생을 위한 정서적 후원자 결연</td><td>지역사회 자원연계</td></tr>
<tr><td colspan="2">학교 변화를 위한 활동</td><td>• 학생복지 이해 증진을 위한 교사연수
• 학생 원조를 위한 교내 서비스 체계 마련
• 학생 옹호활동 및 학교 체계 변화를 위한 활동</td><td></td></tr>
<tr><td colspan="2">지역사회 자원구축 및 연계 서비스</td><td>• 지역사회 자원 조사 및 개발 활동
• 전문가, 전문기관과의 공조 체계 마련
• 지역사회 학생복지 지원협의체 결성 · 운영
• 지역사회 인식개선과 환경개선을 위한 캠페인 및 참여 활동</td><td></td></tr>
<tr><td colspan="2">기타</td><td>• 활동기록, 평가, 자문
• 서비스 효과성 조사연구
• 활동홍보 및 보고서 작성 배포</td><td></td></tr>
</table>

출처 : 한국학교사회복지사협회(2023).

(6) 관련 서비스

〈표 6-15〉 학교사회복지사의 제공 서비스

서비스	내 용
사례관리	• 복잡하고 다양한 문제와 욕구를 가진 학생에게 여러 가지 지원방법 활용 • 학교 내외의 자원을 연계하여 효과적으로 문제 해결 • 욕구가 충족되도록 모든 서비스를 운용하는 사회복지실천 전문방법
개별개입	• 대면상담, 이메일이나 전화상담, 심리검사, 정보제공 등

집단개입	• 공통의 욕구나 문제를 가진 학생들을 집단으로 구성 • 프로그램을 제공하거나 학급 단위 예방교육적인 집단 프로그램 제공
가정개입	• 가정방문 및 학부모 면담을 통한 상담, 학교와 가정 간 연계 지원, 생활지원을 위한 서비스 연계
지역사회연계	• 학생복지 증진을 위한 학교 밖 자원 개발 및 관계자 네트워크 구축 • 학교의 지역사회 봉사
기타	• 실태조사, 욕구조사, 연구 및 자원봉사 활용 등

출처 : 한국학교사회복지사협회(2023).

4) 청소년상담사

청소년상담사는 청소년상담기관인 한국청소년상담복지개발원, 시 · 도 청소년종합상담센터, 시 · 군 · 구 청소년상담센터를 비롯하여 청소년수련관, 청소년문화관, 사회복지관, 청소년쉼터, 청소년 관련 복지시설 및 청소년업무 지원부서 등에서 청소년의 보호선도 및 건전생활의 지도, 수련활동의 여건조성 장려 및 지원, 청소년단체의 육성 및 활동지원, 청소년을 위한 지역사회의 유익한 환경조성 및 유해환경의 정화활동 등의 직무를 수행한다.

청소년상담복지센터와 청소년쉼터 등 청소년복지시설에 배치 · 활용되는 청소년상담사는 양성계획에 따라 2003년부터 2022년까지 1급은 1,194명, 2급은 13,077명, 3급은 195,469명으로 총 33,817명을 양성하였다(여성가족부, 2023 : 603).

(1) 발행처 및 근거법

청소년상담사는 상담, 청소년동반자(YC) 프로그램, 위기청소년 사회안전망 구축사업, 청소년대상 집단 프로그램, 학업 중단 청소년 심성수련교육 및 디딤돌교실, 부모교육 등을 한다. 청소년상담사는 '청소년 상담'과 관련된 국가자격증으로 자격시험에 합격하고 청소년상담사 연수기관에서 실시하는 100시간 이상의 연수과정을 마친 사람에게 청소년기본법 제22조 제1항에 의거하여 여성가족부 장관이 부여하는 청소년 관련 전문자격증이다.

(2) 응시자격

〈표 6-16〉 **청소년상담사 응시자격**

구 분	자격요건	비 고
1급	1. 대학원에서 청소년(지도)학, 교육학, 심리학, 사회사업(복지)학, 정신의학, 아동(복지)학·상담학 분야 또는 그 밖에 여성가족부령으로 정하는 상담 관련 분야(이하 "상담 관련 분야"라 한다)의 박사학위를 취득한 사람 2. 대학원에서 상담 관련 분야의 석사학위를 취득한 후 상담 실무경력이 4년 이상인 사람 3. 2급 청소년상담사로서 상담 실무경력이 3년 이상인 사람 4. 제1호 및 제2호에 규정된 사람과 같은 수준 이상의 자격이 있다고 여성가족부령으로 정하는 사람	1. 상담분야 박사 2. 상담분야 석사 + 4년 3. 2급 자격증 + 3년
2급	1. 대학원에서 상담 관련 분야의 석사학위를 취득한 사람 2. 대학 또는 다른 법령에 따라 이와 동등한 학력을 인정받는 기관에서 상담 관련 분야 학사학위를 취득한 후 상담 실무경력이 3년 이상인 사람 3. 3급 청소년상담사로서 상담 실무경력이 2년 이상인 사람 4. 제1호부터 제3호까지에 규정된 사람과 같은 수준 이상의 자격이 있다고 여성가족부령으로 정하는 사람	1. 상담분야 석사 2. 상담분야 학사 + 3년 3. 3급 자격증 + 2년
3급	1. 대학 및 평생교육법에 따른 학력이 인정되는 평생교육시설의 상담관련 분야의 학사학위를 취득한 사람 2. 전문대학 또는 다른 법령에 따라 이와 동등한 학력을 인정받는 기관에서 상담 관련 분야 전문학사를 취득한 사람으로서 상담 실무경력이 2년 이상인 사람 3. 대학 또는 다른 법령에 따라 이와 동등한 학력을 인정받는 기관에서 학사학위를 취득한 후 상담 실무경력이 2년 이상인 사람 4. 전문대학 또는 다른 법령에 따라 이와 동등한 학력을 인정받는 기관에서 전문 학사학위를 취득한 후 상담 실무경력이 4년 이상인 사람 5. 고등학교를 졸업하고 상담 실무경력이 5년 이상인 사람 6. 제1호부터 제4호까지에 규정된 사람과 같은 수준 이상의 자격이 있다고 여성가족부령으로 정하는 사람	1. 상담분야 학사 2. 상담분야 2년제 +2년 3. 타 분야 학사 +2년 4. 타 분야 2년제 +4년

출처 : 한국청소년상담복지개발원(2023).

(3) 응시과목

〈표 6-17〉 응시과목 및 시험방법

구 분	시험과목		시험방법	
	구 분	과 목	필 기	면 접
1급 (5과목)	필수(3)	• 상담사 교육 및 사례지도 • 청소년 관련법과 행정 • 상담연구방법론의 실제	과목당 25문항	면접
	선택(2)	• 비행상담 • 성상담 • 약물상담 • 위기상담		
2급 (6과목)	필수(4)	• 청소년 상담의 이론과 실제 • 이상심리 • 상담연구방법론의 기초 • 심리측정 평가의 활용	과목당 25문항	면접
	선택(2)	• 진로상담 • 집단상담 • 가족상담 • 학업상담		
3급 (6과목)	필수(5)	• 발달심리 • 집단상담의 기초 • 학습이론 • 상담이론 • 심리측정 및 평가	과목당 25문항	면접
	선택(1)	• 청소년이해론 • 청소년수련활동론		

※ 비고 : "청소년 관련법"이란 「청소년기본법」, 「청소년복지지원법」, 「청소년보호법」, 「아동·청소년의 성보호에 관한 법률」, 「청소년활동진흥법」, 「학교폭력예방 및 대책에 관한 법률」, 「소년법」을 말하며, 그 밖의 법령을 포함하는 경우 여성가족부 장관이 고시한다.

※ 시험과목 중 법령 관련 출제 기준일은 시험 시행일 기준임.

※ 필기시험은 매 과목 100점을 만점으로 하여 매 과목 40점 이상, 전 과목 평균 60점 이상 득점한 자를 합격으로 한다.

※ 면접시험은 면접위원(3인)의 평정점수 합계가 모두 15점(25점 만점) 이상인 사람

※ 다만, 면접위원의 과반수가 어느 하나의 평가사항에 대하여 1점으로 평정한 때에는 평정점수 합계와 관계없이 불합격으로 한다.

출처 : Q-Net홈페이지(2023).

(4) 배치기준

청소년기본법에 따르면, 청소년시설에는 일정한 기준에 의하여 청소년상담사를 배치하여야 하며, 그 배치기준은 다음과 같다.

〈표 6-18〉 청소년상담사 배치기준

청소년시설	배치기준
청소년복지지원법 제29조에 따라 특별시·광역시·도 및 특별자치도에 설치된 청소년상담복지센터	3명 이상
청소년복지지원법 제29조에 따라 시·군·구에 설치된 청소년상담복지센터	1명 이상
청소년복지지원법 제31조 제1호부터 제3호까지의 규정에 따른 청소년복지시설	1명 이상

출처 : 청소년기본법 시행령 제25조 제2항 별표 5.
여성가족부(2023). 2022년 청소년백서, p. 604.

학습문제

01 청소년활동진흥법 제10조에서 제시하는 청소년 수련시설에 해당하지 않는 것은?

① 청소년문화의집　　② 문화예술시설
③ 청소년수련원　　④ 청소년수련관
⑤ 청소년야영장

해설 ② 청소년 이용시설에는 문화예술시설, 공공체육시설, 기타 청소년 이용시설이 해당된다.

02 청소년수련활동 인증제도에 대한 설명이 아닌 것은?

① 지방자치단체가 인증
② 청소년의 균형 있는 성장에 기여
③ 사회문화적 역량을 개발 · 강화
④ 청소년의 활동 기록을 유지 · 관리 · 제공
⑤ 청소년활동진흥법 제35조 및 제38조에 따라 시행된 제도

해설 ① 청소년수련활동은 국가 인증제도이다.

03 청소년지도자에 해당하지 않는 자격은?

① 청소년상담사　　② 청소년지도사
③ 청소년자원지도사　　④ 아동복지사
⑤ 청소년일반지도사

해설 ④

04 학교사회복지사에 대한 설명으로 바르지 않은 것은?

① 관련 자격증이 있어야만 학교사회복지사가 되는 것은 아님
② 4년제 대학졸업자
③ 민간자격증
④ 다양한 환경체계에 대해서도 개입
⑤ 사회복지사 1급 자격증 취득자가 응시

해설 ③ 2020년 12월부터 국가격증으로 운영된다.

05 드림스타트 사업에 대한 설명이 아닌 것은?

① 저소득층 임산부
② 공평한 양육여건 조성
③ 공평한 출발기회 보장
④ 저소득층으로 0~12세 아동과 그 가족이 대상
⑤ 보건을 강조한 서비스 제공

해설 ⑤ 드림스타트는 저소득층 임산부 및 0~12세 아동과 그 가족에게 보건, 복지, 교육을 통합한 전문적 맞춤 서비스를 제공하고 있다.

참고문헌

여성가족부(2023). 2022 청소년백서.

________(2023). 2023년도 청소년수련시설 관리·운영 지침.

여성가족부(2023). 정책뉴스.

청소년수련시설포털(2023).

한국청소년상담복지개발원(2023).

한국청소년활동진흥원(2022).

한국학교사회복지사 자격관리위원회(2019). 2020년도 제16회 학교사회복지사 자격시험 시행변경공고.

한국학교사회복지사협회(2023).

Q-Net홈페이지(2023).

청소년기본법

청소년복지지원법

청소년활동진흥법

HAPTER 07

외국의 청소년복지 현황

학습목표

- 국제기구에서 말하는 청소년의 연령을 기구별로 구분하여 설명할 수 있다.
- 국가별로 청소년의 연령기준과 관련법을 설명할 수 있다.
- 국가별로 청소년 관련 정책을 설명할 수 있다.

UN은 관련 정책 및 국제협약 등을 통해 아동과 청소년을 규정하고 있는데 통상 청소년(youth)은 15~24세로 규정하고 있다. 국제노동기구(ILO)나 세계보건기구(WHO) 등 UN 국제기구들은 청소년(youth) 통계를 산출할 때 15~24세를 대상으로 하고 있으며, 세계은행(World Bank)은 아동을 12세 미만으로, 청소년을 12~24세로 규정하고 있다. 아동은 UN 아동권리협약을 기준으로 18세 미만으로 규정하고 있으며, 우리나라는 1991년 비준에 따라 국내법과 동일한 효력을 가져 역시 18세 미만을 아동으로 규정하고 있다.

이에 외국의 청소년복지 현황을 여성가족부에서 발간한 2022 청소년백서를 중심으로 요약 정리하면 〈표 7-1〉과 같다(여성가족부, 2023).

〈표 7-1〉 UN 및 UN 기구 청소년과 아동의 연령 구분

기 관	대 상	연령구분
UN 세계 청소년행동계획 (UN's World Programme of Action for Youth)	청소년(youth)	15~24세
국제노동기구(ILO), 세계보건기구(WHO)	청소년(youth)	15~24세
	청소년(adolescent)	10~19세
	청소년(young person)	10~24세

세계은행 (World Bank)	아동(child)	12세 미만
	청소년(youth)	12~24세
UN 아동권리협약(UNCRC)	아동(child)	18세 미만

출처 : 한국청소년정책연구원 청소년정책분석평가센터(2016). 청소년과 청년의 연령구분 및 청소년·청년정책 사례.
여성가족부(2023). 2022 청소년백서, p. 33.

1. 청소년 연령 현황

1) 미 국

미국은 「연방 청소년 정책조정에 관한 법률 2009(Federal Youth Coordination Act 2009)」에 따르면, 청소년을 24세 이하로 규정하고 있다. 이외의 법령에도 상이한 기준을 제시하고 있다. 예컨대, 가출청소년법은 21세 이하, 인력투자법에서 말하는 청소년은 14세 이상 21세 이하이다. 아동은 대체로 18세 미만인데, 아동온라인보호법의 아동은 13세 미만이다(여성가족부, 2023 : 33-34).

〈표 7-2〉 미국청소년과 아동관련 연령기준

법 률	호 칭	연령구분
연방 청소년 정책조정에 관한 법률 2009 (Federal Youth Coordination Act 2009)	청소년(youth)	24세 이하
가출청소년법(Runaway and Homeless Youth Act)	청소년(youth)	21세 이하
인력투자법(The Workforce Investment Act)	청소년(youth)	14세 이상 21세 이하
아동시민법(Child Citizenship Act)	아동(child)	18세 미만
표준소년법(Uniform Juvenile Court Act)	아동(child)	18세 미만
아동온라인보호법(Children's Online Privacy Act)	아동(child)	13세 미만
공정노동표준법(The Fair Labor Standards Act)	아동(child)	18세 미만

출처 : 여성가족부(2023). 2022 청소년백서, p. 34.

2) 영 국

영국은 아동 및 청소년법에 근거하여 아동(child)은 12세 미만으로, 청소년(young person)은 12세 이상 18세 미만으로 규정하고 있다. 또한 성범죄법(2008)에서는 아동을 13세 미만으로, 청소년을 18세 미만으로 규정하고 있다(여성가족부, 2023 : 34).

〈표 7-3〉 영국 청소년과 아동 관련 연령기준

법 률	호 칭	연령구분
아동 및 청소년법 (Children and Young Person Act)	아동(child)	12세 미만
	청소년(young person)	12~18세 미만
성범죄법(Sexual Offences Act 2008)	아동(child)	13세 미만
	청소년(young person)	18세 미만

출처 : 여성가족부(2023). 2022 청소년백서, p. 34.

3) 독 일

독일의 경우 가족, 노인, 여성, 청소년부(Ministry of Family, Senior, Female, and Youth)와 독일연방청소년협의회(German Federal Youth Council)가 규정한 청소년의 연령은 12~27세이다. 기본적인 규정은 어린이 및 청소년 서비스 관련 사회코드(SGB VIII 법률)를 근거로 한다. 이 외에도 아동 및 청소년 관련 법령에 따라 각기 다른 기준을 제시하고 있다.

청소년보호법은 14세 미만을 아동으로, 14세 이상 18세 미만을 청소년으로 규정하고 있다. 소년법원법을 기준으로, 청소년 연령은 18세 이상 21세 미만이며 연소근로자보호법에서는 15세 이상 18세 미만이 청소년이다. 아동 · 청소년지원법의 경우 아동은 14세 미만이고, 청소년은 18세 이상 21세 미만이다. 참고로 청년은 18세 이상 27세 미만이다. 미성년자는 18세 미만이고 자녀수당은 17세까지며, 18세부터 26세까지 자녀수당은 부분적으로 적용된다(여성가족부, 2023 : 35).

〈표 7-4〉 독일 청소년과 아동 관련 연령기준과 근거 법률

법 률	호 칭	연령구분
청소년보호법 (Jugendschutzgesetz)	아동(Kind)	14세 미만
	청소년(Jugendliche)	14세 이상 18세 미만
소년법원법 (Jugendschutzgesetz)	청소년(Jugendliche)	14세 이상 18세 미만
	청소년(Heranwachsende)	18세 이상 21세 미만
연소근로자보호법 (Judendarbeitsschutzgesetz)	아동(Kind)	15세 미만
	청소년(Jugendliche)	15세 이상 18세 미만
아동 · 청소년지원법 (Kinder-und Jugendhilfe)	아동(Kind)	14세 미만
	청소년(Jugendliche)	14세 이상 18세 미만
	청소년(Heranwachsende)	18세 이상 21세 미만
	청년(Junge Volljahrige)	18세 이상 27세 미만

출처 : 여성가족부(2023). 2022 청소년백서, p. 35.

4) 일 본

일본은 청소년이라는 명칭을 직접 사용하지 않고 법령에 따라 미성년자, 소년, 아동, 연소자 등으로 구분하여 사용하고 있으며, 근거법률에 따라 각기 다른 연령기준을 정하고 있다. 민법의 미성년자와 소년법상 소년, 미성년자음주금지법 및 미성년자흡연금지법상의 미성년자는 20세 미만으로 규정하고 있고, 형법상 형사미성년자는 만 14세 미만으로 규정하고 있으며, 아동복지법 등 다수의 법률에서 아동은 18세 미만으로 규정하고 있다. 청소년정책 추진과 관련하여 청소년정책을 총괄하고 있는 일본 내각부는 「아동 · 청년육성지원추진법」을 제정하고 아동과 청년이라는 용어를 동시에 사용하며, 영유아기, 학령기 및 사춘기 아동 · 청소년, 청년기를 정책대상으로 포괄하였고 대상 연령을 30세 미만까지 대폭 확대시켰다. 나아가 포스트 청년기(청년기를 지났지만 원활한 사회생활에 어려움을 겪고 있는 30~40세 미만의 청년)에 놓인 연령대도 포함하는 종합적 추진계획을 수립 · 추진하였다(여성가족부, 2023 : 36).

〈표 7-5〉 일본 청소년과 청년 연령기준 및 근거법률

법 률	호 칭	연령구분
민법	미성년자(未成年者)	18세 미만
형법	형사미성년자(刑事未成年者)	만 14세 미만
학교교육법	학령아동(學齡兒童)	6세 이상 12세 이하
노동기준법	연소자(年少者)	15세 이상 18세 미만
소년	소년(少年)	소학교 취학시기에서 만 18세에 이르지 않은 자
아동학대방지 등에 관한 법률	아동(兒童)	18세 미만
아동매춘 · 아동 포르노 관련 행위 등의 처벌 및 아동보호 등에 관한 법률	아동(兒童)	18세 미만
모자 및 과부 복지법	아동(兒童)	13세 미만
소년법	소년(少年)	20세 미만
청소년의 안전하고 안심할 수 있는 인터넷 이용 환경정비 등에 관한 법률	청소년(靑少年)	18세 미만
미성년자음주금지법	미성년자(未成年者)	20세 미만
미성년자흡연금지법	미성년자(未成年者)	20세 미만
아동 · 청년육성지원추진법	아동과 청년(若者)	규정 없음 (지원시책 30세 미만도 포함)

출처 : 김정숙 · 김기헌 · 황세영(2015). 동북아 청소년정책 국제 비교 연구.
여성가족부(2023). 2022 청소년백서, pp. 36-37.

2. 청소년정책 현황

1) 유럽연합(EU)

유럽연합(EU : European Union)은 유럽의 정치 · 경제통합을 실현하기 위하여 1993년 11월 1일 발효된 마스트리히트 조약에 따라 출범한 연합기구이다. 유럽연합의 정부형태는 국가연합이며, 유럽의회(EP : European Parliament), 각국 정상들의 모임인 유럽이사회(European Council), 회원국 간 문제를 해결하기 위해 각국

장관들의 회의체인 각료이사회(CEU : Council of the European Union), 각종 정책입안 및 집행을 담당하는 유럽연합 집행위원회(European Commission) 등 4개 기관이 유럽연합의 핵심기구를 형성한다. 이 외에도 유럽사법재판소, 유럽회계감사원, 유럽경제사회위원회, 지역위원회, 유럽중앙은행, 유럽옴부즈맨, 유럽투자은행 등의 기관을 두고 있다.

유럽연합의 주요 정책을 결정하는 각료이사회는 외교, 일반, 경제 · 재무, 내무 · 사법, 고용 · 사회정책 · 보건 · 소비, 경쟁, 교통 · 에너지, 농업 · 수산, 환경, 교육 · 청소년 · 문화이사회 등 10개의 각료이사회로 구성된다. 회의는 의장이 소집하거나 회원국 또는 집행위원회의 요청이 있으면 개최한다. 따라서 유럽연합의 청소년 관련 정책은 청소년을 비롯해 교육과 문화 등 유관 분야의 정책과 긴밀히 연계되어 있다.

유럽연합의 청소년정책은 집행위원회 내 교육문화부서(EAC : Directorate-General Education and Culture)에서 담당한다. EAC를 중심으로 수립되었던 유럽연합의 청소년정책은 그동안 '청(소)년 행동 프로그램(2007~2013)'과 '청(소)년 전략 2010~2018 (Youth Strategy: 2010~2018)'을 중심으로 이루어졌고, 이후 2018년 11월에 새로운 '청(소)년 전략 2019~2027(Youth Strategy : 2019~2027)'을 수립하여 오늘에 이르고 있다.

유럽연합의 청소년정책 변천을 살펴보는 의미에서 청(소)년 행동 프로그램(2007~2013)과 청(소)년 전략 2010~2018을 간략히 살펴보고, 현재 진행 중인 '청(소)년 전략 2019~2027'을 살펴보면 다음과 같다.

'청(소)년 행동 프로그램'은 유럽연합에서 유럽 내 청(소)년을 위해 고안한 프로그램으로, 적극적인 유럽 시민의식과 젊은 유럽인들 간의 연대감 · 관용을 고취하고, 유럽연합의 미래 형성에 청(소)년들의 적극적인 참여를 목표로 삼았다. 또한 청(소)년의 교육적, 사회적, 문화적 배경에 상관없이 모든 젊은 세대의 유럽연합 회원국 간 이동을 촉진하고자 하였다. '청(소)년 행동 프로그램'은 ▲유럽의 청(소)년(Youth for Europe) ▲유럽봉사활동서비스(EVS : European Voluntary System) ▲세계의 청(소)년(Youth in the World) ▲청(소)년 지원 시스템(Youth Support System) ▲청(소)년 분야에서 유럽협력을 위한 지원(Support for European Cooperation in the

Field of Youth) 등으로 구성되었다.

한편, 유럽연합의 '청(소)년 전략 2010~2018'은 교육과 노동시장에서 청(소)년들을 위한 보다 많은 평등한 기회제공과 청(소)년들이 사회에서 적극적인 시민이 되고 참여하도록 장려한다는 두 가지 목표를 갖고 있다. 특히 유럽 내 청년실업률이 점증하고 있어 청년세대의 고용 및 취업·창업에 초점을 맞추었다. 아울러 미래세대의 시민성 함양은 유럽공동체의 유지와 관련된 주제였다.

2018년 11월 EAC는 각료이사회의 결의를 거쳐 '청(소)년 전략 2019~2027'을 수립하여 발표하였다. 전략은 2018년 11월 26일 이사회 결의에 기초한 유럽연합 내 청(소)년 정책협력의 틀로서, 해당 전략은 2019년부터 2027년까지 유럽연합은 물론이고 각 회원국가가 중점을 두고 펼쳐가야 할 핵심정책 의제들이다. 본 청(소)년 전략은 '참여하다(Engage), 연결하다(Connect), 권한을 부여하다(Empower)'라는 세 가지 활동 영역을 중심으로 청(소)년들이 사회에 참여하는 데 필요한 자원들을 갖출 수 있도록 민주적인 삶에 대한 청(소)년참여 강화방안들을 제시하였다.

〈표 7-6〉 유럽연합 청(소)년 전략 2019~2027의 3개 분야

분 야	세부 정책
참여하다 (Engage)	• 새로운 EU 청(소)년 대화(EU Youth Dialogue) 출범 • EU에 참여 가능한 유럽 청(소)년 포털의 통합 • 청소년 민주생활 참여 강화 및 유럽과 기타 선거 참여 촉진 • Erasmus+를 통한 유럽 전역의 참여활동에 대한 학습 지원 및 관심 제고 등
연결하다 (Connect)	• 유럽과 유럽 밖, 각지의 청(소)년 네트워크 구축 • 정책협력 및 지역사회 구축을 통한 유럽 연대 조직 지원 • 국경 간 학습 이동 및 연대에 대한 참여 확대, 법적·행정적 장벽 제거 검토 등
권한을 부여하다 (Empower)	• 양질의 청(소)년 고용을 위한 실용적인 도구 개발 및 보급 • 청(소)년 노동의 인식, 혁신, 역량강화 등을 다루는 풀뿌리 활동 지원 • 디지털 청(소)년 노동에 대한 상호학습 지원 및 증거 구축 • 청(소)년 근로자 기술 및 청년업무 자금조달 등

자료 : EU(2018.12.18). Official Journal of the European Union, C456. volume 61.(2022.11.1. 인출).
https://eur-lex.europa.eu/legal-content/EN/TXT/PDF/?uri=OJ:C:2018:456:FULL&from=EN
출처 : 여성가족부(2023). 2022 청소년백서, p. 46.

유럽연합의 '청(소)년 전략 2019~2027'은 불확실성이 큰 미래사회에서 청(소)년들이 변화하는 세상에 대처할 수 있는 삶의 기술을 갖추도록 돕되 스스로의 삶을 설계하고 회복탄력성을 기르며, 유럽 사회의 적극적인 시민으로서 긍정적인 변화의 주체가 되도록 지원하는 데 초점을 맞추었다. 또한 청(소)년의 사회적 배제를 예방하며, 영역별 요구사항에 대해 청(소)년과의 대화를 통해 해결하고, 정책결정이 청(소)년들에게 미치는 영향을 개선하고자 한다. 이 청(소)년 전략은 위에서 언급한 세 가지 활동 영역을 중심으로 ▲EU와 청(소)년의 연결, ▲모든 성의 평등, ▲포용적 사회, ▲정보와 건설적인 대화, ▲정신건강과 웰빙, ▲농촌 청년의 개발, ▲모두를 위한 양질의 고용, ▲양질의 학습, ▲모두를 위한 공간(조성)과 참여, ▲지속 가능한 녹색 유럽, ▲청(소)년 조직 및 유럽 프로그램 등 11개의 유럽 청년 목표를 포함한다.

유럽연합의 청(소)년 정책을 다루는 교육문화부서 EAC는 ▲교육과 훈련, ▲문화와 미디어, ▲청(소)년, ▲스포츠 등 4개 영역에서 다음과 같은 7개의 핵심 프로그램을 운영한다(여성가족부, 2023 : 45-47).

참고

- 에라스무스 플러스(Erasmus+) : 교육과 훈련, 청소년, 스포츠분야의 유럽연합 예산지원 프로그램
- 젊은 기업가들을 위한 에라스무스(Erasmus for young entrepreneurs) 프로그램
- SALTO-YOUTH : 유럽 청소년을 지원하고 배움과 훈련을 향상시키는(Support, Advanced Learning and Training) 프로그램으로 에라스무스 플러스와 연계하여 청소년지도자와 청소년들을 위한 무형식 학습자원을 제공하는 온라인 네트워크 프로그램(online tools for youth work and training)
- 청소년 포털(Youth portal) : 청소년 대상 유럽 내 사회적 포용, 봉사, 여행, 보건, 학습, 노동에 관한 포털 서비스 정보 지원
- 유럽 청소년의 해
- 유럽 내 다른 국가에서 일자리 구하기(Looking for work in another EU country)
- 지역 · 국가 · 유럽차원에서의 선거에서 투표하기(Voting in local, national and European election)

자료 : https://ec.europa.eu/info/topics/youth_en에서 2021년 12월 12일 인출.
출처 : 여성가족부(2023). 2022 청소년백서, p. 47.

2) 영 국

영국은 2008년 세계 금융위기 이후 경기침체가 본격화되면서 공공부문에서 제공하는 서비스의 질을 높이면서 행정관리 비용은 축소하는 방향으로 개혁을 실시하면서 청소년정책도 적은 재원으로 효율적인 정책운영을 위하여 재구조화 되었다.

그 특징은 다음과 같다. 첫째, 청소년을 위한 교육의 질을 높여 보다 많은 청소년들이 학업을 계속하고, 지속가능한 직업을 얻을 수 있는 기술과 자격을 획득하도록 하였다. 둘째, 모든 청소년들이 그들의 배경이나 생활환경에 관계없이 잠재력을 발휘하는 데 필요한 수단과 기회를 얻도록 하였다. 셋째, 더욱 많은 청소년들이 사회활동에 참여하여 사회와 그들의 삶에서 긍정적으로 변화할 수 있다는 것을 느끼도록 함으로써 실질적인 청소년참여를 촉진하였다. 이를 실현하기 위해 청소년에게 제공되는 서비스를 철저하게 성과 지향적으로 개편하여 그 성과를 측정하고 개선하는 한편, 참가 청소년이 성취한 내용을 중심으로 서비스 과정은 물론 성취의 모든 정보를 공개하도록 하였다.

최근 영국 청소년정책 및 사업의 동향은 다음과 같다. 'Youth in Action'은 국가수준에서 운영되는 대표적인 프로그램인데, 원래는 '유럽연합'의 청소년교류 프로그램으로 '영국문화원'이 참가자 선발과 파견, 평가의 역할을 한다. 당초 '유럽연합'은 이 프로그램의 활성화를 통해 유럽사회의 통합과 유럽 청소년의 역량 개발을 목표로 하였다.

'Youth in Action'이 미치는 영향을 살펴보면 다음과 같다. 첫째, 청소년이 새로운 기술을 배울 수 있도록 도와주고, 책임감 있는 시민으로서의 시민성을 함양하여 이를 통해 고용의 가능성을 증대시킬 수 있다. 둘째, 취약계층 청소년이 유럽연합의 다른 국가 청소년들과 교류하고 해외 문화를 접할 수 있게 하는 기회를 제공하는 등 취약계층 청소년대상 복지지원의 역할을 한다. 셋째, 참여청소년은 물론이고 청소년이 방문하는 지역의 주민들과 지역에도 문화감수성을 높여 성인들에게도 의미 있는 영향을 미친다.

'영국청소년위원회'는 2차 세계대전 이후 영국 외교부에 의해 설립되었다가, 1963년 정부로부터 독립하여 오늘날까지 영국 청소년의 대표적인 자치조직이자 청소년지원 단체가 되었다. 25세 이하의 청소년 스스로에게 자신의 삶과 관련된 주요 정보를 제공하고, 본인의 삶 자체에 영향력을 행사할 수 있는 권한을 부여하는 것은 물론, 청소년들로 하여금 지방, 국가, 국제적 수준에서 민주적 사회건설에 적극 참여하게 함으로써 자원봉사자, 지역사회 활동가, 핵심 의사결정자 및 지도자로 성장하도록 지원하는 역할을 담당하고 있다. 다만, 2020년 1월 단행된 영국의 브렉시트(Brexit) 이후 유럽연합과의 관계변화에 따라 영국의 청소년정책은 다소의 변화를 겪고 있는 중이다(여성가족부, 2023 : 49-52).

3) 독 일

독일 연방정부 청소년정책을 이해하는 데 있어서 핵심적인 개념은 '청소년지원(Jugendhilfe)'이다. 이 개념은 청소년들에게 자율적이고 독립적인 사회참여를 권고하고, 그들의 인권을 존중하여 성인들이 간섭하거나 통제하지 않고 청소년들을 지원해야 한다는 의미를 가지고 있다. 청소년 지원의 내용은 가정과 학교 그리고 직장 내외에서 청소년을 돕기 위한 사회화 교육과 훈련에 관련된 여러 대책과 노력들에 따르는 협력기관 및 시설들을 포함하고 있다. 이러한 청소년 지원이라는 큰 개념을 실천하기 위해 다양한 청소년 관련 프로젝트들을 수행하고 있다.

독일 청소년 지원의 법적 토대는 1922년 제정된 제국청소년복지법(RJWG : Das Reichsjugend wohlfahrtsgesetz)으로부터 시작된다. 이 법을 통해 청소년들의 정신과 신체, 그리고 직업 기술 습득을 위한 교육을 받을 권리, 부모들의 교육권과 책임의 관계, 민간 청소년 지원과 공적 지원 간의 관계 확정, 그리고 전국의 모든 지역에 청소년청(Jugendamt)을 설치하여 청소년복지를 위한 공공 담당기관을 확대·배치하는 등 기본 틀을 마련하였다.

청소년복지법이 수급대상을 주체로 인식하지 못하고 있다는 한계점을 인식하고 보완하기 위해 1991년 1월 1일 「아동 · 청소년지원법(KJHG : Kinder-und Jugendhilfegesetz)」이 제정되었다. 이를 통해 수급대상을 수행 주체로 바라봄으로써 개인의 개별성을 존중하고, 단순한 빈곤 구제 이상의 폭넓은 사회보장서비스를 제공할 수 있게 되었다.

이 법령에 의해 청소년은 교육과 발달에 관한 모든 문제를 청소년청에 묻고 자문받을 권리가 있으며, 긴급상황이나 갈등상황에서 이들에게 신뢰 있는 자문을 줄 책임이 있음을 명시하였다. 또한 자신들의 발달상태에 따라 청소년청의 모든 의사결정에 참여할 수 있다.

이후 독일사회는 통일이란 급변을 맞이하였고 그에 따른 시대적인 요구 또한 변화되고 있다. 아동 · 청소년지원법은 아동과 청소년을 지원의 주체로 보고 그들의 요구를 바탕으로 지원이란 개념과 사회적 지원 방안들을 발전시켰으며, 최근 논의되고 있는 아동 · 청소년강화법(Kinder-und Jugendstärkungsgesetz)은 더욱 강한 공적 조정기구와 포괄적인 공적 책임성을 강조할 계획이다. 특히, 독일연방 가족 · 노인 · 여성 · 청소년부(BMFSFJ : Bundesministerium für Familie, Senioren, Frauen und Jugend)는 아동보호, 장애아동 · 청소년보호, 청소년참여, 요보호아동 등과 관련한 개혁안을 공식 발표함으로써 아동과 청소년의 역량 강화를 핵심 목표로 내세웠다.

독일 연방정부의 주요 청소년정책의 내용을 살펴보면, 먼저 중앙정부인 '가족 · 노인 · 여성 · 청소년부'에서는 크게 '세계아동권리', '아동 · 청소년보호', '통합(integration)', '관용과 민주주의', '참여'의 5개 영역으로 나누어 정책을 수행하고 있다. 세부 정책영역은 다시 '청소년복지', '범죄 · 극우주의 · 외국인 적대행위 예방', '아동 · 청소년보호와 폭력보호', '사회통합', '연방아동 · 청소년계획' 지원 및 '학교 밖 청소년활동', '사교(邪交)집단과 사이코집단 관리', '아동 · 청소년지원', '아동보육 관리', '중앙과 지방연계 전국 청소년정책 공동사업', '지식정보 사회에서의 청소년지원', 유럽 청소년정책들과 같은 관련 청소년정책들로 나뉘어 있다. '가족 · 노인 · 여성 · 청소년부'의 세부적인 사업을 간략히 요약하면 다음과 같다(여성가족부, 2023 : 52-55).

참고 독일 연방정부의 주요 청소년정책

- 보육센터의 질을 높이고 확장을 지원
- 2013년 8월 1일 이후 1세부터 유아교육에 대한 법적 권리 수립
- 적극적이고 효과적인 아동보호 및 약자 예방을 위한 조기 개입
- 성적 폭력과 착취, 미디어로부터 아동 · 청소년보호(아동포르노 예방)
- 아동과 청소년의 극단적 경향에 대한 예방과 민주주의 프로젝트 추진
- 아동 · 청소년의 복지와 청소년보호에 대한 법적 책임
- 유엔 아동권리협약 및 구현에 대한 국가적 책무
- 장애를 가진 청소년들의 권리 구현
- 교육, 건강, 노동시장, 청소년복지 등 모든 정책 분야에서 지원을 받아 청소년이 직접 정책을 개발하는 연방정부청소년위원회 설립
- 지원 및 가치의 방향, 내용 등에 따라 다양한 형태로 이용 가능한 아동 및 청소년 서비스가 가능한 행정체제 구축
- 청소년과 청년 이민자에 대한 노동 조건 불이익의 개선
- 유럽 청소년 교류 프로그램 등 어린이와 청소년 대상 국제교류협력 및 개발
- 독립적인 청소년전문가를 통한 정기적인 아동 · 청소년 보고서 제공 등

출처 : 장주리(2017). 독일 아동 · 청소년지원법(SGB Ⅷ-Linder und Jugendhifegesetz) 개편과 시사점.
여성가족부(2023). 2022 청소년백서, p. 55.

독일에서 청소년지원의 의미는 우리나라의 청소년육성, 복지, 보호 등을 모두 묶는 총괄적인 의미를 내포하고 있다. 따라서 청소년 프로젝트는 작게는 사회적 · 교육적 취약상황에 놓여 있거나 혹은 사회적 배제 경험을 갖고 있는 아동 · 청소년 대상 청소년복지 관련 프로젝트로 볼 수 있고, 크게는 모든 청소년이 건강한 시민으로 성장할 수 있도록 조력하고 지원하는 포괄적인 청소년지원 프로젝트로 볼 수 있다(여성가족부, 2023 : 55).

4) 미 국

미국의 청소년정책은 기본적으로 교육부와 보건복지부에서 담당하고 있다. 교육부는 법제상 교육에 관한 권한이 주정부에 귀속되어 있으며, 중앙부처는 교

육에 대한 재정지원과 교육 및 서비스 행정기관으로서의 기능을 수행한다. 또한 실질적인 집행은 시나 카운티 등과 같은 지방정부 및 관련 서비스를 제공하는 민간기관들에 의해 실시되고 있다. 보건복지부는 소속 차관보 조직인 아동가족실(ACF)에 의해 수행되고 있다. 아동가족실에서는 도움이 필요한 아동과 청소년, 가족에게 실질적인 서비스를 제공하는 60여 개의 프로그램을 담당하고 있다. 보건복지부는 모든 미국인의 건강을 보호하고 기본적인 인간 서비스를 제공하며, 특히 그들 스스로를 돕기 위한 미국의 주요한 정부기관으로, 아동 및 청소년정책의 대표적인 부서이다.

또한 노동부는 청소년고용 및 실업대책, 미성년자 고용의 안전대책, 청소년을 위한 공정한 고용기회 제공 프로그램, 청소년 직업훈련 프로그램 등을 제공하고, 공정노동기준법을 통해 16세 미만 청소년의 노동시간을 제한하는 등 청소년 근로자의 고용 및 학대를 제한 · 보호하고 있다. 농무부는 농촌청소년활동 등을 주로 제공하고 있으며, 법무부에서는 교정국, 청소년사법과 비행예방사무국 등을 두어 청소년 범죄의 예방과 치유역량을 제고하고 있고, 미성년 재판 및 미성년 비행예방활동 등을 주 활동 내용으로 삼고 있다. 또한 국무부는 청소년단체 등의 지원을 다루고 있으며, 주택도시개발부는 도시청소년 프로그램인 Youth Build 프로그램을 담당하고 있다.

청소년 관련 정책이 각 부처에 분산되어 실시되고 있는 미국의 경우, 청소년 관련법은 각 부처의 청소년 사업의 골격을 보여주고 있다. 미국 청소년정책의 방향을 살펴보면 기존의 청소년 문제 행동의 예방과 치료, 교정 중심의 정책이 고비용 저효율이라는 진단에 기초하여 최근 긍정적인 청소년 발달을 강조하고 있다. 또한 소외 청소년에 대한 보다 나은 지원, 확실한 책임, 청소년과 가족의 연결, 가장 도움이 필요한 청소년에게 우선권 부여 등의 정책도 중시하고 있다.

특히 최근 부각되고 있는 긍정적인 청소년 발달은 청소년의 역량을 개발하여 그들이 건강하게 성장하도록 지원하고 조력함을 의미한다. 다시 말해 청소년의 잠재적 역량개발을 지원해 줌으로써 지역사회에 공헌하고 청소년기와 성인기의 도전에 직면할 수 있도록 준비시키는 것을 강조한다. 따라서 청소년들이 신체적,

사회적, 인지적, 직업적, 도덕적, 정서적으로 유능하게 되도록 도와주는 일련의 긍정적인 활동과 경험들을 통해서 당면할 생애주기를 청소년 스스로가 대비하도록 지원하는 과정이라 할 수 있다(여성가족부, 2023 : 56-59).

5) 일 본

일본의 청소년정책은 1965년 청소년 비행 등 다양한 청소년 문제들이 사회문제화되면서 1965년 11월 '청소년 건전육성을 위한 운동' 등을 시작으로 나타났다. 이를 계기로 청소년의 육성을 국가 정책의 주요 과제 중 하나로 삼고, 광범위한 국민의 이해와 협력을 얻으면서 청소년과 관계되는 시책을 마련하여 종합적으로 추진하였는데, 청소년정책의 특징을 살펴보면 다음과 같다.

첫째, 청소년정책의 종합적이며 체계적인 추진을 위한 조직 정비와 중장기 계획 · 관계법령의 마련을 들 수 있다. 일본정부는 2003년 6월, 보다 적극적인 청소년정책의 추진을 위하여 내각 부(副) 총리대신을 위원장으로 하고 각 부처의 장관을 구성원으로 하는 청소년육성추진본부를 설치하였다. 그 산하에는 부(副) 본부장(관방장관, 문부과학성대신, 법무대신, 후생노동대신 등)으로 구성된 회의, 청소년육성관련부서의 과장급 회의, 청소년국제교류관련 연락회의, 청소년 비행대책을 위한 과장급 회의, 커리어교육추진회의 등을 설치하여 정책의 종합적 추진과 체계성, 구체성을 실현하고 있다.

아울러 청소년정책의 중장기적 계획 마련의 일환으로 2003년 12월 청소년육성시책대강을 책정한 바 있다. 2006년 6월에는 청소년들을 비행 또는 범죄로부터 보호하기 위하여 '청소년 안전 및 안심 추진계획－비행, 범죄 피해로부터 아동의 보호'를 마련하였으며, 2006년 12월에는 청소년의 커리어 교육을 강화하기 위하여 커리어교육추진계획을 마련하였다. 일본 청소년정책의 기본방향은 아동 · 청년육성지원추진법에 그 법적 근거를 두고 있다. 2021년 4월 아동 · 청년육성지원추진본부에서 결정한 아동 · 청년육성지원추진대강의 5대 중점 과제는 다음과 같다(여성가족부, 2023 : 60-62).

참고 아동 · 청소년육성지원추진대강 5대 중점 과제

❶ 모든 아동 · 청년의 건강한 육성
- 자연 · 문화체험의 충실과 1대1 ICT 환경의 유효한 활용 지원
- 소규모 학급의 실시와 건강 · 안전교육, 소비자교육 추진
- 사회 참여태도 형성 및 청년고용 안정화 등

❷ 어려움을 가진 아동 · 청년과 그 가족에 대한 지원
- 담당부처 장관 리더십을 통해 고독 · 고립대책, 자살, 학대, 빈곤, 은둔형외톨이 등에 대한 대책 강구
- 복합적 과제에 대한 포괄적 지원
- SNS상담과 아웃리치의 충실
- 위험신호를 내고 위기에 대한 대응력 육성 등

❸ 창조적인 미래를 개척하는 아동 · 청년 지원
- 아동과 청년의 장점을 강화하고 특기와 재능을 갈고 닦아 세계와 일본, 지역사회의 미래를 개척할 수 있도록 응원

❹ 아동 · 청년의 성장을 위한 사회 환경의 정비
- 지역 등에서 실시되는 각종 체험, 교류활동의 충실
- 인터넷의 급속한 보급을 바탕으로 한 정보통신기술의 적절한 이용

❺ 아동 · 청년의 성장을 돕는 담당자 양성
- 관과 민의 제휴와 협력을 통한 지역에서의 공조기능 충실
- 종합적인 지식을 가진 코디네이터 양성

자료 : https://www8.cao.go.jp/youth/suisin/pdf/law_r04.pdf에서 2023년 3월 2일 인출.
출처 : 여성가족부(2023). 2022 청소년백서, p. 62.

둘째, 정책 대상인 청소년의 연령을 유아기에서 성인기 이전 단계까지 매우 폭넓게 설정함으로써 청소년정책을 보호, 지원, 육성, 개발 등 다양한 관점에서 접근하고 있다. '아동 · 청소년 · 청년정책'을 연계하여 수상 직속 '국무조정실(내각부)'과 '문부과학성' 등 별도의 부처에서 추진하고 있으며, 이를 위해 2010년 「아동 · 청년육성지원추진법」을 제정하였다. '국무조정실'은 청소년 기획, 지원, 환경정비, 국제교류 등 아동 · 청년육성지원에 관한 사항의 기획 · 입안 및 종합조정, 관계부처 사무의 연락조정 등에 관한 사무를 관장하고, '문부과학성'은 청

소년 건전육성 업무로써 청소년 체험활동, 독서활동 등의 지원, 유해환경 대책 및 각종 청소년교육활동과 환경 · 시설 등을 관장한다. 특히 「아동 · 청년육성지원추진법」이 제정되면서 영유아기, 학령기 및 사춘기 아동 · 청소년, 청년기(약 18~30세 미만)와 포스트 청년기(청년기를 지났지만 원활한 사회생활에 어려움을 겪고 있는 30~40세 미만의 청년)에 놓인 청년 모두를 포함하는 종합적 추진계획을 수립 · 추진함으로써 국가 정책대상이 되는 청소년의 연령을 최소한 0~30세 미만까지 대폭 확대시켰다(여성가족부, 2023 : 62-63).

셋째, 청소년정책을 문제 상황별로 설정함으로써 정책과제 및 대상을 명확하게 설정하며, 이러한 과정을 통해 정책의 효과성을 높이고 있다. 문제 상황의 내용으로는 학습장애(LD)와 주의력결핍 · 과잉행동장애(ADHD) 등과 같은 문제로 인해 정상적인 학교생활이 곤란한 청소년에 대한 지원, 부모의 이혼으로 인해 심리적 · 경제적으로 어려움을 겪고 있는 청소년에 대한 지원(장학금제도의 확충, 생활보호, 다문화가정 출신 청소년에 대한 지원), 비행 청소년들에 대한 사회복귀 및 자립지원, 가정폭력, 아동학대, 원조교제, 집단따돌림 및 각종 재난으로부터의 예방 및 보호, 장애, 비행 및 학교 중도 탈락 청소년에 대한 취업지원 등과 같은 정책들이 있다.

넷째, 청소년정책을 원활하게 지원하기 위한 지원체계 정비에 관한 정책들이 있다. 구체적으로 전문인력의 배치(의료, 복지, 심리상담, 진로상담분야 전문가 등), 청소년지원 및 상담기관 간의 네트워크 구축, 청소년들의 흥미와 관심을 끌 수 있는 환경 분위기 조성(학교 내 상담체제 구축, 교사의 자질함양을 위한 연수, 학교재량권의 확대, 선택제 수업의 확충 등), 청소년들이 안심하고 생활할 수 있는 지역사회 환경의 조성, 지역사회 내 청소년 활동공간의 확충 등과 같은 정책들을 들 수 있다. 아울러 정보사회, 소비사회에 적절하게 대응할 수 있는 능력 배양을 위한 다양한 프로그램을 제공하고 있다.

마지막으로, 청소년정책의 의사결정 과정에 있어 당사자인 청소년들이 적극적, 자발적으로 참여하기 위한 기회 및 제도적 장치로 타운 홀 미팅, 모니터링제도 등을 마련하여 실시하고 있다. 또한 매년 청소년들의 생활실태 및 의식조사를 실시하고 있으며, 청소년 인권에 관한 사회 계몽 활동, 사회성 함양을 위한 캠페인, 청소년들이 이해하기 쉬운 정보제공 시스템 구축 등과 같은 정책들을 실시하고 있다(여성가족부, 2023 : 60-63).

참고 타운 홀 미팅이란?

타운 홀 미팅(town hall meeting)은 국회나 지역 의회에서 활동하는 정치인이 지역구 주민과 만나는 방법의 하나로 주민들이 흥미를 가지는 주제에 대하여 그들의 의견을 경청하거나 특정 입법이나 규정에 대하여 토론하기 위해 열린다. 활발한 정치적 논쟁이 일어나는 기간 동안에 타운 홀 미팅은 이의 제기나 더욱 활발한 토론을 위한 장소로 활용될 수 있다.

역사적으로 타운 홀 미팅을 규정하는 특정한 규칙이나 가이드라인은 없다. 직접 만나는 모임, 그룹 전화 회의, 페이스북이나 트위터를 활용한 인터넷 플랫폼에서의 행사를 포함하여 지역구 주민의 참가를 허락하는 행사는 타운 홀 미팅이라고 부를 수 있다. 참가자는 자신의 의견을 발언하거나 선출된 관료, 선거 후보, 공적 인물에게 질문을 하기 위하여 타운 홀 미팅을 이용한다.

출처 : 위키백과. 2023년 7월 3일 인출.

학습문제

01 유럽연합(EU)에서 진행하는 청소년 관련 프로그램이 아닌 것은?

① 청소년 ② 교육
③ 문화 ④ 아동
⑤ 시민성 함양

해설 ④

02 영국의 아동 및 청소년법에서 정의한 청소년의 연령기준은 무엇인가?

해설 12~18세 미만

03 미국 청소년 관련 정책에 대한 내용이 아닌 것은?

① 청소년보호 강조
② 방과후 시간에 다양한 긍정적 기회와 지원
③ 청소년 멘토링에 관한 사회적 주목
④ 긍정적인 청소년 발달 강조
⑤ 다양한 활동 경험 강조

해설 ① 청소년 발달은 청소년들이 신체적, 사회적, 인지적, 직업적, 도덕적, 정서적으로 유능하게 되도록 도와주는 일련의 긍정적인 활동과 경험들을 통해서 당면할 생애주기를 청소년 스스로가 대비하도록 지원하는 과정이다.

참고문헌

김정숙 · 김기헌 · 황세영(2015). 동북아 청소년정책 국제 비교 연구.

여성가족부(2023). 2022 청소년백서.

장주리(2017). 동일 아동 · 청소년지원법(SGB Ⅷ-Linder und Jugendhifegesetz) 개편과 시사점.

한국청소년정책연구원 청소년정책분석평가센터(2016). 청소년과 청년의 연령구분 및 청소년 · 청년정책 사례.

EU(2018.12.18). Official Journal of the European Union, C456. volume 61.(2022.11.1. 인출). https://eur-lex.europa.eu/legal-content/EN/TXT/PDF/?uri=OJ:C:2018:456:FULL&from=EN

https://www8.cao.go.jp/youth/suisin/pdf/law_r04.pdf에서 2023년 3월 2일 인출.

위키백과. 2023년 7월 3일 인출.

PART 03

청소년복지의 실제

HAPTER 08

취약계층 청소년 현황

학습목표

- 빈곤의 개념에 따른 아동의 빈곤을 이해할 수 있다.
- 한부모가구의 정의와 그 현황을 설명할 수 있다.
- 다문화가족의 정의와 그 현황을 설명할 수 있다.

1. 아동빈곤율 현황

아동빈곤율은 일반빈곤율과 마찬가지로 절대빈곤율과 상대빈곤율로 나누어서 볼 수 있다. 절대빈곤율의 측정 방법은 국가마다 상이한데, 우리나라에서는 최저생계비를 기준으로 하여 그 이하에 속한 가구 또는 인구의 비율을 절대빈곤율로 본다. 이를 아동에 대입하여 전체 아동이 있는 가구의 아동 중 최저생계비 이하인 아동가구에 사는 아동 수를 백분율화하여 아동빈곤율을 측정한다. 한편 상대빈곤율은 유럽경제협력기구(OEEC) 국가에서 주로 사용하는 개념으로, 전체 아동 수 대비 중위소득의 40%, 50%, 60% 미만의 소득을 가진 가구에 속한 아동의 비율을 말한다. 우리나라는 절대빈곤율을 산출하기 위해 활용하던 '최저생계비 기준 빈곤선'이 2014년 12월 「국민기초생활보장법」 개정 및 2015년 제도변경으로 인하여 더 이상 산정하지 않게 되면서 상대빈곤율로 가처분소득의 중위소득 50%를 기준으로 하고 있다.

〈표 8-1〉 연도별 아동빈곤율 현황 (단위 : %, 명)

구분 \ 연도	2012년	2013년	2014년	2015년	2016년	2017년	2018년	2019년	2020년	2021년
아동의 상대빈곤율	16.8	16.4	16.5	16.0	15.2	14.2	12.3	10.6	9.8	9.9
아동 인구 수	9,691,876	9,431,699	9,186,841	8,961,805	8,736,051	8,480,447	8,176,335	7,928,907	7,710,946	7,483,944
빈곤 아동 수	1,628,235	1,546,799	1,515,829	1,433,889	1,327,880	1,204,223	1,005,689	840,464	755,673	740,910

주 : 1) 빈곤 아동 수는 아동빈곤율을 이용하여 추계함(상대빈곤 : 가처분소득 중위소득 50% 기준). 농업, 임업 및 어업 종사 가구 포함.
2) 아동 인구수는 만 0~17세 거주자, 거주불명자, 재외국민을 포함함.
3) 빈곤 아동 수 : 아동 인구수 × 아동빈곤율/100.

자료 : 1) 아동의 상대빈곤율 : 통계청, 한국은행, 금융감독원 「가계금융복지조사」, 소득분배지표.
2) 아동 인구 현황. e-나라지표, 주민등록 인구통계(https://www.index.go.kr/unity/potal/main/EachDtlPageDetail.do?idx_cd=3053)에서 2022년 12월 20일 인출.

출처 : 여성가족부(2023). 2022 청소년백서, p. 68.

2. 한부모가구 현황

한부모가구는 한부모와 미혼자녀로만 구성된 가구를 의미한다. 한부모가구는 최근 들어 이혼이나 미혼가구의 증가 등이 원인으로 증가하는 추세이며, 앞으로도 지속적인 증가가 예측된다. 한부모가구는 소득수준에 따라서 일반가구, 저소득 한부모가족, 한부모가족지원법의 지원을 받는 한부모가족 등으로 나뉜다. 2021년에는 6.9%에 해당하는 약 151만 가구가 한부모가구인 것으로 나타났다. 오늘날 우리나라도 다양한 가족형태가 늘어남에 따라 한부모가구의 비율은 변화할 수 있으며, 이에 따라 한부모가구의 경제적 자립, 자녀 양육 및 교육 등에 대한 정부의 지원이 요구된다.

〈표 8-2〉 가구형태별 한부모가구 현황 (단위 : 천 가구, %)

구분 \ 연도	2014년	2015년	2016년	2017년	2018년	2019년	2020년	2021년
전체 가구	18,705	19,561	19,838	20,168	20,500	20,891	21,485	22,023
한부모가구	1,970	1,608	1,540	1,533	1,539	1,529	1,533	1,510
한부모가구비율	10.5	8.2	7.8	7.6	7.5	7.3	7.1	6.9

출처 : 통계청(2022). 인구총조사.
여성가족부(2023). 2022 청소년백서, p. 70.

3. 다문화가족 현황

최근 한국사회에서 관심이 증가하고 있는 가족 유형은 다문화가족 및 그 가족에 속한 아동이다. 다문화가족이란 광의의 개념으로는 한 가족 내에 다양한 문화가 공존하고 있는 가족을 의미한다. 다문화가족의 형태로는 한국인과 결혼한 결혼이주민가정, 이주민노동자가족, 북한이탈주민을 통한 다문화가정이 있다. 협의의 개념으로는 국제결혼을 통해 형성된 가족만으로 한정한다. 2008년에 제정된 다문화가족지원법에는 다문화가족을 협의의 개념으로 사용하고 있다. 법에 기초하여 다문화가족의 생활안정, 교육지원, 가정폭력 피해자 지원, 실태조사, 다문화 가족지원센터 설립 등을 지원하고 있다.

다문화가족의 자녀수는 2007년에 44,258명이었는데 2009년에는 107,689명으로 2배가량 증가하였고, 2010년에는 약 3배 증가한 121,935명으로 파악되었으며, 2016년에는 201,333명으로 꾸준히 증가하고 있는 것을 볼 수 있다. 2021년에는 289,529명으로 지속적인 증가세를 보이고 있다.

2021년 다문화가족 자녀의 연령대별 분포를 살펴보면, 만 6세 이하(미취학 연령)는 114,555명(39.6%)으로 가장 많은 비율을 차지한다. 만 7~12세(초등학생 연령)는 108,953명(37.6%), 만 13~15세(중학생 연령)는 43,433명(15.0%), 만 16~18세(고등학생 연령)는 22,588명(7.8%)으로 나타났다. 초등학생 연령 이하 자녀가 223,508명으로 전체 다문화가족 자녀의 77.2%를 차지했다.

〈표 8-3〉 다문화가족 자녀 연령별 현황

(단위 : 명, %)

연도 \ 구분	연령별 현황				
	계	만 6세 이하	만 7~12세	만 13~15세	만 16~18세
2010년	121,935(100.0)	75,776(62.1)	30,587(25.1)	8,688(7.1)	6,884(5.6)
2011년	151,154(100.0)	93,537(61.9)	37,590(24.9)	12,392(8.2)	7,635(5.1)
2012년	168,583(100.0)	104,694(62.1)	40,235(23.9)	15,038(8.9)	8,616(5.1)
2013년	191,328(100.0)	116,696(61.0)	45,156(23.6)	18,395(9.6)	11,081(5.8)
2014년	204,204(100.0)	121,310(59.4)	49,929(24.5)	19,499(9.5)	13,466(6.6)
2015년	197,550(100.0)	116,068(58.8)	61,625(31.2)	12,567(6.4)	7,290(3.7)
2016년	201,333(100.0)	113,506(56.4)	56,768(28.2)	17,453(8.7)	13,606(6.8)
2017년	222,455(100.0)	115,085(51.7)	81,826(36.8)	15,753(7.1)	9,791(4.4)
2018년	237,705(100.0)	114,125(48.1)	92,368(38.9)	19,164(8.1)	11,849(4.9)
2019년	264,626(100.0)	117,045(44.2)	104,064(39.3)	26,524(10.0)	16,993(6.4)
2020년	266,321(100.0)	105,939(39.8)	107,265(40.3)	34,440(12.9)	18,677(7.0)
2021년	289,529(100.0)	114,555(39.6)	108,953(37.6)	43,433(15.0)	22,588(7.8)

출처 : 행정안전부(2022). 2021년 지방자치단체 외국인주민 현황.

2021년 기준 국적별 다문화가족의 자녀수를 살펴보면, 베트남 99,398명(34.3%), 중국 52,030명(18.0%), 중국 출신 한국계 41,369명(14.3%), 필리핀 24,450명(8.4%)순으로 조사되었다. 이들 네 국가 출신 부모의 자녀가 전체 다문화가족 자녀의 75.0%를 차지하고 있다.

〈표 8-4〉 국적별 다문화가족 자녀수

(단위 : 명, %)

국적별 \ 연도	2013년	2014년	2015년	2016년	2017년	2018년	2019년	2020년	2021년
합계	191,328	204,204	197,550	201,333	222,455	237,506	264,626	266,321	289,529(100)
중국(한국계)	42,294	43,890	35,439	36,610	38,090	39,642	41,149	40,877	41,369(14.3)
중국	37,084	38,824	40,351	37,963	43,197	44,016	49,286	49,680	52,030(18.0)
베트남	49,458	54,737	57,464	56,468	71,864	44,016	49,286	49,680	52,030(34.3)
필리핀	18,020	19,568	19,918	20,146	22,270	22,873	24,502	23,520	24,450(8.4)
일본	17,806	18,185	7,773	9,485	6,886	6,930	7,858	7,487	8,492(2.9)
캄보디아	5,961	6,777	7,016	6,909	9,448	10,037	10,850	10,867	11,881(4.1)
몽골	2,802	2,952	2,771	2,719	3,132	3,212	3,607	3,589	3,829(1.3)

태국	2,663	2,767	2,254	2,543	2,609	2,875	3,944	3,939	5,386(1.9)
미국	1,697	1,855	6,140	5,874	4,899	5,581	8,417	9,477	10,477(3.6)
러시아	1,289	1,319	1,017	1,058	997	1,034	1,304	1,289	1,766(0.6)
대만	1,758	1,892	2,877	2,522	2,995	3,081	3,543	3,483	3,884(1.3)
기타	10,496	11,438	14,530	19,036	16,068	21,007	21,690	23,057	26,563(9.2)

출처 : 행정안전부(2022). 2021년 지방자치단체 외국인주민 현황.

다문화 초·중·고 학생 수는 지속적으로 증가하고 있으며 2021년 다문화 학생 수는 총 160,058명으로 전체 학생 5,332,044명의 3.0%를 차지하고 있다. 학교급별 전체 학생 대비 국제결혼가정 및 외국인가정의 아동 비율은 초등학생의 경우 2.1%, 중학생의 경우 0.6%, 고등학생의 경우 0.3%로 나타났다. 다문화학생 비율은 전년도 대비 각 학교급별 0.1%씩 증가했다. 학령기 아동 수는 매년 감소하고 있으나, 다문화학생 수는 점차적으로 증가하고 있는 추세로 보인다.

〈표 8-5〉 연도별 다문화학생 현황

(단위 : 명, %)

인원 수 \ 연도	2016년	2017년	2018년	2019년	2020년	2021년	2022년
다문화학생 수	99,186	109,387	122,212	137,225	147,378	160,058	168,645
전체 학생 수	5,931,646	5,773,998	5,633,725	5,461,614	5,355,832	5,332,044	5,865,460
다문화학생 비율	1.67	1.89	2.17	2.51	2.75	3.00	2.88

출처 : 교육부 한국교육개발원(2022). 유·초·중등 교육통계.
여성가족부(2023). 2022 청소년백서, p. 74 재구성.

〈표 8-6〉 2022년 학교급별 다문화학생 수 현황

(단위 : 명, (%))

구 분 \ 유 형		국제결혼가정		외국인가정	계	
		국내출생자녀	중도입국자녀	외국인가정자녀		
학교급	초	84,241	5,087	22,312	111,640	(66.2)
	중	29,940	2,874	6,900	39,714	(23.5)
	고	11,614	1,784	3,346	16,744	(9.9)
	각종학교	234	193	120	547	(0.3)
합 계		126,029	9,938	32,678	168,645	(100.0)

출처 : 교육부 한국교육개발원(2022). 유·초·중등 교육통계.
여성가족부(2023). 2022 청소년백서, p. 74.

4. 보호대상아동 현황

보호대상아동이란 보호자가 없거나 보호자로부터 이탈된 아동 또는 보호자가 아동을 학대하는 경우 등 보호자가 아동을 양육하기에 부적당하거나 양육할 능력이 없는 경우의 아동을 말한다(아동복지법 제3조). 이러한 아동들에게는 국가의 특별한 보호가 요구되는데, 우리나라에서는 보호대상아동에 대한 책무를 강화하여 보호대상아동에 대한 권익을 증진시킬 책무를 부여하고 있다. 이에 국가와 지방자치단체는 아동에 대한 보호서비스, 아동학대의 예방 및 방지, 아동 안전 및 건강 지원, 취약계층 아동 통합서비스 지원 및 자립지원, 방과후 돌봄서비스 지원 등의 대책을 마련하고 시행하고 있다.

보호대상아동 수는 2009년까지는 한국사회의 경제상황 등으로 인해 매년 1만 명 이상 발생하였다. 그러다 2021년 최저치인 4,521명으로 확인되는데, 이는 인구수 감소의 영향과도 연관이 된다. 2021년에 신규로 발생한 보호대상아동 수는 총 4,521명이었고, 이 중 1,084명은 귀가 및 연고자에게 인도 조치된 것으로 파악되었다. 보호대상아동이 발생한 원인은 학대(1,660명), 부모의 이혼 등(356명), 비행 · 가출 · 부랑 아동(293명)순으로 높게 나타났다. 반면, 2021년 미아로 인한 발생 수는 전년(11명) 대비 감소하여 0명으로 나타났다.

〈표 8-7〉 연도별 보호대상아동 현황 및 발생원인 (단위 : 명)

연도	총 아동 발생 수	귀가 및 연고자 인도	보호대상아동 발생원인										
			계	기아[1]	미혼모 아동	미아	비행 가출 부랑	학대	부모 빈곤 실직	부모 사망	부모 질병	부모 교정 시설 입소[2]	부모 이혼 등
2005	18,468	9,048	9,420	429	2,638	63	1,413	4,877					
2010	9,960	1,370	8,590	191	2,804	210	772	1,037	586	772	203	-	2,015
2015	4,975	472	4,503	321	930	26	360	1,094	279	301	122	-	1,070
2016	5,221	638	4,583	264	855	11	314	1,532	290	286	126	-	905

2017	4,850	725	4,125	261	847	12	227	1,442	223	279	87	–	747
2018	4,538	620	3,918	320	623	18	231	1,415	198	284	92	–	737
2019	4,612	565	4,047	237	464	8	473	1,484	265	297	83	–	736
2020	5,053	933	4,120	172	463	11	468	1,767	181	279	74	166	539
2021	4,521	1,084	3,437	117	366	0	293	1,660	170	275	101	99	356

주 : 1) 2017년부터 '기아'가 '유기'로 변경됨.
2) 2020년부터 발생원인 '부모교정시설 입소' 추가(2019년 이전은 부모 이혼 등에 포함).
출처 : 보건복지부(2022). 연도별 요보호대상아동 현황보고, 각 년도 재구성.

보호대상아동의 보호조치 형태는 크게 시설보호와 가정보호로 나뉜다. 시설보호에는 양육시설, 일시보호시설, 장애아동시설, 공동생활가정 보호가 있고, 가정보호에는 소년·소녀가정, 입양, 가정위탁, 입양 전 위탁 보호가 있다. 전반적으로 시설보호가 가정보호보다 약간 더 많이 나타나고 있는 실정이다.

〈표 8-8〉 **보호대상아동 보호조치 현황** (단위 : 명)

연도	조치내용										
	계	시설입소					가정보호				
		소계	양육시설 등	일시보호시설	장애아동시설	공동생활가정	소계	소년소녀가정	입양	가정위탁	입양 전 위탁
1998	10,800	5,141	4,948		132	61	5,659	518	1,741	3,400	–
1999	9,000	4,702	4,579		78	45	4,298	572	1,776	1,950	–
2000	9,085	4,481	4,332		64	85	4,604	564	1,755	2,285	–
2005	9,420	4,818	4,769		48	1	4,602	407	1,873	2,322	–
2008	9,284	4,964	2,997	1,261	39	667	4,320	178	1,304	2,838	–
2009	9,028	4,767	2,406	1,640	35	686	4,261	213	1,314	2,734	–
2010	8,590	4,842	2,445	1,751	23	623	3,748	231	1,393	2,124	–
2011	7,483	3,752	2,246	862	32	612	3,731	128	1,253	2,350	–
2012	6,926	3,748	2,272	676	25	775	3,178	117	772	2,289	–
2013	6,020	3,257	1,731	801	39	686	2,763	20	478	1,749	516
2014	4,994	2,900	1,818	566	10	566	2,094	13	393	1,300	388

2015	4,503	2,682	1,412	799	13	458	1,821	–	239	1,206	376
2016	4,583	2,887	1,736	548	11	592	1,696	6	243	1,022	425
2017	4,125	2,421	1,467	310	19	625	1,704	2	285	994	423
2018	3,918	2,449	1,300	494	7	648	1,469	1	174	937	357
2019	4,047	2,739	1,707	401	6	625	1,308	5	104	1,003	196
2020	4,120	2,727	1,603	342	68	714	1,393	0	88	1,068	237
2021	3,437	2,183	1,311	243	83	546	1,254	0	75	1,028	151

출처 : 보건복지부(2022). 보호대상아동 현황보고, 각 년도 재구성.

2020년에는 보호대상아동 보호조치 현황의 조사 지표가 바뀌어 시설입소에 '자립지원시설'과 '보호치료시설', '기타'가 추가되었다. 그리고 시설입소와 가정보호의 각 세부 항목이 '비장애'와 '장애'로 구분되었다.

〈표 8-9〉 연도별 보호대상아동 보호조치 현황 (단위 : 명)

연도	계	시설입소													가정보호								
		소계	양육시설		일시보호시설		자립지원시설		보호치료시설		공동생활가정		기타[1]		소계	소년소녀가정		입양		가정위탁		입양 전 위탁	
			비장애	장애	비장애	장애	비장애	장애	비장애	장애	비장애	장애	비장애	장애		비장애	장애	비장애	장애	비장애	장애	비장애	장애
2020	4,120	2,727	1,085	48	336	7	18	2	443	8	665	47	54	14	1,393	0	0	86	2	1,037	31	224	13
2021	3,437	2,183	959	37	242	1	32	1	280	2	516	30	66	17	1,254	0	0	74	1	996	32	151	0

주 : 1) "장애아동시설"은 아동복지법상 시설 분류에 미포함되어 있어 장애, 비장애로 구분하였으며 "기타"항목을 신설.

자료 : 보건복지부. 보호대상아동 현황보고, 각 년도.

보호대상아동에 대한 국가의 책임은 강화되고 있는 추세이며, 이로 인해 과거의 주된 아동보호 형태 역시 변화되고 있다. 유엔 아동권리협약에서는 국가가 원가정 보호를 위해 노력해야 하고, 원가정 보호를 할 수 없는 경우 가정과 가장 유사한 형태의 대안 양육을 권장하고 있다. 이는 가정과 유사한 형태의 가정위탁이나, 시설에서 보호하더라도 대규모 시설에서의 보호가 아닌 공동생활가정과 같은 소규모 보호가 적절하다고 보는 것이다. 이러한 요구를 반영하여 우리나라도 보호대상아동에 대한 보호 조치로 가정위탁과 공동생활가정을 확대하고 있는 추세이다. 동시에 입양은 최후의 수단으로 고려하도록 하고 있으며, 입양의 절차와 결정에 대한 국가 책임과 국내외 입양아동에 대한 사후관리도 법 개정을 통해 강화하고 있다.

학습문제

01 절대빈곤율에 대한 설명이 아닌 것은?

① 우리나라는 최저생계비가 기준
② 최저생계비 이하인 가구의 비율
③ 국가마다 상이함
④ 유럽경제협력기구(OEEC) 국가에서 주로 사용
⑤ 아동빈곤율이란 최저생계비 이하인 아동가구를 기준

해설 ④ 아동의 상대빈곤율은 유럽경제협력기구(OEEC) 국가에서 주로 사용하는 개념으로, 전체 아동 수 대비 중위소득의 40%, 50%, 60% 미만의 소득을 가진 가구에 속한 아동 수를 말한다.

02 한부모가구에 대한 설명으로 적절하지 않은 것은?

① 가족해체로 증가
② 한부모가족은 앞으로도 계속 증가할 것으로 전망
③ 대부분은 모자가구
④ 자녀가 부모 혹은 조부모 중 한 명하고 사는 가족형태
⑤ 소득 기준 중위소득 50% 이하

해설 ⑤ 저소득 한부모가족은 소득 기준 중위소득 60% 이하이다.

03 다문화가족의 형태에 대한 설명이 아닌 것은?

① 이주민가족
② 결혼이주여성
③ 외국인 주둔군인
④ 북한이탈주민
⑤ 결혼이주남성

해설 ③

참고문헌

교육부(2022). 유 · 초 · 중등 교육통계.

보건복지부(2022). 보호대상아동 현황보고, 각 년도.

여성가족부(2023). 2022 청소년백서.

통계청(2022). 인구총조사.

행정안전부(2022). 2021년 지방자치단체 외국인주민 현황.

아동 인구 현황. e-나라지표, 주민등록 인구통계(2022년 12월 20일 인출)

아동복지법

HAPTER 09

위기청소년 지원

학습목표

- 청소년통합지원체계를 분야별로 설명할 수 있다.
- 위기청소년을 대상으로 하는 특별지원 서비스 내용을 설명할 수 있다.
- 청소년쉼터의 필요성과 효율적 운영에 대하여 자신의 의견을 제시할 수 있다.

1. 학교 밖 청소년 지원사업

1) 추진배경

매년 약 3~5만여 명의 청소년들이 학업을 중단하고 있으며, 학교 밖 청소년은 2021년에 14만여 명으로 추산되고 있다. 학교 밖 청소년들은 스스로 진로를 찾고 직업을 구하는 과정에서 많은 시행착오와 좌절을 경험하고 있으며, 여러 사회적 기회를 박탈당하고 있다. 이는 사회 · 경제적으로 볼 때 청년실업 및 근로빈곤층(working poor)의 증가를 초래하고 있어 국가의 적극적인 지원이 요구된다. 따라서 학력이 단절된 청소년에게는 학업을 지속할 수 있는 여건을 마련하고, 자립에 어려움을 겪는 청소년에게는 체계적인 자립준비를 할 수 있도록 지원해야 한다(여성가족부, 2023a : 218).

이를 위해 2007년부터 취약청소년을 대상으로 자립 동기 강화, 기초적인 자립 기술 습득 등을 목적으로 하는 자립지원 프로그램(두드림)이 운영되었고, 특히 검정고시 지원 및 학습클리닉 프로그램 등을 통해 학업으로의 복귀를 지원하는 프로그램(해밀)을 2011년부터 운영하였다. 또한 2014년 5월 28일 「학교 밖 청소년 지원에 관한 법률」이 제정되어 학교 밖 청소년 지원에 대한 법적 근거가 마련되었으며, 2015년 5월 29일 법률 시행에 따라 2022년 기준 전국에 220개의 '학교 밖 청소년 지원센터(꿈드림센터)'가 지정 · 설치되어 운영되고 있다. 꿈드림은 '꿈=드림(Dream)', '꿈을 드림'이라는 표현으로 학교 밖 청소년에게 새로운 꿈과 희망을 드리겠다는 의미를 지닌 일반 명칭으로 활용하고 있다.

〈표 9-1〉 학교 밖 청소년 지원사업 연혁

연 도	추진 내용
2007년	• 학업 중단 청소년 지원 프로그램 운영
2012년	• 청소년상담복지센터에 학업중단숙려제 연계 숙려제 상담 및 자퇴 후 학업복귀 서비스 지원
2013년	• 학업 중단 예방 및 학교 밖 청소년 지원방안 마련(교육부 공동, 2013.11.) • 학교 밖 청소년 지원 홈페이지 구축(www.dodreamhaemil.kr)
2014년	• 54개 청소년상담복지센터 내 학교 밖 청소년 지원 프로그램 운영 • 학교 밖 청소년 지원에 관한 법률 제정(2014.5.28.)
2015년	• 학교 밖 청소년 지원에 관한 법률 시행(2015.5.29.) • '학교 밖 청소년 종합 대책' 마련(2015.5.12.) • 전국 199개 학교밖청소년지원센터 지정 · 설치
2017년	• 전국 202개 학교밖청소년지원센터 꿈드림 지정 · 설치 • 학교 밖 청소년 전문 직업훈련 기관 '내일이룸학교' 운영(구 취업사관학교)
2018년	• 전국 206개 '학교밖청소년지원센터' 지정 · 설치 • 「2018 학교 밖 청소년 실태조사」 시행
2019년	• 전국 214개 '학교밖청소년지원센터' 지정 · 설치 • 「학교 밖 청소년 지원 강화 대책」 마련(2019.11.21.)
2020년	• 전국 219개 '학교밖청소년지원센터' 지정 · 설치
2021년	• 전국 220개 '학교밖청소년지원센터' 지정 · 설치 • 「학교 밖 청소년 지원에 관한 법률」 개정(2021.3.23.) · 시행(2021.9.24.) – 의무 교육단계 학교 밖 청소년의 정보를 사전동의 없이 학교밖청소년지원센터로 연계 가능 • 「2021 학교 밖 청소년 실태조사」 시행
2022년	• 메타버스 기반 학교 밖 청소년 온라인 플랫폼(스마트 꿈드림센터) 구축 · 운영

출처 : 여성가족부(2023). 2022 청소년백서, p. 219.

2) 지원사업

학교 밖 청소년 지원사업의 목표는 학교 밖 청소년에게 상담·교육·취업·자립지원 등의 서비스를 제공함으로써 학교 밖 청소년이 건강한 사회 구성원으로 성장할 수 있도록 돕는 것이다. 서비스 대상은 9세 이상 24세 이하의 청소년으로, 초·중학교 및 이와 동일한 과정을 교육하는 학교에 입학 후 3개월 이상 결석하거나 취학 의무를 유예한 청소년, 고등학교 및 이와 동일한 과정을 교육하는 학교에서 제적·퇴학 처분을 받거나 자퇴한 청소년, 또는 상급학교에 진학하지 않은 청소년이 주대상이며, 「학교 밖 청소년 지원에 관한 법률」 제2조에 의거하여 학교 밖 청소년 발생 예방을 위해 필요한 경우 잠재적 학교 밖 청소년도 포함된다.

꿈드림센터에서는 관계부처합동으로 '학교 밖 청소년 발굴·지원 강화 대책(2015.8.27.)'을 토대로 학교, 경찰서, 지역사회청소년통합지원체계(청소년안전망)의 연계기관 등 다양한 채널을 통해 학교 밖 청소년을 발굴·연계하고 있으며, 2021.9.24. 학교 밖 청소년 지원에 관한 법률 개정안 시행으로 의무교육 단계(초·중·고) 학업 중단 청소년의 정보는 개인정보 제공 사전동의 절차 없이도 꿈드림센터로 정보연계가 가능하도록 연계 제도가 강화되었다(여성가족부, 2023a : 220).

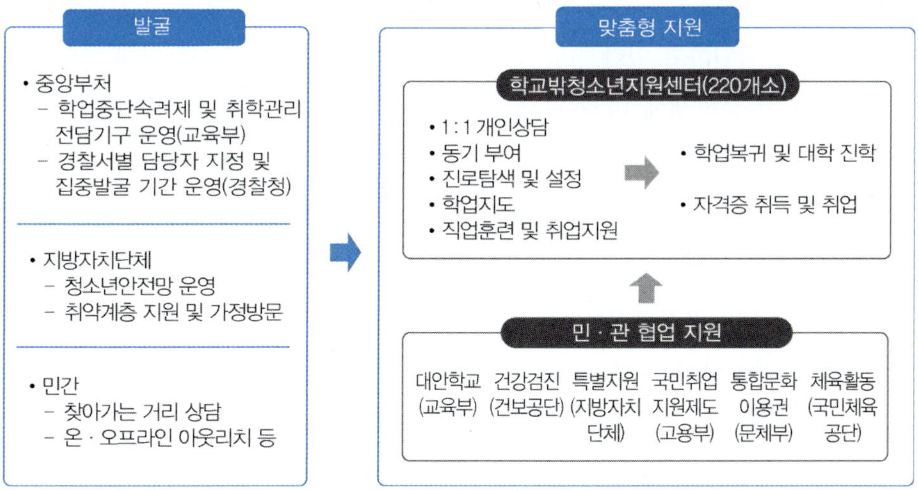

그림 9-1 학교 밖 청소년 발굴·연계 체계

출처 : 여성가족부(2023). 2022 청소년백서, p. 221.

3) 지원 서비스

꿈드림센터로 연계된 청소년은 각자의 요구에 따라 맞춤형 서비스를 제공받는다. 서비스에는 상담지원, 교육지원, 직업체험 및 취업지원, 자립지원, 건강검진 등이 있는데 서비스 내용을 구체적으로 살펴보면 다음과 같다.

첫째, 학업형 청소년을 대상으로 학습동아리, 멘토링, 검정고시, 대학입시설명회 등 학력취득 및 상급학교 진학지원 등의 서비스를 제공한다.

둘째, 직업형 청소년에게는 '직업역량 강화 프로그램'이나 '진로교육활동' 또는 '직장체험' 등을 통해 진로를 설정할 수 있도록 지원하고, 이후 학교 밖 청소년 전문 직업훈련기관인 '내일이룸학교'에 연계하거나, 고용노동부 직업훈련 프로그램에 연계하여 직업훈련 및 취업을 지원한다. 내일이룸학교에서는 전문 직업훈련과 함께 상담, 검정고시 등 학력 취득, 자격증 준비, 인성·교양 등 다양한 프로그램 운영을 통해 학교 밖 청소년의 사회적 자립을 지원한다.

셋째, '문화 활동지원', '봉사 기회 제공' 등 자립 준비에 필요한 '자립역량 향상 프로그램'을 지원하며, 꿈드림센터 프로그램에 참여하는 청소년에게는 개별적으로 자신의 목표를 성취할 때까지 사례관리 서비스를 제공한다.

넷째, 2016년부터 건강검진 사업을 도입하여 학교 밖 청소년이 건강하게 성장할 수 있도록 지원하고 있다. 3년 주기로 학교보건법에 따라 학교 연계 병원에서 건강검진을 받는 학생에 비해 건강관리에 취약한 학교 밖 청소년들에게는 생애주기별 국가건강검진(영·유아, 일반, 생애, 암 검진 등) 관리체계에 포함시켜 지속적인 건강관리를 추진하며, 학교 밖 청소년의 질병 예방과 조기발견을 위해 생애전환기 연령(10대)의 특성에 적합한 맞춤형 건강진단 서비스를 제공한다.

학교 밖 청소년 건강검진은 「청소년복지지원법」을 근거로 9세 이상 18세 이하의 학교 밖 청소년이 우선 적용 대상이며, 19세 학교 밖 청소년도 건강검진을 받을 수 있으나 다른 국가건강검진과 중복되지 않는 경우에 한해 검진을 받을 수 있다.

검진 항목으로는 상담 및 진찰, 신체 계측, 혈액검사, 간염 검사(B형 및 C형),

결핵 검진, 구강 검사 등이 있으며, 검진 비용은 전액 국가 지원으로 학교 밖 청소년이라면 누구나 무료로 건강검진을 받을 수 있다. 학교 밖 청소년은 가까운 꿈드림센터를 방문하거나 우편, 전자메일로 학교 밖 청소년 건강검진 신청서를 작성하여 신청 후 가까운 학교 밖 청소년 검진기관을 방문하여 검진을 받으면 된다(여성가족부, 2023a : 222).

2. 가출 청소년 지원

최근 사회적 문제인 가족 간의 갈등과 가족 해체의 가속화 등으로 인하여 청소년 가출이 지속적으로 증가하고 있으며, 이들은 거리 생활을 하면서 건강악화는 물론 절도 · 폭행 · 성매매 등 범죄 및 비행 등의 문제를 일으키거나 범죄의 대상이 되는 사례가 빈번히 발생하여 사회적 부작용이 심각한 실정에 이르고 있다. 또한 청소년들의 가출 연령이 점점 낮아지고 6개월 이상의 장기 가출과 반복적인 가출이 늘어나는 경향이 나타나고 있다. 이러한 경향에 따라 청소년 가출을 사전에 예방하고 이미 가출한 청소년은 신속하게 보호, 상담, 교육문화 활동을 지원하여 가출 청소년의 비행과 일탈을 예방하고 가정복귀 및 사회적응을 지원함으로써 청소년의 건전한 성장을 도모하기 위하여 청소년쉼터를 설치 · 운영하고 있다.

1) 청소년쉼터의 발전 단계

청소년쉼터는 조기발견을 통한 범죄 및 비행으로부터 보호, 생활보호(의식주), 정서적 지지 및 심리상담, 의료지원, 학업복귀, 취업지원 등 맞춤형 자립지원서비스 제공을 통해 신속한 가정복귀와 사회진출을 지원한다.

〈표 9-2〉 청소년쉼터의 발전 단계

도입기	• 1992년 최초의 청소년쉼터 설치 · 운영 • 1998년 5개 광역시별 청소년쉼터 설치 · 운영
확대기	• 1991년 청소년기본법 제정(1993.1.1. 시행) • 2004년 청소년복지지원법 제정(2005.2.10. 시행) • 2004년 일시쉼터(드롭인센터) 설치 · 운영 • 2005년 중장기쉼터 설치 · 운영
성숙기	• 2006년부터 정체성, 전문성 제고를 위한 정책 및 프로그램 개발 · 시행 • 2012년 청소년쉼터 신고제 도입 • 2012년 청소년복지지원법 전부 개정(2012.2.2. 시행), 청소년복지시설에 관한 조항 정비

출처 : 여성가족부(2017). 2016년 청소년백서, p. 144.

2) 사업내용

청소년쉼터는 가출 청소년의 생활보호뿐만 아니라 상담, 자립역량 강화, 고충처리, 문화 활동 프로그램 기회 제공 등을 통해 가출 청소년들의 가정 · 사회로의 복귀를 지원하고 있으며, 청소년 보호시설의 전문화 및 차별화된 지원 서비스를 제공하기 위하여 일시, 단기 및 중장기쉼터로 특성화하여 설치 · 운영하고 있다. 청소년쉼터는 가출 청소년을 일정 기간 보호하면서 상담 · 주거 · 학업 · 자립 등을 지원하는 시설(청소년복지지원법 제31조 제1호)로서 쉼터의 활동범위에는 가출 청소년의 일시보호 및 숙식 제공, 가출 청소년의 상담 · 선도 · 수련활동, 가출 청소년의 학업 및 직업훈련 지원활동, 청소년의 가출예방을 위한 거리상담 지원활동, 그 밖에 청소년복지지원 관리 등이 포함된다. 가출 등 위기청소년의 조기발견과 개입, 가정 및 사회복귀를 위한 청소년쉼터는 지방자치단체 경상보조로 지원되고 있다. 청소년쉼터의 운영주체는 국가 또는 지방자치단체이지만 지역 실정 및 여건 등에 따라 주로 청소년단체(청소년복지지원법 제42조의2)에 위탁하여 운영하고 있는 경우가 많다. 또한 2012년 청소년복지지원법의 전부 개정으로 국가 또는 지방자치단체 외의 자가 청소년쉼터를 운영하고자 할 경우 관할 지방자치단체에 신고하도록 되어 있다.

3) 청소년쉼터 종류 및 유형별 기능

청소년쉼터 중에서 가장 역사가 오래된 곳은 1992년 설립된 서울YMCA 쉼터이고, 2004년에 가출 청소년의 긴급 보호를 위하여 일시보호시설인 '일시쉼터(드롭인센터)'를 서울과 인천, 대전에 각각 설립하였다. 청소년쉼터는 가출 청소년을 위한 생활보장 및 자립지원 시설로서 2022년 전국 138개소가 운영되고 있는데, 일시쉼터는 32개소, 단기쉼터는 67개소, 중장기쉼터는 39개소를 운영하고 있다. 국가에서는 가정 밖 청소년의 조기 발굴·긴급구조 및 초기개입으로 신속한 가정 및 사회복귀를 돕는 거리상담 전문인력 및 야간 시간대 청소년의 연계 의뢰 및 자해 등 응급상황에 신속히 대처하기 위한 야간보호상담원을 배치·지원하고 있다.

청소년쉼터에서는 가출 청소년을 대상으로 개인별 정서적 지지 및 심층 상담을 실시하며, 거리상담 지원활동 시 또는 청소년쉼터 입·퇴소 시 필요한 경우 청소년상담복지센터, 정신건강센터, 국립정신병원 등 유관기관 연계 및 전문심리상담 및 치유 프로그램의 참여를 지원한다. 또한 가출 청소년 대상 검정고시, 대안학교 진학, 전문자격취득 지원, 취업을 위한 직업훈련 등 개인별 적성을 고려한 맞춤형 교육지원 서비스를 실시한다.

〈표 9-3〉 청소년쉼터 운영 현황 (2022년 10월 기준)

구분	청소년쉼터			청소년 자립지원관 (11개소)	청소년 회복지원시설 (18개소)
	일시쉼터 (32개소)	단기쉼터 (67개소)	중장기쉼터 (39개소)		
주요 기능	거리상담, 가출예방, 조기발견·초기개입, 일시보호 및 단기쉼터 연계 등	가정·사회복귀 지원 및 유관시설 연계 등	가정복귀가 어렵거나 특별히 장기간 보호가 필요한 가정 밖 청소년을 대상으로 사회복귀를 위한 학업 및 자립지원	주거안정 기반의 자립 사례관리	위탁청소년 보호 및 생활지원, 사회서비스 지원
입소 기간	24시간~7일 이내 일시	3개월 이내 * 3개월씩 2회에 한하여 연장 가능(최장 9개월)	3년 이내 * 1회 1년에 한하여 연장 가능(최장 4년)	1년 이내 * 필요시 사례심의위원회 통해 6개월 이내 연장 가능(2회 한도)	6개월 (법원결정)

출처 : 여성가족부(2023b). 청소년복지시설 운영 지침 재구성.

4) 청소년자립지원관

청소년자립지원관은 일정 기간 청소년쉼터 또는 회복지원시설에서 생활하여 지원을 받았음에도 자립역량이 갖추어지지 않은 청소년에게 자립하여 생활할 수 있는 능력과 여건을 갖추도록 지원하는 시설이다. 즉, 쉼터 등 퇴소 이후에도 추가적인 자립 지원이 필요한 청소년에게 주거안정을 바탕으로 자립을 위한 사례관리 지원을 하는 곳이다.

2012년 「청소년복지지원법」 전부 개정에 따라 청소년복지시설의 한 유형으로 법적 근거가 마련되었으며(「청소년복지지원법」 제31조), 2018년부터 서울, 인천, 경기 총 4개소에 국비 및 지방비를 지원하였다. 2022년 기준 서울, 부산, 대구, 인천, 대전, 경기, 충남에 총 11개소가 운영되고 있다.

5) 청소년치료재활센터

최근 주의력결핍과잉행동장애(ADHD), 학업스트레스로 인한 우울증 등 심리·정서적으로 어려움에 처한 청소년의 증가가 사회적인 문제로 대두되고 있다. 그러나 기존 청소년시설에서는 보호, 치료, 교육, 자립 등에 대한 개별적이고 분절적인 서비스가 제공되고 있어 청소년의 성장·발달과정에 맞는 보다 통합적이고 전문적인 치료·재활 서비스의 제공이 필요하게 되었다. 이에 정서적·행동적 문제로 어려움을 겪는 청소년에게 심리상담 및 치료, 보호, 자립지도, 교육 등 종합적·전문적 치유 서비스를 원스톱(One-Stop)으로 제공하기 위해 거주형 치유기관인 '국립중앙청소년디딤센터'를 2012년 12월에 개원하였다.

'국립중앙청소년디딤센터'의 입교대상자는 ADHD, 우울증, 불안장애, 품행장애 등 정서적·행동적 장애를 가진 만 9~18세 청소년이고, 입·퇴교판정위원회 심사를 통해 입교 여부를 최종 결정하게 된다. 개원 이후 2022년까지 총 7,686명의 청소년이 장단기 치료·재활 서비스를 지원받았으며(2020년 197명, 2021년 269명, 2022년 10월 217명), 이중 상당수가 정서적 안정감이 향상되고 문제 행동이 감소되어 일상생활로 복귀하여 건강하게 생활하고 있는 것으로 나타났다. 2022년 10월에는 알코올, 약물, 도박 등 중독문제 예방·치료를 위한 11박 12일 힐링캠프를 개최하여 중독문제에 대한 자기조절능력을 향상시키는 치유과정을 제공하였다.

2021년 11월 대구광역시 달성군에 '국립대구청소년디딤센터'를 추가 개원하여 2021년 시범 운영을 시작으로 2022년부터 정식 운영하였다. 개원 이후 2022년 10월까지 총 91명의 청소년이 장단기 치료·재활 서비스를 지원받았다(2021년 20명, 2022년 10월 71명). '국립대구청소년디딤센터'는 정서적·행동적 문제를 가진 청소년에 대한 보호·상담 및 치료·재활 지원뿐만 아니라 인터넷·스마트폰 과의존 청소년에 대한 치유를 지원하는 복합시설로서 운영 중이다(국립중앙청소년디딤센터, 2023.7.3. 인출).

6) 청소년회복지원시설

청소년회복지원시설은 소년법 처분(제1호 '보호자 감호위탁')을 받은 청소년을 감호위탁 기간 동안 보호하면서 상담·주거·학업·자립 등을 지원하는 시설로서, 2016년 11월 「청소년복지지원법」 개정에 따라 청소년복지시설의 한 유형으로 법적 근거가 마련되었다(「청소년복지지원법」 제31조).

그동안은 소년법 처분(제1호 '보호자 감호위탁') 청소년을 위해 민간 차원(일명 '청소년회복센터')에서 시설이 운영되어 왔는데, 법적 근거의 마련을 통해 해당 청소년을 위한 체계적인 서비스 제공 여건이 마련되었고, 2019년에는 최초 국비 확보를 통해 종사자 대상 인건비와 운영비를 지원하게 되었으며, 2022년 12월 말 기준으로 부산, 광주, 대전, 울산, 경기, 경남, 제주에 총 18개소의 시설 운영을 지원하고 있다.

청소년회복지원시설의 주요 기능은 처분 청소년에게 가정과 같은 환경을 제공하여 생활지원, 심리지원, 학업·진로 등 서비스 지원을 통해, 보호청소년들의 재범 방지 및 건강한 성장을 지원하는 것이며, 향후 시설 종사자의 역량 강화와 운영 서비스 매뉴얼 마련 등을 통해 위기청소년 보호 서비스 수준을 제고해 나갈 방침이다(여성가족부, 2023a : 591-592).

3. 청소년 특별지원

위기청소년에 대한 건전한 성장과 정상적 생활을 영위하기 위해 필요한 기초적 여건이 갖추어지지 아니하여 사회·경제적 지원이 필요한 청소년 중 다른 제도 및 법에 의한 지원을 받지 못하는 청소년에게 현금 급여 또는 관련 서비스를 직접 지원하는 사업이다. 시·군·구를 통한 전달체계를 활용하며 청소년 본인 또는 그 보호자, 교육공무원, 사회복지사, 청소년지도사, 청소년상담사, 청소년 업무 담당 공무원 등이 행정복지센터에 신청하면 소득재산 조사, 운영위원회 심의 등을 통해 지원 여부를 결정한다.

〈표 9-4〉 특별지원사업 내용

구분	내용
목 적	사회·경제적으로 어려움을 겪는 위기청소년에게 생활비·치료비·학업지원비·상담비 등의 지원을 통해 건강한 성장 지원
근 거	청소년복지지원법 제14조(위기청소년 특별지원)
지원대상	9세 이상 24세 이하 위기청소년 • 비행·일탈 예방을 위하여 지원이 필요한 청소년 • 「학교 밖 청소년 지원에 관한 법률」 제2조에 따른 학교 밖 청소년 • 보호자가 없거나 실질적으로 보호자의 보호를 받지 못하는 청소년 • 일정 기간 이상 외부와 단절된 상태로 생활하여 정상적 생활이 곤란한 청소년
선정 기준	대상자 가구소득 중위소득 100% 이하
지원기간	• 1년(필요시 1년 연장 가능) • 학업·자립지원 3년까지 지원 가능
지원방식	• 생활지원은 현금지원 • 물품 및 서비스는 제공한 기관에 입금

출처 : 여성가족부(2023c). 2023년 위기청소년 특별지원사업 안내 재구성.

〈표 9-5〉 위기청소년 특별지원 내용

지원 종류	지원 내용	지원 금액
생활지원	① 의복·음식물 및 연료비 기타 일상생활에 필요한 기초 생계비 ② 숙식 제공	월 65만 원 이하
건강지원	① 진찰·검사 ② 약제·치료재료의 지급 ③ 처치·수술, 기타 치료 ④ 예방·재활 ⑤ 입원, 간호 ⑥ 이송 등 기타 조치사항	연 200만 원 이하
학업지원	① 초·중등교육법 제2조에 의한 학교 입학금 및 수업료 ② 교과서대금 ③ 초·중등교육법시행령 제97조 제1항에 의한 고등학교입학자격 검정고시 및 동법 제98조 제1항에 의한 고등학교 졸업 학력 검정고시의 준비에 필요한 학원비 ④ 학원비(교과목 관련)	월 15만 원(수업료) 월 30만 원 이하(검정고시) 월 30만 원 이하
자립지원	① 기술 및 기능 습득을 위한 비용 ② 진로상담 비용 및 직업체험 비용 ③ 취업알선 및 사후지도 비용	월 36만 원 이하
상담지원	① 정신적·심리적 치료를 위한 청소년 본인 및 가족의 상담비, 심리검사비 ② 프로그램 참가비	월 30만 원 이하 심리검사비(연 40만 원) 별도
법률지원	① 소송비용 ② 법률상담비용	연 350만 원 이하
청소년 활동지원	① 수련활동비 ② 문화활동비(문화체험비) ③ 교류활동비 등	월 30만 원 이하
기타 지원	① 청소년이 수치심을 느낄 수 있는 외모 및 흉터 등의 교정 ② 교복 지원, 체육복 등 ③ 학용품비, 수업준비물 등	

출처 : 여성가족부(2023c). 2023년 위기청소년 특별지원사업 안내.

4. 이주배경 청소년 지원

이주배경 청소년이란 청소년복지지원법 제18조에 따라 다문화가족의 청소년과 그 밖에 국내로 이주하여 사회적응 및 학업 수행에 어려움을 겪는 9~24세의 청소년을 의미한다. 또한 북한이탈 · 중도입국 · 다문화 청소년 등의 사회적응 및 언어 학습 등을 지원하는 서비스를 말한다. 남북분단이라는 정치 · 사회적 특수성과 사회적 다문화가정의 지속적 증가로 인해 우리 사회에 이주배경 청소년은 꾸준히 증가하고 관심도 커지고 있다.

우리나라는 2012년 「청소년복지지원법」의 전부 개정으로 '이주배경청소년지원센터'의 설치 근거가 마련되어 이주배경 청소년에 대한 보다 적극적인 지원이 이루어질 수 있는 기틀이 마련되었다.

북한이탈 청소년은 입국과정에서의 심리 · 정서적 상흔과 건강상의 문제 등으로 하나원 교육생 중 상당수가 입국 초기 적응에 어려움을 겪고 있다. 뿐만 아니라 문화적 차이, 학습 공백 기간, 동급생보다 많은 나이, 교육시스템 부적응 등으로 학교생활 및 적응이 어려워 중도 탈락률이 일반 청소년보다 훨씬 높은 것으로 나타났다.

북한이탈 청소년의 입국 초기 교육 및 지역사회 정착을 돕기 위해 이주배경청소년지원센터를 통해 비교문화체험 학습을 지원하는 등 지속적 협조체계를 구축하여 효과적인 서비스를 제공하고 있다. 또한 북한이탈 청소년이 하나원 퇴소 후 지역사회에 정착할 수 있도록 성 · 인권 · 진로 · 건강 등 다각적 교육을 지원하여 건강한 가치관을 확립하고 성장을 도모할 수 있는 '미래를 향한 첫걸음' 프로그램을 운영하고 있으며, 온라인, 대면, 내방, 찾아가는 상담 등 통합 상담 및 사례관리를 지원하고 있다. 특히 제3국 출생 북한이탈주민 자녀가 점점 증가 추세임을 감안, 필요시 중국어, 러시아어, 베트남어 상담 통역지원사를 양성하여 운영하는 등 맞춤형 지원을 하고 있다(여성가족부, 2023a : 226).

〈표 9-6〉 이주배경 청소년 현황

(단위 : 명)

북한이탈 청소년[1]	중도입국 청소년[2]	외국인주민 자녀[3]
815	3,240	275,990
통일부(2021.12.)	법무부(2021.12.)	행정안전부(2020.11.)

주 : 1) 북한이탈 청소년 : 거주자 연령 기준으로 18세 이하인 자
2) 중도입국 청소년 : 결혼이민자의 전혼관계에서 출생한 자녀 중 외국인 등록・귀화한 미성년자
3) 외국인주민 자녀 : 한국 국적을 취득한 자의 자녀 및 한국인과 결혼한 한국 국적을 가지지 않은 자의 자녀

출처 : 여성가족부(2023a). 2022 청소년백서, p. 226.

또한 최근 외국인 부모의 국가에서 생활하다가 청소년기에 입국하는 동반・중도입국 청소년과 같은 다양한 형태의 다문화 청소년도 증가하고 있다. 이처럼 다문화 청소년의 형태가 다양해짐에 따라 필요한 지원의 종류도 다양해지고 있다.

다문화 청소년의 증가와 더불어 문화적 이질성 등으로 인한 사회 부적응 현상도 다양하게 발생하고 있다. 전반적으로 외모, 언어능력 등에 있어 사회적 편견과 차별의식으로 학업 및 생활에 어려움을 겪을 가능성이 있는데, 중도입국 청소년은 이주자로서의 문제와 청소년 성장기의 어려움을 동시에 겪게 되며, 외국인 근로자가정 청소년은 신분상의 불안정(미등록, 단기비자 등)으로 정규학교 입학에 어려움을 겪거나 학교생활이 불안정한 실정이다. 또 다문화가정의 청소년들은 가정의 불화나 해체 등 이주배경에서 파생된 새로운 어려움에 당면하고 있다.

〈표 9-7〉 이주배경 청소년 지원 프로그램

레인보우스쿨 운영 (Rainbow School)	• 2022년 전국 13개 시도 지역, 27개 기관에서 위탁 운영(1개 기관 중복운영) • (일반형) 23개소 운영 – 이주배경 청소년을 위한 한국어, 특화프로그램, 교과목 교육, 진로지도 등 – 전일제, 시간제로 운영 • (진로형) 4개소 운영 – 진로지원이 필요한 이주배경 청소년을 위한 진로교육 기초과정(진로교육 한국어, 진로탐색 및 설계, 현장체험활동, 단기직업체험) – 예비 사회인 이주배경 청소년에 대한 직업실습 및 소양교육 등을 포함한 진로교육 심화 과정(직업실습, 이론교육, 경제교육 등) ※ 위탁운영 기관마다 프로그램 내용의 차이가 있음

탈북청소년 사회적응프로그램 (미래를 향한 첫걸음)	• 탈북청소년 특화프로그램으로 탈북청소년의 한국생활적응에 필요한 주제별(성, 인권, 건강, 진로) 교육 등 전문강사를 활용하여 지원 • 탈북청소년 유관기관 4개소(기관별 4주간 지원)
상담 및 지역사회연계프로그램	• 이주배경 청소년 대상 대면상담(내방상담, 찾아가는 상담), 비대면상담(화상상담), 온라인상담(전화상담, 문자 · SNS상담) 등 심리상담 실시 • 진로, 사회성 증진, 가족탐색 등 대상자별 특성과 욕구를 고려한 집단상담프로그램 '마음돋보기', 'Job돋보기' 실시 • 이주배경 청소년의 체류, 정착, 교육, 취업 진로, 생활 전반의 정보 안내 • 2022년 심리정서지원 거점지역 위탁 운영기관 2개소 운영(부천, 파주) • 이주배경 청소년 심리사회적응검사(test-rainbowyouth.or.kr) 운영 및 보급
상담통역지원사 지원	• 상담통역지원사 양성 및 운영을 통해 입국 초기 한국어가 미숙한 이주배경 청소년(중국어권, 베트남어권, 러시아어권, 몽골어권)의 심리상담 및 치료 통역 지원
다문화인식개선 프로그램 (다문화감수성 증진 프로그램)	• 청소년(초등학교 4~6학년 및 중학생 전 학년)을 대상으로 전문강사 파견을 통해 찾아가는 교육 지원

출처 : 여성가족부(2023). 2022년 이주배경청소년지원.

5. 청소년방과후아카데미

청소년방과후아카데미 사업의 목적은 다음과 같다. 첫째, 저소득층 · 한부모 · 장애 등 방과후 돌봄이 필요한 취약계층 청소년(초 4학년~중 3학년)에게 체험활동, 학습지원, 상담 등 종합서비스를 제공하고, 둘째, 취약계층 청소년에게 활동 · 복지 · 보호 · 지도 등 다양한 지원을 통해 건강한 성장과 스스로 자립할 수 있는 역량을 배양하며, 셋째, 취약계층 청소년의 사교육비 절감 및 방과후 비행 노출을 예방하고자 진행하는 사업이다. 여성가족부와 지방자치단체가 공동으로 예산을 지원하며 '청소년수련관', '청소년문화의집' 등 청소년 수련시설 등에 체험공간을 마련하여 방학 기간 포함 연중 1일 4시간 이상 운영한다.

청소년방과후아카데미는 2005년 '방과후 청소년 생활지원 종합대책'의 목적으로 46개소에서 시범 운영을 시작하여 2006년부터(100개소) 전국 단위 지방자치단체

보조사업으로 운영하고 있다. 지역 특성과 현장의 수요를 반영하여 2008년에는 농산어촌형을, 2011년에는 장애형과 다문화형 등 신규 운영 모형을 개발 · 운영하는 한편, 2016년에는 초등학교 4학년부터 중학교 2학년이었던 기존의 참여 대상을 중학교 3학년까지 확대하였고, 2020년에는 기존의 취약계층 중심 사업에서 보편적 복지서비스로 확장하기 위하여 한부모 · 다문화가정 등의 청소년이 폭넓게 참여할 수 있도록 소득 기준을 폐지하였다(여성가족부, 2023a : 223).

〈표 9-8〉 청소년방과후아카데미 사업 개요

<table>
<tr><td>사업목적</td><td>• 방과 후 돌봄이 필요한 청소년에게 체험활동, 학습지원, 급식, 상담 등 종합서비스 제공
• 청소년 활동 · 복지 · 보호 · 지도 등을 통해 청소년의 전인적 성장 지원
• 가정의 사교육비 경감 및 양육 부담 완화</td></tr>
<tr><td>지원대상</td><td>초등 4학년 ~ 중등 3학년
<table>
<tr><th colspan="2">대상구분</th><th>지원대상</th></tr>
<tr><td rowspan="2">일반형</td><td>우선순위 지원대상</td><td>기초생활수급자, 차상위 계층, 한부모 · 조손 · 다문화 · 장애가정 · 2자녀 이상 가정 · 맞벌이 가정 등 방과후 돌봄이 필요한 청소년</td></tr>
<tr><td>기타 지원대상</td><td>학교(교장 · 교사), 지역사회(행정복지센터 동장 · 사회복지사 등)의 추천을 받아 청소년방과후아카데미 지원협의회에서 승인받은 청소년</td></tr>
<tr><td>주말형</td><td>지원대상</td><td>주말 돌봄 및 체험활동이 필요한 청소년(지원대상 구분 없음)</td></tr>
</table>
* 지역 수요에 따라 (초등) 예비 초4(초3)/ (중등) 예비 중1(초6) 참여 가능(10월부터)</td></tr>
<tr><td>지원내용</td><td>
<table>
<tr><th>운영모형</th><th>지원내역</th></tr>
<tr><td>일반형</td><td>• 일 4시수, 주 5~6일 운영(주중 및 토요일 운영 권장)
• 주중 활동(월~금) : 1주 20시수 이상(급식 5시수 의무, 그외 프로그램의 편성은 기관 자율 편성)
• 주말 활동(토요일) : 분기별 1회 이상(급식 포함 5시수 이상)</td></tr>
<tr><td>주말형</td><td>• 일 5시수, 주말 1~2일(토~일) 운영(연간 80일 이상)
• 학교 방학기간 중 평일 운영 가능</td></tr>
</table>
* 단, 급식시수 30분~1시간 내 탄력운영 가능</td></tr>
<tr><td>사업기간</td><td>• 운영시간 : 방과후~21시, 주 5~6일 운영
• 운영기간 : 1월~12월</td></tr>
</table>

출처 : 여성가족부(2023). 2023년 청소년방과후아카데미 운영 지침 재구성.

6. 지역아동센터

1) 개 념

정부에서는 방임될 우려가 있는 아이들을 위해서 2004년 아동복지법을 개정하여 지역아동센터(구, 공부방)를 아동복지시설로 규정하고 전면 지원하기 시작하였다. 지역아동센터는 아동복지법 제52조 제1항 제8호에 따른 아동복지 이용시설로서, 지역사회 내 아동의 건전한 육성을 위해 보호·교육, 건전한 놀이와 오락의 제공, 보호자와 지역사회의 연계 등 종합적인 복지서비스를 제공함으로써 홀로 방치될 수 있는 취약계층 아동들에게 사회적 안전망을 제공하는 것을 목적으로 한다.

여성의 사회 진출로 인한 맞벌이 가족의 증가, 근로빈곤층의 확대 등으로 인해 방과후에 홀로 방치되는 아동에 대한 돌봄이 사회적 책임으로 인식되면서, 정부는 민간 공부방을 지역아동센터로 법제화(「아동복지법」 개정, 2004.1.29.)하여 공적 전달체계로 제도화하고 운영비 지원을 시작하였다. 현재는 지역사회 안에서 아동의 건강한 성장뿐만 아니라 가족기능을 강화하고 아동의 종합적 복지서비스를 제공하는 기능과 역할을 담당하고 있다.

〈표 9-9〉 지역아동센터 사업 개요

구분	내용
목 적	방과후 돌봄이 필요한 지역사회 아동의 건전한 육성을 위하여 보호·교육, 건전한 놀이와 오락의 제공, 보호자와 지역사회의 연계 등 종합적인 복지서비스 제공
근 거	• 아동복지법 제50~52조, 제54~75조(설치근거 아동복지법 제52조 제1항 제8호) • 사회복지사업법 제3조(다른 법률과의 관계)에 따라 아동복지법에 규정이 있는 경우를 제외하고는 이 법에 따름
지원내역	아동보호(안전한 보호, 급식 등), 교육 기능(일상생활 지도, 학습능력 제고 등), 정서적 지원(상담·가족지원), 문화서비스(체험활동, 공연) 등으로 지역사회 내 아동돌봄에 대한 사전예방적 기능 및 사후 연계 제공

출처 : 보건복지부(2022). 2022년 지역아동센터 지원사업 안내, p. 3 재구성.

2) 특 징

지역아동센터는 소규모 가정 형태의 이용시설로 정서적 · 심리적 안정감을 제공하며 지역사회 내 아동, 청소년의 접근이 용이하다. 또한 아동 · 가족의 욕구파악 및 사례관리와 이를 통한 상담이 실시되고 있다. 교육과 복지의 통합적 서비스가 실시되고 있으며, 아동의 권리보호 및 보장활동도 함께하고 있다. 이러한 과정을 통해 빈곤위기 아동정책에 대한 제도적 개선 및 정책반영 활동도 펼칠 수 있다.

3) 프로그램

지역아동센터의 프로그램은 기본 프로그램과 특화 프로그램으로 구성된다. 기본 프로그램은 보호 · 교육 · 문화 · 정서지원 · 지역사회 영역으로 구성되며, 특화 프로그램은 지역사회 특수성 및 주요 대상의 특성을 고려한 맞춤형 운영 프로그램을 의미한다.

또한 아동의 심리 · 정서적 안정과 신체 · 인지 · 사회성 발달을 목적으로 보호, 교육, 문화, 정서지원, 지역사회 연계 서비스 영역에 대한 프로그램을 운영하고 있다. 보호 프로그램을 통해 아동이 안전한 곳에서 건강한 생활을 할 수 있도록 급식, 일상생활지원, 정서지원, 안전지도 프로그램을 제공하며, 교육 프로그램은 아동에게 기초학습지도, 학교생활관리, 다양한 교육 활동을 지원하고 있다. 문화 프로그램에는 공연 관람, 견학, 캠프 등이 포함된다. 정서지원 프로그램으로는 아동과 부모상담 등을 통해 아동정서를 지원하고 있으며, 지역사회연계프로그램은 지역 네트워크를 통해 아동을 지역 전문기관과 연계하고 있는데, 지역사회 내 아동 문제에 대한 사전 예방적 기능 및 사후 연계 기능을 수행한다.

〈표 9-10〉 지역아동센터 서비스 영역

영역	세부영역	세부 프로그램	프로그램 예시(시설별 선택 운영)
보호	생활	일상생활관리	센터생활 적응지도, 일상생활 지도, 일상 예절 교육, 부적응 아동지도 등
		위생건강관리	위생지도, 건강지도 등
		급식지도	급식지도, 식사예절 교육 등
	안전	생활안전지도	저녁 돌봄 등
		안전귀가지도	안전귀가지도, 생활안전지도 등
		5대안전의무교육	교통안전, 실종유괴 예방, 약물오남용 예방, 재난대비, 성폭력 예방 등
교육	학습	숙제지도	숙제지도, 학교생활관리 등
		교과학습지도	수준별 학습지도, 온라인교육(IPTV 학습 등), 학습부진아 특별지도 등
	특기적성	예체능활동	미술, 음악, 체육지도 등
		적성교육	진로지도, 적성교육(독서, 요리, 과학 등) 등
	성장과 권리	인성·사회성 교육	인성 교육, 사회성 교육 등
		자치회의 및 동아리 활동	자치회의, 동아리 활동 등
문화	체험활동	관람·견학	공연 및 연극 관람, 박물관 견학 등
		캠프·여행	체험활동, 캠프 및 여행 등
	참여활동	공연	공연 등
		행사(문화/ 체육 등)	전시회, 체육대회 등
정서 지원	상담	연고자 상담	부모 및 가족상담, 연고자 상담 등
		아동 상담	아동상담 등
	가족지원	보호자교육	보호자교육 등
		행사·모임	부모 소모임, 가정방문 등
지역 사회 연계	홍보	기관홍보	기관홍보 등
	연계	인적연계	자원봉사활동, 인적결연후원, 후원자관리 등
		기관연계	지역조사와 탐방, 전문기관연계, 복지단체연계 등

출처 : 보건복지부(2022). 2022년 지역아동센터 지원사업 안내, p. 52.

4) 추진경과

방과후 돌봄서비스 제공기관인 지역아동센터는 주로 방과후 나홀로 아동의 건전한 성장을 위해 안전한 보호, 학습지도, 지역사회 연계 등의 통합적 복지서비스를 제공하고 있다. 지역아동센터는 2004년 895개소로 시작하여 2021년 기준 4,295개소가 운영 중이다.

〈표 9-11〉 지역아동센터 추진 경과

연 도	내 용
2004년	• 아동복지법 개정하여 '지역아동센터(구, 공부방)'를 아동복지시설로 법제화 – 총 895개소 시설에 23,347명 아동서비스 지원
2006년	• 조사연구사업, 교육사업, 정보제공사업 등 종합적 운영 · 지원 추진 • 건축법 시행령 개정으로 설치가능 건축물 용도 확대(6월) – 노유자시설(교육연구 및 복지시설, 8개 용도) → 제1종 근린생활시설(15개 용도)
2007년	• 아동복지교사 지원사업 실시 및 '아동복지교사지원센터' 설치 · 운영(1월) – 전문분야별 교육프로그램 지원을 위해 7개월간 2,700명 아동복지교사 파견 – 사업운영체계로 '아동복지교사지원센터(중앙 1, 권역 14)' 설치 · 운영
2009년	• 전국 지역아동센터 평가 진행(총 3,224개소) 및 컨설팅사업 실시 • 종사자 역량강화를 위한 교육 실시(총 7,700명) • 건축법 시행령 별표1 개정으로 건축물용도 확대(7월) – 1종 근린생활시설 → 1종 근린생활시설, 단독주택, 공동주택
2010년	• 지역아동센터 평가 우수시설 운영비 추가지원(916개소, 월 30만 원) • 사회복지시설 정보시스템 활용 의무화(1월)
2012년	• '지역아동센터평가센터' 설치 및 3년 주기 제1기 평가체계 구축 • 평가 우수시설 인센티브를 기능강화사업(거점형, 특수목적형)으로 변경 • 학교의 주5일제 전환에 따른 지역아동센터 토요운영 지원 • 아동복지법 시행령 · 시행규칙 개정을 통한 종사자 자격기준, 시설 설치기준 강화(8월) • 방과후 돌봄서비스 관계
2014년	• 지역아동센터 1기(2012~2014년) 시설평가 완료 • 표준 프로그램 개발 • 지역아동센터 아동패널 구축 및 조사
2018년	• 지역아동센터 이용아동 기준 개선(일반아동 이용비율 확대) • 중앙평가위원회 구성 및 운영
2020년	• 지역아동센터 3기(2018~2020년) 시설평가 완료 • 지역아동센터 공공성강화 시범사업 실시(150개소) • 지역아동센터 등하원 안심알림이 구축 개시
2021년	• 지역아동센터 돌봄인력 한시 지원 242억 원 추경 편성

출처 : 1) 보건복지부(2017). 2017년 지역아동센터 지원 사업안내, pp. 4-5 재구성.
2) 보건복지부(2022). 2022년 지역아동센터 지원 사업안내, pp. 4-5 재구성.

7. 드림스타트 사업

1) 개 념

드림스타트(Dream Start)는 아동복지법 제37조, 아동복지법 시행령 제37조에 의거하여 취약계층 아동의 건강한 성장과 발달을 지원함으로써 공평한 출발 기회를 보장하고 궁극적으로 빈곤의 대물림을 차단하는 것을 목적으로 한다. 이를 위해 건강·복지·보육 등 맞춤형 통합서비스를 제공하여 아동의 전인적 발달을 도모하고, 부모에게는 자녀 양육지도, 직업훈련·고용촉진서비스를 제공해 가족기능 회복, 양육여건 개선 등을 지원하고 있다. 드림스타트는 아동에 대한 집중적인 투자를 통하여 빈곤의 악순환을 끊을 수 있는 복지사업의 필요성이 대두되면서 2007년 희망스타트라는 이름의 시범사업을 시작으로 도입되었다. 이후 2008년 드림스타트로 사업명을 변경하고 정부의 국정과제로 채택되면서 급속도로 확산되었다.

지원대상은 0세(임산부)부터 만 12세(초등학교 6학년 이하)의 취약계층 아동 및 가족, 임산부로 복지욕구조사 및 양육환경 및 아동발달 사정을 통해서 대상 아동을 선정한다. 단, 만 12세 이상의 아동이라도 초등학교 재학생인 경우 사업 대상에 포함하고 있다. 국민기초생활 수급가정 및 차상위 계층 가정, 한부모가정, 조손가정, 다문화가정 등을 우선 지원하는 것을 원칙으로 하고 있으며, 아동 발달수준 및 양육환경 사정을 실시하여 고위기 또는 중위기로 판정된 아동과 저위기로 판정된 아동 중 특정 영역에서 고위기 또는 중위기가 나타난 아동을 대상으로 서비스를 제공한다.

〈표 9-12〉 드림스타트 지역유형 분류 (단위: 개소, 2023년 1월 기준)

구 분	현 황	개 념
대도시 자치구	69	면적에 비해 인구와 지역자원이 많음
대도시 기초단체	16	지역범위가 넓고, 전체 인구 및 취약계층 아동 수, 지역자원이 상대적으로 많음

중소도시 기초단체	62	인구, 면적, 지역자원이 평균적 수준임
농산어촌 기초단체	82	면적에 비해 인구와 지역자원이 적음

출처 : 보건복지부(2023). 2023 드림스타트 사업 안내. p. 174 재구성.

2) 수행체계

드림스타트 사업은 지역사회 복지자원 네트워킹을 통해 취약계층 아동의 전반적 삶의 다양한 욕구에 적합한 보건 · 복지 · 교육 · 문화 등을 종합적으로 지원하는 '맞춤형 통합서비스'를 실시하고 있다. 개인별 · 가구별 욕구조사 및 사례관리를 통해 아동 생활 전반에 필요한 통합서비스를 제공한다.

〈표 9-13〉 드림스타트 주요 경과

연 도	내 용
2007년	희망스타트 시범사업 실시(16개 시 · 군 · 구)
2008년	드림스타트로 사업명 변경
2009년	드림스타트 사업운영 평가체계 마련
2011년	사업근거를 「아동복지법」에 마련(2012.8.5. 시행)
2018년	아동통합사례관리사 정규직(무기계약직) 전환 추진
2020년	재원구조 변경(국고 100% → 서울 50%, 지방 80%)

출처 : 보건복지부(2023). 2023 드림스타트 사업 안내.

〈표 9-14〉 드림스타트 서비스 유형 및 프로그램

서비스 영역	서비스 내용
신체/ 건강 서비스	• 건강검진 및 예방(신체 및 건강검진, 예방접종, 치과검진 및 관련 교육, 건강교육, 클리닉, 응급처치 및 영양 관련 교육 등) • 건강관리(질병 관련 치료지원 등)
인지/ 언어 서비스	• 기초학습(기초학력 검사, 기초학력 배양, 독서지도, 경제교육 등) • 학습 지원(교구 재활용학습, 공부방, 도서관 운영, 보충학습, 예체능, 학습지 지원 등)
정서/ 행동 서비스	• 사회정서(사회성 발달, 정서발달, 아동권리교육, 아동학대 예방, 성폭력 예방, 다문화 관련 교육, 진로지도 등) • 심리 행동(심리 상담 및 치료, 인터넷 중독 상담 및 치료) • 보호(돌봄 기관 연계, 야간 보호 및 교육 등), 문화 체험

부모와 가족, 임산부 서비스	• 부모 교육(상담 및 교육, 자녀 발달, 양육, 자조 모임 등) • 양육지원(다문화가정 지원, 취미, 여가, 안전 및 건강지원 등) 및 산전산후 관리 등

출처 : 1) 보건복지부(2022).
2) 여성가족부(2023a : 240).

이러한 제반 서비스를 효과적으로 제공하기 위해서는 지역사회 공공 · 민간자원을 최대한 효율적으로 연계하는 것이 관건이다. 이를 위해 드림스타트 사업은 지방자치단체가 직접 설치 · 운영하는 공공전달체계를 통해 공공과 민간이 공동으로 사업을 수행하는 체계를 갖추고 있다. 보건복지부가 정책결정, 재정지원 등 사업을 총괄하고 있으며, 각 지방자치단체는 드림스타트를 만들어 세 명의 전담공무원을 배치하고, 4~7인 이상의 아동 통합서비스 전문요원을 배치하여 통합서비스를 제공하고 있다. 사업수행에 필요한 공간이나 서비스는 기존 지역인프라를 활용하는 것을 원칙으로 하고 있다. 한편 시 · 군 · 구 드림스타트 설치 · 운영 지원, 전담인력 교육, 운영모델 연구 · 개발, 사업평가, 후원 개발 및 홍보 등의 아동 통합서비스 실무 지원을 위해 2019년 8월부터 아동권리보장원에 통합서비스 지원 사업의 운영지원 업무를 위탁하여 운영하고 있다.

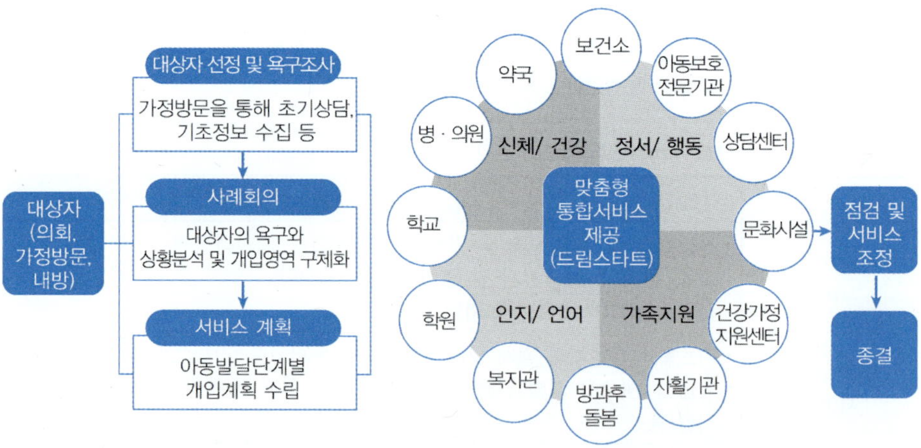

| 그림 9-2 | 드림스타트 사례관리 절차 및 지역자원 연계도

출처 : 보건복지부(2022).

3) 사례관리

드림스타트 사업의 핵심 기능인 사례관리 체계의 내실화를 통해 아동 통합서비스의 질적 수준을 제고하는 노력을 기울여 왔다. 그 결과 드림스타트 프로그램에 지속적으로 참여한 대상 아동과 부모의 서비스에 대한 만족도가 더 높게 나타나고 있으며 아동과 양육자 모두에게 긍정적인 효과가 확인되었다. 특히 아동이 어릴수록 서비스 수혜에 대한 효과가 다른 연령대보다 두드러진 것으로 나타난다.

통합형 사례관리란 서비스의 통합과 전달체계의 통합을 뜻하는 것으로, 복합적 욕구를 가진 서비스 대상자에게 포괄적(comprehensive), 체계적(systematic), 지속적(consistent)으로 지역사회 보호서비스를 제공하기 위한 사회복지실천 모델로 가정방문·상담을 통한 현황조사 및 욕구조사, 양육환경 및 아동발달 사정을 통해 서비스 목표 및 사례관리를 계획하여 지역사회의 다양한 기관 및 자원 연계로 맞춤형 서비스를 제공하고 관리한다.

서비스의 통합은 아동의 전인적 발달을 위해 필요한 신체/ 건강, 인지/ 언어, 정서/ 행동의 총 3개 영역에 대해 통합서비스를 제공하는 것을 의미한다. 전달체계의 통합이란 민간과 공공 영역의 전달체계의 통합으로, 민간전문인력(아동통합서비스 전문요원/ 보건, 복지, 보육 전문가)과 전담공무원이 함께 사업을 진행하는 것을 의미한다. 만성적인 고위험 대상자의 경우, 개별조직에서 제공하는 서비스 자원 및 전문성의 한계에 부딪힐 수 있으며, 또한 각 기관에서 제공되는

〈표 9-15〉 드림스타트 사례관리 특성

구분	내용
예방적 사례관리	• 문제가 심각해진 뒤의 사후치료와 개입보다는 문제의 조기발견 및 개입을 통한 예방과 보호의 사례관리를 지향
통합적 사례관리	• 서비스의 통합 : 신체/ 건강, 인지/ 언어, 정서/ 행동 서비스 • 방법론의 통합 : 개별실천, 집단실천, 가족실천, 지역사회실천 • 민간과 공공 전달체계의 통합
맞춤형 사례관리	• 일률적이고 정형화된 서비스 제공이 아니라, 아동 및 가족별 개별화된 서비스 제공

출처 : 보건복지부(2022).

서비스가 중복될 우려가 있으므로 서비스를 효과적으로 제공하기 위해서는 통합적 사례관리가 필수적이다.

맞춤형 사례관리란, 단순히 서비스를 모아 사례관리 대상자에게 제공하는 수혜적 복지 개념을 지양하고, 아동 및 가정의 상태에 따라 개별 맞춤형 사례관리를 실시한다는 의미이다. 이에 드림스타트 사업에서는 대상 아동과 가정을 선정할 때, 양육환경 및 아동발달 사정을 실시하여 대상을 선별하고 선별된 시점에서부터 위기 수준에 따라 통합사례관리 대상(고위기 또는 중위기)과 일반사례관리 대상(특정 영역 고위기 또는 중위기)으로 구분하여 통합서비스를 실시한다.

〈표 9-16〉 사례등급별 정의 및 재사정 주기

구 분		정 의	재사정 주기
아동 통합 사례관리	위기개입	• 아동학대, 방임, 가정폭력 등 아동과 가족에게 위기상황이 존재하는 경우로 사례관리자가 즉각적으로 개입하여 위기상황에 대한 대처가 필요한 경우	3개월 이내
	집중 사례관리	• 대상자와 가구 구성원이 복합적인 욕구 및 문제를 가지고 있어 통합서비스를 제공해야 할 필요성이 높은 경우 • 양육환경과 아동발달에 대한 문제가 안정화될 때까지 집중적인 주의 및 관리가 필요한 경우	6개월 이내
	일반 사례관리	• 대상자와 가구 구성원의 욕구 및 문제가 복합적이지 않지만 관련 서비스 연계를 통한 관리가 필요한 경우 • 문제가 완전히 해결되지는 않았으나 문제에 대한 서비스 연계로 문제가 안정화된 경우로 모니터링과 통상적인 관리를 하는 경우	12개월 이내
	비사례관리	• 양육환경 및 아동발달 사정도구의 모든 항목에서 '0점(없음)'으로 체크된 대상자	1년 이내
아동복지 서비스연계		• 비사례관리 또는 일반 사례관리 대상자 중 단순한 문제 및 욕구가 있어 단기간 개입, 서비스 연계 등으로 상황 호전이 가능한 경우 * 팀장 또는 슈퍼바이저 검토 및 사례회의에서 논의 후 서비스 연계 대상자 선정 여부 결정	–

출처 : 보건복지부(2021). 2021 드림스타트 사업 안내, p. 45.

4) 아동의 안전보장을 위한 사례관리 원칙

- 아동 발달상태 · 안전확인과 관련된 업무(가정방문, 사례관리 등)는 대면 원칙
- 만 3세 이상의 아동은 보육 및 돌봄 기관과 서비스를 이용할 수 있도록 최대한 연계
- 학대(방임 등) 의심 또는 정황 발생으로 아동의 안전이 우려될 경우 즉시 신고
- 사례관리 아동의 전 · 출입 시 타 시 · 군 · 구 연계 등 철저한 사후 관리 실시
- 감염병, 재난재해 등으로 돌봄 기관 휴원 시 방역수칙을 준수하여 아동안전 및 발달상태 등을 필수적으로 확인하여야 함

5) e아동행복지원시스템

정부는 아동학대 예방 및 대응을 위한 종합 대책을 여러 차례에 걸쳐 다각도로 추진해 왔다. 정부의 지속적인 대책에도 불구하고 은폐된 공간에서 의사 표현이 어려운 아동을 대상으로 발생하는 아동학대의 경우 해당 아동이 사망하거나 상해를 입은 후에서야 발견되는 사례가 많았다. 이에 보건복지부에서는 2018년 3월부터 '장기결석 여부', '영유아 건강검진 실시 여부', '단전 · 단수' 등의 사회보장 정보를 활용하여 아동이 위기에 처했을 가능성이 있는 가구를 선제적으로 발굴하여 필요한 복지서비스를 연계하고, 아동학대가 의심될 때에는 지방자치단체에 신고하는 'e아동행복지원시스템'을 운영하고 있다. 이를 통해 사전 위기에 처했을 가능성이 있는 아동이 속한 가구의 어려움을 파악하고 적절한 개입을 통해 문제를 해결하여 아동학대로 이어지는 것을 방지하고자 하는 것이다.

8. 가정보호 및 시설보호사업

정부는 부모의 빈곤 · 실직 · 실종 등으로 인해 특별한 보호가 필요한 아동에

대해 가정위탁, 공동생활가정, 시설보호, 입양 등 다양한 형태로 보호사업을 추진하고 있다. 가정위탁은 보호가 필요한 아동을 일시적으로 가정 내 보호하는 것으로 위탁가정에게 양육보조금을 지원하고 있으며 위탁 아동을 국민기초생활보장 대상자로 선정 · 지원하고 있다. 공동생활가정은 보호를 필요로 하는 아동에게 가정과 같은 주거여건과 보호를 제공하는 것을 목적으로 하는 시설로 주택형 숙사에서 소규모의 아동을 보호하고 있다. 소년 · 소녀가정도 국민기초생활보장수급자로 우선 선정해 생계 · 의료보호 및 교육보호를 우선적으로 받도록 하고 있다. 이와 더불어, 입양특례법을 개정하여 입양되는 아동의 권리를 철저히 보호할 수 있도록 하고 있다.

1) 아동복지시설 보호사업

정부는 보호대상아동이 가정과 같은 쾌적한 환경에서 건전하게 성장할 수 있도록 노후된 아동시설부터 기능보강 지원을 확대해 나가고 있으며, 아동시설의 다기능화와 함께 가정 단위의 형태로 전환하여 가정 친화적 생활환경을 구축해 나가고 있다. 이를 위해 아동복지법령 전면 개정(2012.8.5.)을 통해 보육사 배치기준을 아동의 연령에 따른 기준으로 강화하여 보육사 배치를 확대하였다. 또한 건강하고 건전한 아동 양육을 위해 생활복지사, 상담지도원, 임상심리상담원, 사무원, 영양사의 배치기준도 강화하였고, 자격증 기준도 사회복지사 2급 이상으로 상향 조정하였다.

시설아동을 중심으로 보호대상아동의 발달 단계에 맞는 체계적인 자립지원 프로그램과 서비스 제공을 통하여 아동의 자립의지 · 자립기술 능력을 향상시키고, 퇴소 후 실제적인 지원과 사후관리를 제공하고 있다. 보건복지부는 사회복지공동모금회 후원으로 2008~2010년 3년간 전국 13개 시설(양육시설 11개소, 공동생활가정 그룹홈 2개소)에서 4세 이상~24세 자립연장 아동까지 자립지원 프로그램 시범사업을 운영하였다. 이를 토대로 자립지원표준화 프로그램(Ready? Action!)을 개발하여 2011년부터 전체 아동복지시설에서 운영하고 있고, 2012년부터는 그

대상을 그룹홈, 가정위탁 아동까지 확대하였다. 또한 아동복지법 전부 개정안에 자립지원 및 아동자립지원계획 수립, 전담기구 설치, 자립지원추진협의회 구성의 제도화 기틀을 마련하였다. 이를 통해 개인별 상황에 맞는 충분한 보호기간 확보를 위해 보호아동 본인의 의사에 따라 별도의 사유 없이 24세까지 보호를 연장할 수 있도록 법적 근거를 마련하였다(아동복지법 일부 개정안, 2022.6.22. 시행).

현재 아동복지시설 생활(퇴소) 아동을 위해 제공하고 있는 자립지원서비스에는 자립 수당, 자립지원정착금 지급, 전세자금 우선지원, 영구임대 · 주택 우선 분양, 자립지원시설 거주, 폴리텍대학 입학 우선기회 부여, 국민취업지원제도 · 국민내일배움카드 우선지원 등이 있다.

2) 가정위탁 지원

가정위탁은 보호가 필요한 아동을 일정 기간 가정에서 보호하는 것으로 2005년 개정된 아동복지법에 법적 근거를 두고 있다. 2011년 아동복지법을 전부 개정하여 가정위탁 희망자의 범죄경력을 조회하고 시 · 군 · 구에도 지역가정위탁지원센터를 설치할 수 있도록 하는 등 가정위탁제도의 법적 기반을 강화하였다. 2020년에는 「아동복지법」을 일부 개정하고, 2021년 동법 시행령을 개정하여 전문가정위탁의 법적 근거를 마련하였다.

서비스 전달체계로서 2003년부터 전국에 17개소의 가정위탁지원센터를 운영하고 있고, 2020년 10월 기준 18개소의 가정위탁지원센터를 운영하고 있다. 2004년 7월부터 중앙가정위탁센터를 설치하여 지방의 가정위탁지원센터를 지원하고, 가정위탁 보호 사업의 전문성 및 활성화를 도모하다가, 2020년 1월 중앙가정위탁센터가 폐지되고 아동권리보장원으로 해당 업무가 이관되었다.

2021년 3월 말부터는 아동학대로 인해 원가정으로부터 분리된 만 0~2세 아동을 일시 보호하기 위해 '위기 아동 가정 보호' 사업을 신규 추진하여 초기 아동용품 마련을 지원하기 위해 1회 100만 원의 아동용품 구입비와 월 100만 원의 전문아동 보호비를 지원하였다. 2021년 8월에는 지원대상을 6세 미만의 아동으로 확대하여 학대피해아동에 대한 지원을 늘렸다.

2022년부터는 만 2세 이하 아동, 학대피해아동, 장애아동, 경계선 지능 아동 등 전문적 보호와 양육이 필요한 아동들을 위탁 양육하는 전문위탁가정에 아동 1인당 월 100만 원의 전문아동보호비를 지원하고 있다.

3) 소년 · 소녀 가정 아동 보호

국민기초생활 보장법에 의한 수급자(가구) 중 부모의 사망, 질병 등 가정의 결함으로 만 18세 미만(출생일 기준)의 아동이 실질적으로 생계를 이끌어 가고 있는 가정을 소년 · 소녀가정으로 지정하고 있으며, 2021년 말 기준 전국에 3세대, 6명으로 점차 줄어들고 있다. 정부에서는 이들에게 생계 · 의료보호 및 교육보호를 시행하고 있으며, 양육보조금(월 20만 원 이상 권고)을 지원함으로써 가정생활을 영위하고 학업을 계속할 수 있도록 지원하고 있다.

소년 · 소녀가정은 가까운 이웃에 거주하는 아동 위원, 종교인, 아동 관련 전문가, 공무원, 대학생 멘토 등을 후견인으로 지정하여 고충이나 애로사항을 상시 의논하여 해결하도록 지원하고, 후견인, 결연 기관 담당자, 담당 공무원 등이 수시로 방문 · 면담하여 각별한 관심과 주의를 기울이고 있다. 그러나 시설보호나 가정위탁에 비해 외부의 위험에 노출되어 있는 보호 형태이므로, 가능한 한 지정을 제한하고 가정위탁보호로 전환하는 추진 작업을 계속해 나가고 있다.

4) 공동생활가정(그룹홈) 보호

아동 공동생활가정은 아동 5~7인으로 가구를 구성하여 가정적인 분위기에서 정서적인 안정과 사회적응 능력을 배양할 수 있도록 하는 보호 형태로서 1997년부터 시범사업을 실시하였고, 2004년 1월 「아동복지법」 개정에 따라 아동복지시설로 편입되었다. 가정과 유사한 환경을 제공하여야 한다는 정책 방향에 의해 보호대상아동 발생 시 가정위탁과 아동 공동생활가정(아동 그룹홈)에 우선 배치하도록 지방자치단체에 권고하고 있다. 2015년부터는 공동생활가정 형태의 학대피해아동쉼터도 확충하여 피해아동에 대한 보호 · 치료 · 양육 등 서비스를 제공하고 있다.

5) 입 양

아동이 단순한 보호의 대상에서 권리의 주체로 인식되고, 입양에 대한 사회적 인식이 개선되는 등 정책 환경이 변화됨에 따라 입양에 관한 법적 · 제도적 개선 필요성이 제기되어 왔다. 이에 2011년 8월에는 보호가 필요한 아동의 입양 절차 전반에 아동의 권익이 보장되도록 국가의 책임을 강조하는 방향으로 「입양촉진 및 절차에 관한 특례법」을 전부 개정하고 2012년 8월부터 「입양특례법」으로 법명을 변경하여 시행하고 있다. 이를 통해 아동이 원가정에서 우선적으로 보호될 수 있도록 '입양숙려제'를 도입하였다. 아울러 양부모 자격심사 강화와 가정법원 입양허가제 도입 등을 통해 입양아동의 권익보호를 강화하였다. 성인이 된 입양인들이 친가족 찾기 등을 위해 본인의 입양정보를 확인할 수 있는 입양정보공개 청구권도 법적으로 인정하였다.

(1) 입양제도 개선

개정된 입양특례법에 따라 요보호아동의 국내외 입양은 가정법원의 허가로 성립된다. 이에 따라 입양 성립요건이 입양신고(국외 입양은 보건복지부 이주허가)에서 법원의 입양허가로 강화되고, 법원의 허가를 받아 입양된 아동에게는 민법상 친양자와 동일한 법적 지위를 부여함으로써 입양아동의 법적 지위가 강화되었다. 아동학대 · 가정폭력 · 성폭력 · 마약 등의 범죄나 알코올 등 약물 중독 경력이 있는 자는 양부모 자격을 제한하고, 양부모가 될 자는 입양 성립 전 입양기관으로부터 교육을 이수하도록 함으로써 입양아동의 복지증진을 위해 양부모 자격심사를 강화하였다.

친생부모는 아동 최선의 이익을 위해 원가정 보호를 우선적으로 고려할 수 있도록 친생부모가 아동의 출생 후 1주일이 지나야 입양 동의를 할 수 있게 숙려기간을 두었다. 한편 입양 동의 전 입양기관은 친생부모가 직접 양육 시 양육정보 및 정부지원 내용, 입양의 효력 등에 대해 충분한 상담을 제공해야 한다.

2007년부터 국내 입양 우선 추진제의 법적 근거를 신설하였다. 국내 입양 우선 추진제는 국내 입양 활성화를 위해 아동이 입양 의뢰된 때부터 5개월간 국내 입양을 우선 추진하는 것이다. 2021년 4월부터는 입양기관에 외부 위원 2인 이상이 포함된 결연위원회를 설치 · 운영하게 하여, 아동에게 적합한 예비 양부모를 결정하는 의사결정 구조를 마련하였고, 2021년 6월 30일부터 입양을 보내려는 친생부모는 시 · 군 · 구의 아동보호전담요원으로부터 아동을 직접 양육했을 때 지원받을 수 있는 사항 등을 세심히 상담받은 후 입양을 숙고하여 입양 동의를 할 수 있게 되었다. 접근성을 고려하여 아동보호전담요원은 친생부모가 원하는 장소에서 상담을 진행하는 등 '찾아가는 상담 서비스'를 진행하고 있다.

2022년 7월부터는 결연위원회에 참여하는 외부 위원의 수를 3명으로 확대하여 공공성을 강화하였다. 이를 통해 입양기관 종사자 개인이 아닌, 아동복지 분야의 전문가와 입양기관 종사자 다수가 함께 논의하여 아동의 입장에서 바람직한 양부모를 결정하게 된다. 또한 미성년자인 경우에는 양친의 동의를 받아야 한다. 입양기관의 장은 입양 업무의 효율 및 입양기관 간의 협력체계 구축을 위해 아동권리보장원에 입양 아동과 그 친생부모, 양부모 관련 정보를 제공할 의무를 지도록 하였다.

(2) 국내 입양 활성화

요보호아동의 친가정 복귀가 우선적으로 이루어질 수 있도록 하고, 귀가조치가 어려운 경우 우선 국내 입양을 추진하고 국내 입양이 어려울 경우 국외 입양이 조치되도록 2007년부터 국내 입양 우선 추진제를 시행하고 있다.

〈표 9-17〉 연도별 국내외 입양 현황 (단위 : 명, %)

구분	계	2012년 이전	2013	2014	2015	2016	2017	2018	2019	2020
국내	81,124 (32.6)	77,082 (31.8)	686 (74.4)	637 (54.4)	683 (64.6)	546 (62.0)	465 (53.9)	378 (55.5)	387 (55.0)	260 (52.9)
국외	168,096 (67.4)	165,367 (68.2)	236 (25.6)	535 (45.6)	374 (35.4)	334 (38.0)	398 (46.1)	303 (44.5)	317 (45.0)	232 (47.1)
계	249,220	242,449	922	1,172	1,057	880	863	681	704	492

출처 : 보건복지부(2023). 인구아동-아동복지정책. 2023.7.3. 인출.

정부는 국내 입양가정의 경제적 부담을 완화하기 위해 입양가정에 대한 다양한 경제적 · 제도적 지원을 시행하고, 이를 확대하고 있다. 국내 입양 중 장애아동 입양비율은 매우 낮으며, 아동 양육과정에서 상대적으로 가정의 경제적 부담이 크고 지속적인 치료를 요하는 점 등을 고려하여 1996년부터 지속적으로 장애아동을 입양한 가정에 양육보조금과 의료비를 지원하고 있다. 또한 「의료급여법」 개정(2003년 2월 9일)을 통해 입양아동에 대해 의료급여 1종 혜택을 제공하고 있다. 2007년부터는 입양절차 추진과정에서 소요된 비용을 국가가 전액 지원하고, 18세 미만 입양아동에 대한 양육수당을 지원하고 있다. 그리고 2010년부터는 입양아동에 대한 심리치료도 지원하고 있다.

장애아동 입양가정에 대한 양육보조금 지원은 기존에 모든 대상자에 대해 1인당 월 55.1만 원을 지원하던 것을 대상자 특성을 고려하여 2010년 차등지원제도를 도입함으로써 중증 장애아동의 경우 월 57만 원을 지원하였고, 2011년 중증 장애아동 입양양육수당 지원액을 상향조정하여 월 62.7만 원을 지원하고 있다. 또한 장애아동 입양가정에 대한 의료비 지원한도를 기존 연 252만 원에서 2011년 260만 원으로 상향조정하였고, 2012년부터는 입양아동 양육수당 1인당 지원액을 월 10만 원에서 15만 원으로, 심리치료 지원한도를 월 16만 원에서 20만 원으로 상향조정하였다. 13세 미만 입양아동에게 지급하던 양육수당은 2021년 18세 미만까지 확대되었다. 2022년부터는 입양아동 양육수당의 지원단가를 월 15만 원에서 20만 원으로 인상하고 입양이 완료된 가정에 입양축하금(1회, 200만 원)을 지급하여 입양가정의 양육 부담을 더욱 완화하였다.

〈표 9-18〉 국내 입양가정 지원제도 현황

지원 내용		지원액
입양비용 지원(2007년~)		100~270만 원
양육수당(2007년~)		(만 18세 전까지) 월 20만 원
의료급여(2005년~)		(만 18세 전까지) 의료급여 1종
심리치료지원(2010년~)		(만 18세 전까지) 월 20만 원 한도
입양축하금(2022년~)		(입양 확정일이 2022년 1월 1일 이후인 입양가정) 200만원
장애아동 (만 18세 미만)	장애아동 양육보조금(1996년~)	월 62.7만 원, 월 55.1만 원
	의료비(1996년~)	연간 260만 원 한도

출처 : 보건복지부(2023). 인구아동-아동복지정책. 2023.7.3. 인출.
여성가족부(2023a). 2022년 청소년백서, p. 217.

9. 아동급식 지원

정부는 부모의 실직 등으로 인한 경제적 빈곤 또는 부모의 질병, 사망, 가출 등 가족기능의 결손으로 발생하는 결식우려 아동에 대해 2000년 10월부터 아동급식을 실시하여 아동 건전육성을 도모하고 있다. 아동급식은 사회복지관, 민간 및 종교단체 급식소와 연계하여 교육 및 복지 프로그램과 병행하여 제공되고 있으며, 2001년 11월부터는 국무조정실의 급식 지원 확대 관계부처 협의에 따라 취학아동에 대해 조·석식, 미취학아동에 대해서는 조·중·석식을 제공하고 있다. 2005년에는 정부혁신지방분권위원회의 결정에 따라 사업 주체가 보건복지가족부에서 지방자치단체로 이양되었다.

결식아동의 누락방지를 위해 2008년에는 사회복지전담공무원에게 급식 결정 권한을 부여하여 지역사회에서 결식아동이 발생되지 않도록 지도하였으며, 2009년에는 방학 중 급식 지원 대상자 조사 및 선정 주체에 담임교사를 포함하도록 확대하여 결식 예방에 만전을 기하도록 하였다. 2005년 지방이양 이후 분권교부세 제도를 도입하여 지방비로 급식을 지원하고 있으며, 시·군·구에 설치된 '아동급식위원회'에서 급식 지원방법, 급식단가, 소요재원 등을 종합적으로 고려하여 시행하고 있다.

급식 지원 대상자는 연중 조사하되, 전화, 서면 및 방문조사, 교사 · 통장 · 이장 · 반장 · 이웃주민 · 자원봉사자 등을 통해 개인별로 조사하며, 필요한 경우에는 단계별로 실시하고 급식 지원 대상자 조사 · 선정(방문조사 또는 전화상담 등) 시 아동의 심리적 상처 등 낙인(stigma) 방지에 유의하고 있다. 2019년 1월부터는 지리적 여건 및 방문 신청이 어려운 가구를 위해 온라인(복지로)으로 아동급식을 신청할 수 있도록 제도를 개편하여 국민의 접근 편의성을 강화하였다.

아동급식 전달 방법은 지역 실정에 따라 지역아동센터, 사회복지관 등의 단체급식소 급식과 인근지역의 일반음식점 급식을 적극 개발하도록 하였고, 지역의 도시락업체를 통해 도시락 배달이 불가하고 지역여건상 부득이 한 경우에는 부식지원과 식품만 교환이 가능한 식품권 등을 지원하는 등 다양한 급식 전달 방법을 실시하고 있다. 이러한 급식 지원 대상의 확대업무를 원활히 수행하기 위해서는 지역의 자원봉사 활성화 등 인적 자원과 종교 · 시민단체 등의 급식시설을 적극 활용하는 등 지역의 물적 자원의 참여가 필요하므로 이들의 참여를 적극 유도할 필요가 있다.

10. 여성청소년 생리용품 지원

1) 추진 배경

여성청소년 생리용품 지원은 여성청소년의 건강한 성장을 지원하기 위하여 경제적으로 어려운 여성청소년에게 생리용품을 지원하는 사업이다. 2016년 경제적 어려움으로 인하여 일부 여성청소년이 생리용품 대신 인체에 유해한 대체용품을 사용하는 경우가 사회문제화되면서 여성청소년의 건강권 보장에 대한 사회적 공감대가 형성되어 사업이 시작되었다.

2016년 9월 보건복지부에서 보건소를 통한 전달체계를 활용하여 현물로 지원하기 시작하였으며, 2018년부터 여성가족부로 사업이 이관되어 시 · 군 · 구를 통해 생리용품 지원을 지속하였다. 2019년부터는 여성청소년이 선호하는 생리용품을 직접 구매할 수 있도록 바우처 지원방식을 도입하였다.

〈표 9-19〉 여성청소년 생리용품 지원 대상 및 내용

구 분	2016년 9월~2017년	2018년~2022년 현재
주무부처	보건복지부	여성가족부
지원자격	• 중위소득 40% 이하(생계, 의료 급여 수급자), 지역아동센터 등 시설	• 「국민기초생활보장법」에 따른 생계, 의료, 주거, 교육급여 수급자 및 법정차상위 계층 • 「한부모가족지원법」 제5조 및 제5조의2에 따른 지원 대상자
지원연령	만 11세~만 18세 여성청소년	만 9세~만24세 여성청소년
신청방법	읍 · 면 · 동 행정복지센터 방문 신청	읍 · 면 · 동 행정복지센터 방문 또는 온라인 · 모바일* 신청 * 복지로 누리집(www.bokjiro.go.kr), 앱
지원방법	• 2016~2017년 : 현물 지급	–2018년 : 현물 지급 –2019년 : 생리용품 전자바우처 지원
지원금액	–	• 2019년 : 월 최대 126천 원 • 2020년 : 월 최대 132천 원 • 2021년 : 월 최대 138천 원 • 2022년 : 월 최대 150천 원

출처 : 여성가족부(2022). 보도자료.(저소득 가정 여성청소년 생리용품 구매지원 확대. 2022.1.17.)

2) 바우처 지원

여성청소년 생리용품 바우처는 청소년의 보호자 또는 청소년 본인이 청소년의 주민등록 주소지 관할 읍면 사무소 · 행정복지센터 방문, 복지로 누리집(www.bokjiro.go.kr), 복지로 앱(App)을 통해 신청할 수 있다. 지원 대상자로 결정된 후 바우처를 사용하기 위해서는 보호자 또는 청소년 본인 명의의 국민행복카드를 발급받아야 하며, 국민행복카드사별 가맹점에서 원하는 생리용품을 구매할 수 있다.

학습문제

01 위기청소년 특별지원에 대한 설명으로 적절하지 않은 것은?

① 학업 중단 청소년
② 보호자의 보호를 받지 못하는 청소년
③ 시설 입소 권장
④ 생활비 · 치료비 · 학업 지원비 등 지원
⑤ 재학생의 경우 만 24세 이하

해설 ③

02 가출 청소년을 대상으로 하는 쉼터의 서비스 내용으로 적절하지 않은 것은?

① 가출 청소년 생활보장(의식주)
② 정서적 지지 및 심리상담
③ 조기발견을 통한 비행 및 범죄 유입 예방
④ 조기 귀가 장려
⑤ 진로탐색 및 직업훈련

해설 ④

03 이주배경 청소년에 대한 지원서비스의 설명으로 적절하지 않은 것은?

① 9세~20세의 청소년
② 청소년복지지원법 제18조
③ 북한이탈자
④ 중도입국자
⑤ 다문화 자녀

해설 ① 이주배경 청소년은 9세~24세의 청소년을 대상으로 한다.

참고문헌

국립중앙청소년디딤센터(2023).

보건복지부(2017). 2017년 지역아동센터 지원사업 안내.

_________(2021). 2021 드림스타트 사업 안내.

_________(2022). 2022 드림스타트 사업 안내.

_________(2022). 2022년 지역아동센터 지원사업 안내.

_________(2023). 2023 드림스타트 사업 안내.

_________(2023). 인구아동-아동복지정책. 2023.7.3. 인출.

여성가족부(2022). 보도자료-저소득 가정 여성청소년 생리용품 구매지원 확대. 2022.1.17.

_________(2023). 2022년 이주배경청소년지원.

_________(2023). 2023년 청소년방과후아카데미 운영 지침.

_________(2023a). 2022 청소년백서.

_________(2023b). 청소년복지시설운영지침.

_________(2023c). 2023년 위기청소년 특별지원사업 안내.

_________(2017). 2016년 청소년백서.

국민기초생활 보장법

소년법

아동복지법

의료급여법

입양특례법

청소년기본법

청소년복지지원법

학교 밖 청소년지원에 관한 법률

학교보건법

CHAPTER 10

청소년과 학교폭력

학습목표

- 청소년 폭력의 개념과 그 유형을 설명할 수 있다.
- 청소년 폭력의 위험요인과 보호요인을 구분하여 설명할 수 있다.
- 청소년 폭력의 현황과 그 특징을 설명할 수 있다.
- 청소년 폭력에 대한 개입전략을 제시할 수 있다.

청소년 폭력은 학교폭력을 포함하는 개념으로, 대부분 청소년기를 학교사회에서 활동하다 보니 학교 내에서의 폭력과 등하굣길에서 발생하는 폭력, 교사와 학생 간 발생하는 폭력, 제3세력이 개입하여 발생하는 폭력 등 그 양상이 다양해지고 점차 저연령화되고 있는 실정이다.

이에 이 장에서는 폭력의 개념과 유형을 살펴보고 상황에 적절하게 개입할 수 있는 폭력 예방에 대한 개입전략을 살펴보고자 한다.

1. 청소년 폭력의 개념과 유형

1) 청소년 폭력의 개념

폭력이란 타인 또는 타인의 재산에 해를 끼치기 위해서 물리적인 힘을 행사하는 것으로 가해자와 피해자가 발생하는 개념이다. 이때 가해란 상대방에게 해를 끼치려는 의도를 가지고 행해지는 물리적 행위 일체를 말하며, 물리적 힘의 행사를 폭력으로 간주한다. 그러므로 청소년 폭력이란 청소년이 타인의 신체나 재산상 해를 끼치는 행위로 언어적·비언어적 행동 모두를 말한다. 또한 폭력에 대한 해석은 주관적 견해임을 전제하면서 피해자의 인격을 보호하고 존중하며, 심리적·교육적 차원에서 접근하기 위하여 대부분 폭력의 문제를 피해자 위주로 해석하고 있다.

청소년기의 폭력은 대부분의 일상생활을 학교에서 하고 있으므로 학교폭력을 포함한다. 따라서 청소년 폭력은 가정을 비롯한 그 밖의 장소에서 발생하는 모든 형태의 폭력으로, 학교와 직간접적으로 연관된 학교 내에서의 폭력과 등하굣길에서 발생하는 폭력, 학생들 간의 폭력과 교사에 의한 학생 폭력 등이 있을 수 있다.

청소년 폭력은 종종 학교폭력, 청소년 비행, 문제행동, 일탈의 개념과 구분할 필요가 있다. 청소년 폭력은 청소년기본법에 의한 청소년, 특히 19세 미만의 청소년 폭력피해자 및 가해자 모두를 포함하고 있지만, 학교폭력은 「학교폭력예방 및 대책에 관한 법률」 제2조에 의하여 학교 내외에서 발생하는 학생 간 폭행·협박·따돌림 등에 의해 신체·정신 또는 재산상의 피해를 수반하는 행위로 정의하고 있다는 측면에서 구분할 수 있다.

또한 청소년 비행과 청소년 폭력의 개념도 구분해야 한다. 청소년 비행은 재산, 지위, 약물, 성 등과 함께 폭력비행을 포함하지만 청소년 폭력은 청소년 비행 가운데 비행이 포함된다고 볼 수 있다. 청소년 일탈은 사회의 규범을 벗어난 행동으로 법적 문제가 될 소지가 없지만 문제행동은 법적 저촉을 포함할 수도 있다는 측면에서 보다 광범위한 개념이다.

청소년의 비행을 규정하는 대표적 정의로 우리나라는 소년법 제4조에 의거하여 청소년의 비행을 크게 세 가지로 분류하고 있다. 첫째, 범죄소년은 14세 이상 19세 미만의 소년이 형벌법령에 위배되는 행위를 한 자로 형사책임이 있다. 둘째, 촉법소년은 10세 이상 14세 미만의 소년으로서 형벌법령에 저촉되는 행위를 하였지만 형사책임 능력이 없기 때문에 보호처분을 받게 된다. 셋째, 우범소년은 10세 이상 19세 미만의 소년으로서 ① 성벽(性癖) : 집단적으로 몰려다니며 주위 사람들에게 불안감을 조성하는 것, ② 정당한 이유 없는 가출, ③ 술을 마시고 소란을 피우거나 유해환경에 접하는 성벽이 있는 자로서 본인의 성격 또는 환경에 비추어서 장래에 형벌법령에 저촉되는 행위를 할 우려가 있는 소년으로 구분하고 있다.

2) 청소년 폭력의 유형

청소년 폭력의 유형은 일반적으로 세 가지로 정리할 수 있다. 첫째, 신체적 폭력이다. 이는 신체적 고통이나 상해를 가할 의도나 그러한 의도가 있다고 인식되는 행위의 일체를 말하는 것으로 구체적 물증이나 근거가 남는다. 둘째, 심리적·언어적 폭력으로 주로 학교에서 발생하는 따돌림, 위협, 공갈, 욕설과 같은 행위들로 근거가 미약하여 실제 타인이나 법정에서의 입증이 어려운 경우가 많다. 특히 장기적일 경우 정신적 불안이나 위협 및 두려움 등을 유발하기 때문에 회복이 어려운 부분이 있다. 셋째, 대물 폭력이다. 이는 고의로 물건을 부수거나 집어던지는 등의 행동을 통해 타인을 위협하거나 피해를 주는 행동이다. 그러나 이러한 분류는 폭력의 외현적 특징을 통한 것일 뿐 실제로는 세 가지 폭력이 상호 중복성이 높고 함께 발생할 가능성이 높기 때문에 유형별로 폭력 수준을 진단하고 예방대책을 수립하는 데 있어서 한계를 갖는다.

Elliott 등(1986)은 청소년 폭력의 발생원인에 따라 다음과 같이 구분하고 있다(김성이 외, 2013 : 221-222). 첫째, 상황적 폭력이다. 이는 범죄적 환경과 같이 특수상황 또는 맥락에 의해 발생하는 폭력으로 비행 또는 폭력 친구들과의 잦은 접촉이나 비행행동을 조장하는 특정 상황이나 맥락에 의해 청소년 폭력이 쉽게 발생할 수 있다는 것이다. 주로 폭력매체에 의한 모방학습의 영향을 많이 받으며, 폭력적 상황이나 맥락이 폭력을 일으키기도 한다는 것이다.

둘째, 관계적 폭력이다. 기존 대인관계 맥락 내에서 발생하는 폭력으로 대인관계에서의 갈등이나 복수심, 가족이나 친구와의 관계에서 나타나기도 한다. 청소년기는 가족 이외의 영역인 친구와 이웃, 사회 등으로 대인관계의 폭을 넓혀가는 시기인데, 이때 대인관계 기술이나 갈등협상전략이 미숙하고 비합리적일 경우 갈등과 사소한 분쟁 등을 합리적으로 해결하지 못함으로써 폭력에 의존하여 해결하려 한다는 것이다.

셋째, 약탈적 폭력이다. 어떤 형태로든 이익을 얻기 위해 발생하는 수단적 폭력으로 주로 범죄적 또는 반사회적 성격을 많이 내포하고, 금품갈취를 위한 수단, 압력 행사를 위한 수단으로 폭력을 행사하는 형태이다.

넷째, 정신병적 질환으로 야기되는 폭력이다. 주로 피해망상이나 과대망상과 같은 정신적 장애나 정서적 혼란에 의한 폭력으로 폭력행동의 예측 또한 일관성이 떨어진다. 최근 컴퓨터 몰입 또는 중독과 관련하여 청소년의 망상, 정서적 혼란이 증가하고 있는 상태이므로 정신병적 폭력은 계속 증가할 것으로 예상된다.

2. 청소년 폭력의 요인

청소년의 폭력은 개인의 발달 · 심리적 요인과 그를 둘러싼 가정, 학교, 또래집단, 사회환경과 같은 구조적 요인에 의해 발생한다고 할 수 있다. 이러한 복합적 요인은 상호작용을 통해 청소년 폭력에 영향을 미치게 되는데, 이의 해결을 위해 청소년 폭력의 보호요인과 위험요인을 살펴보고 위험요인의 극복을 위한 방안을 도출할 수 있어야 할 것이다.

〈표 10-1〉 청소년 폭력의 요인

구분	위험요인	보호요인
개인요인	• 유전 · 생물학적 요인 • 폭력 경험 • 대인관계기술 부족 • 자기정체감 부족, 낮은 자존감, 열등감 • 성격장애, 정서적 불안정 • 자기통제력 결핍	• 높은 자아존중감 • 사회문제 해결력 • 대처기술 능력 • 친사회적 태도 • 긍정적이고 적극적인 성격

가족 요인	• 가족 결손 • 가족의 낮은 응집력 • 낮은 사회적·경제적 지위 • 부부의 잦은 불화 • 부모-자녀 간 애착관계 부족 • 부모의 잘못된 훈육방법 • 부모의 무관심, 지나친 처벌 • 일관성 없는 양육태도 • 가족의 역기능적 의사소통 방법 • 아동학대 및 부모의 학대 피해경험	• 부모의 감시와 통제 적극적 행사 • 부모가 자녀의 친구와 그 부모를 앎 • 부모의 깊은 애정과 관심 • 부모와의 의사소통을 통한 신뢰 확신 • 가정에 대한 안정감 증대 • 적절한 보호와 지지 • 문제행동에 대한 책임과 죄책감 형성 • 적절한 자율 보장 • 가정에 대한 소속감
학교 및 또래 요인	• 또래요인 - 친구나 또래 집단에서의 소외 - 비행 또래 집단과의 접촉 - 폭력적 또래 집단에서의 소속감 • 교사 - 교사와의 갈등관계 - 교사와 학교에 의한 처벌로 낙인 - 체벌 : 공격적 행동의 모델 • 교육환경 - 학업 실패 및 학업 중단 - 냉담한 학교 분위기 - 우수학생 위주의 학교 운영 - 획일적, 권위적, 비인간적 학교교육	• 또래요인 - 좋은 친구 관계 형성 문화 - 학교환경에 대한 긍정적 지각 • 교사 - 교사의 적극적 지지 - 학습에 대한 지원 서비스 • 교육환경 - 인간관계기술에 대한 프로그램 - 재정적 지원을 통한 학교생활 - 학교 내 전문상담인력 배치 - 건전한 취미 및 여가활동 지원
사회 문화 요인	• 폭력에 대한 사회적 묵인 및 관용 • 매스컴의 부정적 영향 • 유해한 사회 환경에 노출 • 권위에 대한 거부와 반항적 행동 • 지역사회 해체와 빈곤한 지역경제 • 폭력문화에 대한 오해 및 동경	• 가족 외에 도움을 받을 수 있는 자원 • 지역사회의 통합 • 지역사회 범죄에 대한 공식·비공식적 정책 공유 • 지역사회 내에서 친사회적 활동 제공 • 지역 내 활용 가능한 자원의 풍부

출처 : 한상철 외(2003), 김성이 외(2013), p. 223 재구성.

3. 학교폭력 예방과 대책

우리나라는 1995년부터 학교폭력 예방 및 근절 정책이 수립·시행되었으나 본격적 관심과 지원은 2004년부터 시작되었다고 볼 수 있다. 즉, 「학교폭력 예방 및 대책에 관한 법률」과 시행령이 2004년에 제정·시행되면서 학교폭력 예방 및 대처에 필요한 법 · 제도적 기초가 마련되었고, 2005년에는 교육인적자원부를 중심으로 관련 부처와 함께 '제1차 학교폭력 예방 및 대책 5개년 기본계획(2005~2009)'을 수립 · 시행하였다. 지속적인 계획의 수립과 변화를 추구하는 예방대책은 5년마다 수립하는 것으로 제4차 기본계획(2020~2024년)의 내용을 살펴보면 〈표 10-2〉와 같다.

〈표 10-2〉 제4차 학교폭력 예방 및 대책 기본계획

비 전	모두가 함께 만드는 행복한 학교	
목 표	• 존중과 배려가 가득한 학교문화 • 적극적 보호와 교육으로 신뢰받는 학교 • 민주시민의 성장을 돕는 가정과 사회	
5대 정책 영역		14개 추진과제
1	학교공동체 역량 제고를 통한 학교폭력 예방 강화	1. 학교 학급 단위의 학교폭력 예방교육 내실화 2. 학생 참여 체험 중심의 학교폭력 예방활동 확대 3. 학교폭력 유형 추세 대응 예방활동 강화 4. 전사회적 협력을 통한 학교폭력 예방문화 조성
2	학교폭력에 대한 공정하고 교육적인 대응 강화	5. 학교폭력 조기 감지 및 대응체계 강화 6. 학교의 교육적 해결역량 제고 7. 사안처리의 공정성 · 전문성 확보
3	피해학생 보호 및 치유 시스템 강화	8. 피해학생 맞춤형 보호 지원체계 강화 9. 사후지원 강화 및 학교 안팎 협력체계 구축
4	가해학생 교육 및 선도 강화	10. 가해학생 교육 선도 내실화 11. 중대한 학교폭력 가해학생에 대한 엄정대처
5	전사회적 학교폭력 예방 및 대응 생태계 구축	12. 가정의 교육적 역할 강화 13. 지역사회의 역할 및 책무성 강화 14. 전사회적 대응체계 강화 및 대국민 인식제고

출처 : 교육부(2020). 제4차 학교폭력 예방 및 대책 기본계획 발표(2020.1.15).

가해학생 조치

	전학(8호) 조치 학생부 기록	출석정지(6호) 학급교체(7호) 조치 학생부 기록	접촉 · 협박 등 금지(2호)	대입반영
기존	• 졸업 후 최대 2년 보존	• **원칙** : 졸업 후 최대 2년 보존 • **예외** : 졸업 직전 심의를 통해 기록 삭제 가능	• 위반 시 조치 병과 또는 가중	• 학생부 종합전형에서 주로 학교폭력 조치 사항 반영
개선	• 졸업 후 최대 4년 보존	• **원칙** : 졸업 후 최대 4년 보존 • **예외** : 졸업 직전 심의*를 통해 기록 삭제 가능 * 심의요건 강화 : 피해학생 동의서, 가-피해자 간 행정심판 · 소송 진행 상황	• 접촉 · 협박 · 보복행위에 비대면, 정보통신망을 이용한 경우도 포함 • 학교폭력 사안 발생 즉시 조치 의무화 • 위반 시 6호 이상 조치 의무화	• 학생부, 수능, 논술, 실기/ 실적 위주 전형에 조치사항 반영 • 자퇴한 가해학생의 '조치사항'도 학생부에 표기하여 대입반영 지원

피해학생 보호

	즉시 분리 기간	학교장 긴급조치	가해학생 조치 불복 시	피해학생 지원
기존	• 3일	• 1 · 2 · 3 · 5호 • 6호(출석정지, 10일 이내)	• 피해학생 불복사실을 알 수 없어 진술권 보장에 한계	• 피해학생 서비스 지원 미흡
개선	• 7일	• 1 · 2 · 3 · 5호 • 6호(출석정지, '심의결정 시'까지) • 7호(학급교체) ※ 피해학생에게도 6 · 7호 요청권 부여	• 교육장 또는 교육감이 불복사실 통지하여 진술권 보장 • 심사 · 소송 참가	• 피해학생에게 필요한 실질적인 법률, 의료 서비스 등을 매칭 · 안내 • 심사 · 소송 참가

현장 대응력 제고

	사안처리 지원	학교의 권한	학교폭력 대응 여건
기존	• 체계적 지원체계 미흡	• 「학교폭력예방법」 등 법령, 매뉴얼에 근거	• 학교폭력 전담 업무 과중에 따른 기피
개선	• 학교폭력 예방 · 지원센터 설치를 통한 현장 지원	• 「학교폭력예방법」 등 법령, 매뉴얼에 근거 • '학교폭력 책임계약'	• 4세대 나이스와 연계한 '학교폭력 사안처리 시스템' 운영 • 학교폭력 책임교사 수업경감

근본적 변화

	심리 · 정서 교육	인성 · 체육 · 예술 교육	예방교육
기존	• 학교 개별적으로 운영, 체계적 지원체계 미비	• 학교스포츠클럽 평균 1교당 11개 • 예술동아리 평균 1교당 1개	• 교과 연계, 체험 중심 예방교육
개선	• 관련법 제정, 전담부서 신설 등 학생 사회 · 정서 지원체계 구축	• 학교스포츠클럽 평균 1교당 20개 • 예술동아리 평균 1교당 2개 • 국가교육위(인성교육특위) 협력	• 교과 연계, 체험 중심 예방 교육 • 디지털 기술 및 학생 친화적 매체 활용

| 그림 10-1 | **학교폭력 대책**

출처 : 교육부(2023). 학교폭력 전학 기록 4년까지 보존, 대입 정시에도 반영(2023.4.12).

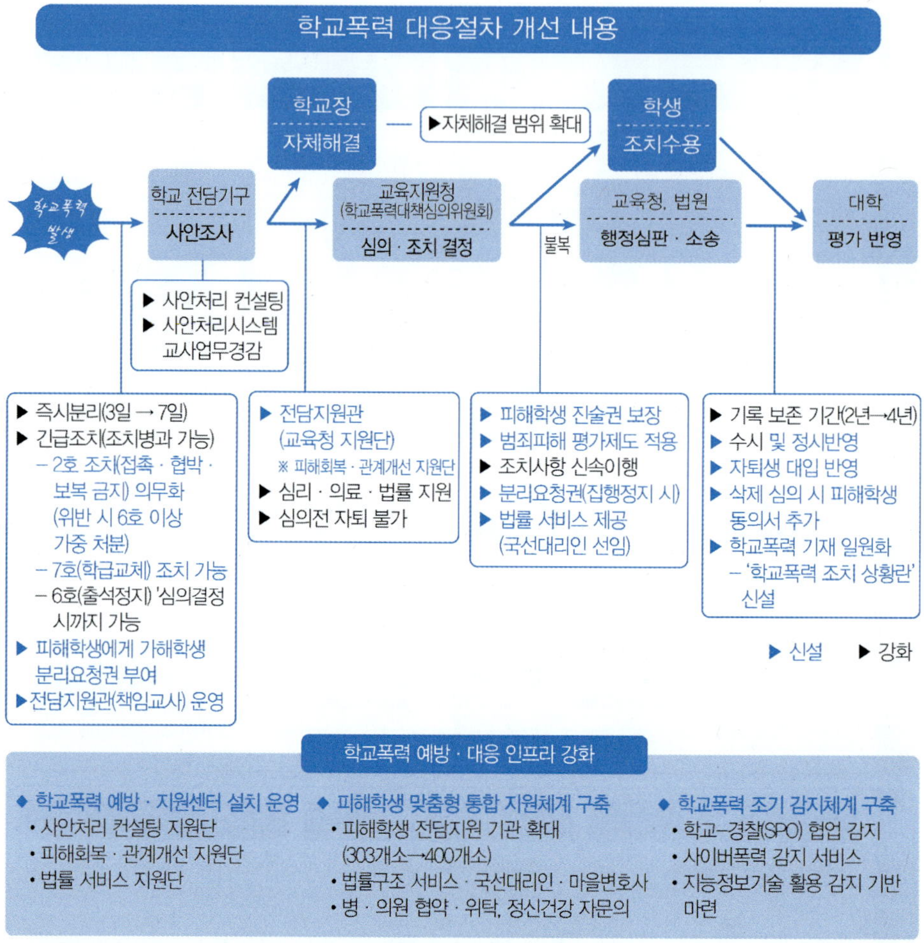

[그림 10-2] 학교폭력 대응절차

출처 : 교육부(2023). 학교폭력 전학 기록 4년까지 보존, 대입 정시에도 반영(2023.4.12).

제4차 기본계획은 '존중과 배려를 바탕으로 한 학교문화 조성, 학교의 신뢰 제고, 가정과 사회의 역할 강화'를 목표로 5대 영역에 걸쳐 14개 추진과제를 제시하였다. 이를 위해 첫째, 학교폭력 예방 및 대응을 위한 학교의 교육적 역할이 강화될 수 있도록 지원한다. 둘째, 피해학생 보호 · 치유를 위한 지원을 강화한다. 셋째, 중대한 학교폭력에 엄정대처하고 가해학생의 재발 방지를 위해 가해학생 교육을 강화한다는 방침을 세우고 있다. 제4차 기본계획 달성을 위한 세부 내용을 살펴보면 〈표 10-3〉과 같다.

〈표 10-3〉 제4차 기본계획 세부 내용

영역	기본계획	세부 내용
1	학교공동체 역량 제고를 통한 학교폭력 예방 강화	• 교육과정과 학교폭력 예방교육 연계를 확대하고 참여·체험형 예방활동을 내실화하는 등 학급·학생 중심 학교폭력 예방교육 강화 • 초등학생 학교폭력 피해율 및 사이버폭력 비중 증가 등 학교폭력 유형·추세 변화에 대응하는 맞춤형 예방교육·활동 강화
2	학교폭력에 대한 공정하고 교육적인 대응 강화	• 학교폭력 감지 시 신속하게 대응하기 위해 대응체계를 강화하고, 학교 및 교육(지원)청의 사안처리 전문성 제고를 통해 학교폭력 대응절차의 엄정성 강화 • '학교장 자체해결제' 정착 및 학생 간 관계회복을 지원하는 등 학교폭력에 대한 학교의 교육적 해결역량 제고
3	피해학생 보호 및 치유 시스템 강화	• 학교폭력 피해발생 초기부터 학생을 신속하게 보호하기 위한 대응체계 구축 및 피해학생 전담 지원기관 확대·내실화를 통한 맞춤형 보호·지원 강화 • 피해학생 요구를 토대로 한 지원체계 구축 및 외부기관 연계를 통한 사후지원 강화
4	가해학생 교육 및 선도 강화	• 중대한 학교폭력 발생 시 신속한 피·가해학생 분리조치 시행 및 학교폭력 재발방지를 위한 가해학생 교육·선도 조치 내실화 • 소년법 적용사건 수준의 중대한 학교폭력에 대한 엄정대처 강화
5	전사회적 학교폭력 예방 및 대응 생태계 구축	• 가정·지역사회 등 전사회의 학교폭력 예방·대응역량 강화

출처 : 교육부(2020). 제4차 학교폭력 예방 및 대책 기본계획 발표(2020.1.15.) 재구성.

학습문제

01 폭력에 개한 개념으로 옳지 않은 것은?

① 피해자 존재

② 언어 · 비언어 모두 포함

③ 가해자 위주로 해석

④ 주관적 견해 존중

⑤ 타인에게 해를 끼치기 위해 물리적 힘 행사

해설 ③ 폭력은 심리적 · 교육적 차원에서 접근하기 위하여 대부분 피해자 위주로 해석하고 있다.

02 학교폭력에 대한 개념으로 옳지 않은 것은?

① 학교 내외에서 발생

② 신체 · 정신 또는 재산상의 피해를 수반하는 행위

③ 「학교폭력예방 및 대책에 관한 법률」 제2조

④ 학생 간 폭행 · 협박 · 따돌림이 대표적

⑤ 청소년 폭력의 동의어

해설 ⑤ 청소년 폭력은 청소년기본법에 의한 청소년, 특히 19세 미만의 청소년 폭력 피해자 및 가해자 모두를 포함한다.

03 청소년 폭력의 사회문화적 위험요인에 해당하지 않는 것은?

① 매스컴의 부정적 영향

② 가족 외에 도움을 받을 수 있는 자원

③ 권위에 대한 거부와 반항적 행동

④ 폭력에 대한 사회적 묵인 및 관용

⑤ 폭력문화에 대한 오해 및 동경

해설 ② 가족 외에 도움을 받을 수 있는 자원은 사회문화적 보호요인에 해당한다.

04 학교폭력 예방을 위한 사회적 대응체제 구축 방안이 아닌 것은?

① 사안처리 공정성 확보

② 지역사회 역할 및 책무성 강화

③ 가정의 역할 강화

④ 대국민 의식 제고

⑤ 교육기능 강화

해설 ① 사안처리 공정성 확보는 공정한 사안처리 및 학교 역량강화 과제이다.

참고문헌

김성이 · 조학래 · 노충래 · 신효진(2013). **청소년복지론**. 경기 : 양서원.
교육부(2020). 제4차 학교폭력 예방 및 대책 기본계획 발표(2020.1.15).
______(2023). 학교폭력 전학 기록 4년까지 보존, 대입 정시에도 반영(2023.4.12).
한상철 · 김혜원 · 설인자 · 임영식 · 조아미(2003). **청소년문제행동─심리학적 접근**. 서울 : 학지사.

소년법
청소년복지법
학교폭력예방 및 대책에 관한 법률

CHAPTER 11

청소년과 매체 중독

학습목표

- 청소년과 사이버 문화의 긍정적 측면을 설명할 수 있다.
- 인터넷 중독의 특징을 설명할 수 있다.
- 사이버 범죄를 통한 청소년 일탈을 구분하여 설명할 수 있다.

정보통신기술의 발달과 초고속 네트워크의 발달로 인해 우리나라는 많은 변화를 겪고 있다. 이에 오늘날의 사회현상을 이해하는 데 있어서 컴퓨터와 인터넷으로 대표되는 이른바 사이버 문화의 실체와 영향에 대한 이해가 요구된다.

사이버 세상은 우리가 만나는 물리적 세상과는 비교할 수 없을 정도로 무궁무진한 공간과 정보를 제공해 준다. 또한 시간과 공간을 확장하고 전달하는 정보와 메시지의 양을 증가시키는 것에 그치지 않고 우리 사회의 삶을 근본적으로 바꾸어 놓을 만큼 새로운 가치와 규범을 창출한다는 면에서 혁명적이라고도 할 수 있다.

컴퓨터 매체가 가져다준 효용성은 헤아릴 수 없을 만큼 많지만 급작스럽게 만들어진 사이버 문화가 빚어낸 역기능적 폐해 또한 무시할 수 없을 만큼 다양하고 강력한 시대적 도전으로 다가왔다. 그러므로 이 장에서는 청소년의 사이버 문화를 짚어보면서 긍정적 측면의 활성화를 도모하고자 한다.

1. 사이버 문화의 이해

사이버 문화에 대해서 홍성태(1996)는 “기계화의 최신 국면으로서 정보화가 낳은 문화적 산물이며, 기계문화의 변형이다. 이 문화는 컴퓨터라는 정보처리기계의 허용과 관련하여 나타나는 포괄적인 변화를 함축한다. 인터넷으로 대변되는 컴퓨터통신이나 오락산업에서 널리 활용되고 있는 가상현실 기술은 그 중요한 구성요소이다.”라고 말하고 있다.

또한 의학 · 생명과학 · 로봇공학 · 우주과학 · 교육학 등 다양한 분야에서 많은 관심을 갖는 영역이 가상현실(VR : Virtual Reality)이다. 1960년대 이반 서덜랜드 교수의 3D 컴퓨팅을 이용한 상호작용 연구에서 시작하여 비행기나 우주선의 조종을 위한 시뮬레이션 기술을 거쳐 발달한 가상현실은 현실의 특정한 환경이나 상황을 컴퓨터를 통해 그대로 모방하여 사용자가 마치 실제 주변 상황 · 환경과 상호작용을 하고 있는 것처럼 만드는 기술로서 사용자가 그것을 만지거나 조작을 가하는 등의 상호작용이 가능하다는 측면에서 청소년들에게도 많은 관심의 대상이 되고 있다.

이러한 측면에서 사이버 문화는 다음과 같은 특징을 갖는다. 첫째, 사이버 문화는 사이버 공간상의 문화이다. 사이버 공간은 대체로 “인터넷으로 대표되는 컴퓨터 정보통신기술의 개발 및 이용과 관련하여 나타나는 다양한 문화적 현상을 뜻한다.”고 할 수 있다. 둘째, 사이버 문화는 기술문화이다. 오늘날 산업혁명 이래 변화를 거듭하고 있는 현대 과학기술과 연관된 ‘기계문화’를 가리킨다. 즉, “기술문화로서 사이버 문화는 인간과 인간의 관계, 기계를 통한 인간과 인간의 관계를 통해 형성된다.”는 것이다(홍성태, 1996; 박정란 외, 2016 : 144). 셋째, 사이버 문화는 매체문화이다. 오늘날 새로운 정보매체의 이용을 통하여 대중은 소통하고 있다.

2. 사이버 문화와 청소년

컴퓨터의 급속한 보급과 더불어 인터넷 접속 환경의 우수함 등은 IT강국을 만들었고, 청소년의 경우 컴퓨터와 인터넷에 접근할 수 있는 환경이 학교 등의 공공 공간에서 벗어나 생활 속으로까지 깊숙이 들어와 있다.

청소년은 인류 역사상 뉴미디어에 열광하는 세대로서 새로운 매체가 생기면 접근가능성이 가장 크며, 가장 신속하게 매체에 적응하여 신문화를 형성하는 세대이다. 이는 낯선 문화에 대한 두려움이 적기 때문이기도 하지만 문화수용능력이 커서 능동적 태도와 적용범위의 탐색이 빠른 속도로 확장 및 전파되고 있다.

이제는 정보의 생산과 공간이 사이버상으로 재구성되고 소통의 채널 또한 다원화되면서 청소년이 뉴미디어에 몰입하고 그 안에서 의사소통의 새로운 환경을 만들어가는 것 또한 그들의 권리를 찾기 위한 몸부림의 일환으로 해석할 수 있다. 청소년들이 몰입하는 이유를 정리하면 다음과 같다.

1) 놀이문화의 확보

청소년 대부분이 학생의 신분을 갖고 있거나 그에 상응하는 피교육자로서 학습에 대한 욕구수준과 관계없이 역할이 지워지고 있으며, 학교와 가정에서 입시에 대비하는 존재로 키워지고 있다. 이로 인해 청소년들이 놀이공간과 문화를 잃어버리는 상황에 노출되었고, 컴퓨터와 온라인 네트워크의 등장은 현실을 도피할 수 있는 놀이공간과 소통의 창구가 되었다. 이를 활용한 것이 온라인 게임이고 다양한 온라인 활동으로 연결되기도 하였다.

청소년들이 컴퓨터나 인터넷에 열광하는 이유는 개인의 정보생산능력에 따라 적극적이고 다분히 공격적인 형태의 의사소통이 가능하다는 것이다. 신세대는 수직적 관계의 정보수용이 아니라 수평적 관점에서 정보의 생산자이며 소비자로 능동적이고 적극적인 자세를 갖는다. 디지털화된 정보와 문화는 시·공간을 뛰어넘어 직접적이고 쌍방향적인 소통을 가능하게 한다.

2) 자기표현의 도구

사이버상에서는 이중적 자기정체성의 한계를 넘나들 수 있다. 즉, 본래 자기의 모습과 다른 상상 속의 감정이입을 시도할 수 있는 또 다른 자아를 분화시킬 수 있는 것이다. 그러므로 아바타(사이버 캐릭터)의 사용은 인터넷과 모바일을 선점하며, 현실에서 표현하기 힘든 다양한 이야기와 자기세계를 구현해 낼 수 있는 적절한 창구가 되는 것이다.

3) 또래문화의 양산

우리가 흔히 말하는 세대차이는 사용하는 언어체계와 뉴미디어적 세계관의 차이에서 비롯된다고 볼 수 있다. 비속어를 포함한 은어의 사용은 또래문화에서 자연스럽게 생겨나는 것으로 통신용어나 이모티콘, 모바일 문자메시지 등이 그런 형태를 나타낸다고 할 수 있다. 은어의 사용은 준거집단에 대한 소속감과 안정적 확인이기도 하며, 타인에 대한 배척을 동시에 내포한다. 특히 청소년기 사이버상의 의사소통은 매체/ 언어 자체의 동질감을 동시에 갖는다. 그러므로 사이버 문화가 가지는 특수성에 대한 이해가 우선시되어야 하며, 기성문화와 다른 양태를 보이고 있는 문화의 구조적 시점을 달리 가지고 있어야 세대 간의 통합이 좀 더 수월하게 진행될 것이다.

4) 상상력의 확장

사이버상의 화두가 되는 것은 대부분 뉴미디어를 사용하는 신세대의 문화를 대변하고 있다. 최근 '카페인중독'이라는 신조어가 나올 정도로 카카오톡, 페이스북, 인스타그램에 빠져 있는 신세대 문화는 신속성과 양방향 의사소통의 대표적인 문화 매개체로 등장했다.

또한 해리 포터의 출간은 문자로 되어 있는 아날로그적 감성을 사이버 문화와 연계하면서 무한대의 상상력을 동원하는 계기를 가져왔다. 디지털은 단순히 소설을 넘어서 입체화된 또 하나의 세계/ 공간을 만든다. 거기에는 독자의 상상력과 부합된 그림도 있고, 또 다른 이야기도 있다. 사이버상에서는 클릭 한번으로 해리 포터와 함께 마법의 여행을 떠날 수 있다. 정보와 미디어의 역사는 말하고 듣는 문화에서 문자로 이전되어 왔고, 그것은 전기와 전파 매체를 건너 사이버 의사소통이 가능한 새로운 의사소통을 구현하였다.

물론 정보와 미디어의 역사는 생산력의 역사이기도 해서 디지털을 필두로 새로운 문화와 새로운 미디어가 나올 때마다 겪게 되는 세대 간의 문화적 갭(gap)이 있지만 이제 디지털은 인터넷 사용방법의 학습이나 개인용 컴퓨터의 소유 유무를 떠나 우리 삶의 일부가 되고 있다.

5) 온라인 게임

온라인 게임은 청소년의 접근용이성에 근거하여 자리를 잡게 되었고 게임산업이라는 거대시장이 형성되면서 놀이가 아닌 직업으로 업그레이드한 프로게이머를 등장시켰다. 온라인 게임은 시뮬레이션으로 직접참여의 기회가 제공되지 않는 이상 흥미를 유발하는 데는 한계를 보이기도 했으나 청소년 직업선호도에서 프로게이머가 상위권을 차지하고 있다는 것은 우리에게 시사하는 바가 크다.

미래의 경제활동에 있어서 사이버 공간과 인터넷이 차지하는 비중은 점차 늘어날 것이다. 전자상거래의 성장속도나 미래사회의 유망 직업군으로 떠오르는 웹 마스터, 웹 PD, 웹 그래픽 디자이너 등 사이버 공간에서의 직업은 점차 활성화될 것이다.

6) 미디어는 사회와 문화를 반영

문화는 삶의 연속적 과정 안에서 해석되는 것이므로 '청소년문화' 속에는 잠재하고 있는 각종 청소년 문제발생의 근원이 존재하고 있다고 할 수 있다. '사회'와 '문화'는 인간의 생각과 말과 행동이 드러나는 유 · 무형의 것을 포괄하기 때문이다. 뉴미디어의 출현은 이러한 사회와 문화의 변화와 함께하고 있다. 하지만 뉴미디어의 급속한 출현과 그 기능에 집중하고 있는 시점에서 뉴미디어로 표현되는 자아정체성에 대한 고민 또한 필요하다.

미디어는 인간이 가지고 있는 기능적 편리성을 증폭시켜 준다. 좀 더 빠르게 움직일 수 있고, 조금 더 편하게 살 수 있게 해준다. 소통의 구조는 초고속이며 무한 카피와 반물리적 특징을 가지고 있다. 그 구조는 소통의 원활함과 풍부함을 가져오며, 미디어의 효용성은 더욱더 하이테크놀로지를 지향하게 될 것이다.

그러므로 사이버 공간은 단순복제의 무한재생산을 통해 심심해서 접속하는 곳이 아니라 또 다른 자아의 분화를 이루어 내는 '활동의 장'이 되어야 한다. 그러나 온라인 활동의 특성이 가지고 있는 시·공간적 무제약, 통제될 수 없는 선택기준의 모호함, 정보의 질적 측면이 약화된 양적 증가, 무분별한 익명성과 공격성, 언어파괴와 세대 간의 간극 등은 어른들이 나서서 해결해 줄 성격의 것이 아니고 청소년 스스로가 극복해야 하는 과제이다.

3. 인터넷 중독의 이해

1) 인터넷 중독의 개념

인터넷 중독에 대하여 김현수(2012)는 과도한 특정 행위에 대한 집착이나 이러한 행위에 대한 충동조절장애도 일종의 중독으로 보고 정신분석학적 입장에서 인터넷 중독을 네 가지로 분석하였다. 첫째, 계속적인 인터넷 사용과 생각, 둘째, 인터넷을 사회생활과 개인, 집단문제를 해결하기 위한 주체로 이용, 셋째, 사용시간의 확대, 넷째, 인터넷 사용을 중지하거나 줄일 경우 우울, 불안 등이 나타난다고 하였다(백사인 외, 2015 : 165-166).

한국정보화진흥원(2011)에서는 중독 여부의 검사를 위해 K-척도 간략형을 총 15문항 4요인으로 구성하였다. 4요인으로는 일상생활장애, 가상세계지향성, 금단, 내성으로 구성하여 인터넷 중독 여부를 확인하고 있다. 하지만 인터넷은 업무수행, 정보수집과 학습 촉진을 위한 도구로서의 긍정적 측면이 있으므로 인터넷과 관련된 사항들을 부정적으로만 볼 것은 아니다.

2) 인터넷 중독의 특징

인터넷 중독의 경우 인터넷에 대한 강박적 사고, 내성, 충동통제 감소, 인터넷 사용을 멈출 수 없고 오프라인에서도 인터넷을 생각하고 자신의 유일한 친구는 인터넷이라고 느끼며 사회적 활동을 하지 않으면서 인터넷에 많은 돈을 쏟아 부으며 온라인 사용에 대해 거짓말을 하거나 타인에게 인터넷 사용을 비밀로 해야 한다고 생각하는 등 온라인 사용에 대해서 죄책감을 느끼기도 한다(박승민 외, 2011; 백사인, 2015 : 166-167). 인터넷 중독의 유형과 중독 정도를 결정짓는 근거로 금단현상과 내성, 인터넷 중독으로 인해 발생할 수 있는 현실적 문제행동 등이 있는데 그 내용을 살펴보면 다음과 같다.

(1) 금단현상과 내성

금단현상이란 상습적으로 중독성 물질을 사용하거나 중독현상을 중단했을 때 나타나는 신체적 증상이나 현상을 말한다. 중독 종류에 따라 다르지만 공통적 현상으로 불쾌감, 괴로운 신체현상, 심리적 어려움 등이 나타나서 그 괴로움을 없애기 위해 다시 같은 물질을 사용할 수밖에 없게 된다. 인터넷 중독의 경우 접속을 안 하면 불안하고 초조하며, 인터넷에서 어떤 일이 일어나는지 궁금해 할 수 있다. 인터넷에 접속하기 전 긴장감이 고조되고 접속한 이후에는 해소되면서 심지어 쾌감을 느끼기도 한다. 또한 인터넷을 사용하지 않을 때에도 게임이나 채팅 등을 할 생각에 몰두하고 이로 인해 집중력이 떨어지는 상태를 말한다.

내성이란 중독성 물질을 반복하여 사용하면서 점차 그 효과가 감소하는 현상을 말한다. 모든 중독성 물질이 내성을 가지는 것은 아니지만 내성은 거의 모든 중독현상에서 나타난다. 이전과 똑같은 만족을 얻기 위해서는 인터넷에 몰두하는 시간이 점차 늘어나고 내용도 더욱 자극적인 것을 찾아 나서는 것을 말한다. 인터넷 중독의 경우 인터넷에 머무르는 시간이 점차 길어지고, 컴퓨터를 끄고 오프라인상으로 나오기가 점차 힘들어지며, 오래 있어도 작업효율은 떨어지는 현상들이 나타날 수 있다.

(2) 일상생활장애

중독은 일상생활을 총체적으로 변화시킨다. 금단과 내성 증상들이 반복되고 만성화되면서 제대로 자지도 못하고 불규칙한 생활을 하다 보면 건강을 해치거나, 친구나 가족과도 멀어지고 학업성적도 떨어지며 밤에 인터넷을 하느라 학교생활이나 직장생활에도 장애를 가져오는 등 모든 생활 전반에 심각한 문제를 유발한다.

(3) 현실지각력 상실 및 범죄 유발

인터넷 중독의 심각한 부분 중 가장 흔하게 나타나는 것이 인터넷 사용시간에 대한 개념이 약하다는 것이다. 또한 게임아이템 구입을 위한 범죄현상에 노출되거나 현실과 괴리된 금전적 활동을 하기도 한다. 더군다나 게임에서 나타난 폭력성을 현실세계에서도 재현하는 등 강력 범죄로 연결되기도 한다.

(4) 신체적 증상

인터넷 중독은 우울감, 초조감, 수전증, 과민성 발작 등의 신체적 증상을 유발한다. 또한 불규칙한 식사로 인해 영양실조에 걸리거나 체중 증가의 위험이 있기도 하다. 특히 게임중독은 게임에서 본 장면의 잔상이 악몽으로 이어지거나 심하면 잠을 자지 못하고 뒤척이거나 벌떡 일어나는 현상들이 생기면서 수면장애를 유발하는 경우도 있다.

또한 장시간 컴퓨터 관련 활동을 하다 보면 눈이 건조하거나 충혈되고, 시력저하나 근시가 될 수도 있다. 불안정한 자세로 인해 척추에 부담이 가고 목 근육과 인대가 늘어나는 거북목 증후군이 발생할 수도 있다.

(5) 가상적 대인관계 지향성

면대면으로 만나는 현실적인 대인관계보다 가상의 세계에서 만나는 사람들에 대하여 더 많은 친밀감과 안정을 받고자 하는 욕구가 증가되는 상태를 말한다.

3) 인터넷 중독의 단계별 증상

(1) 초기 단계 : 인터넷에 점점 몰입하기 시작

근무시간이나 수업시간에 졸다가 꾸중을 듣거나 가끔 멍하니 앉아 있게 된다. 또한 아침에 일어나기가 힘들어 지각하기도 한다.

(2) 중기 단계 : 서서히 일상생활에 부적응 출현

지각과 조퇴, 결석(결근)을 자주하면서 업무(학업)능률이 저하되기 시작하고, 거짓말이나 주변 사람을 속이기 시작한다.

(3) 후기 단계 : 금단, 내성 및 일상생활장애 등 증상 심각

인터넷 사용과 관련하여 조절이 안 되고 충동적이며, 행동통제에 어려움을 느낀다. 또한 가족이나 주변 사람들과 고립되어 있을 가능성이 크다.

4) 인터넷 중독의 유형

〈표 11-1〉 인터넷 중독의 유형

정보검색	자신에게 정말 필요한 것보다 정보수집 자체에 대한 집착으로 강박적으로 웹사이트나 자료를 검색
온라인 게임	게임에 접속하여 자기 통제력을 잃고 병적으로 집착하여 사용
채 팅	문자 혹은 대화에 과도하게 집착하여 심각한 사회적·정신적·육체적 및 금전적 지장을 받는 상태

음란물	섹스나 포르노 등의 내용물을 담고 있는 인터넷 사이트 등을 강박적으로 계속 드나드는 상태
온라인 도박	국내외에 개설된 카지노 사이트에 금전을 송금한 후 인터넷상에서 포커, 훌라 등의 게임을 하는 상태
기 타	쇼핑 중독, 휴대폰 중독 등

5) 사이버 범죄와 청소년 일탈

사이버 범죄란 정보통신매체를 수단으로 사이버 공간에서 발생되는 범죄를 말한다. 정보화 확대와 더불어 지식과 정보에 대한 불법적 침해, 불건전 정보 유통, 사생활 침해 등의 역기능을 보이는데, 청소년 중심의 일탈현상을 살펴보면 다음과 같다.

(1) 컴퓨터 해킹(hacking)

우리나라의 경우 주로 대학교나 연구소 등을 대상으로 이루어지고 있으나 최근에는 중·고등학교 청소년들이 해킹과 관련한 학습을 하면서 호기심과 실력과시 차원에서 해킹을 시도하는 경우가 나타나고 있다. 주로 교육전산망과 상용전산망, 국가기관 등을 대상으로, 별다른 죄의식 없이 행해지는 경우가 많다.

(2) 컴퓨터 바이러스(virus) 유포

컴퓨터 관련 프로그램을 배우는 청소년들 사이에서 호기심 등으로 생산하는 사례도 많지만 군사적·경제적·정치적 목적 등으로 이용되기도 한다. 특히 인터넷 등 네크워크상으로 유포되는 바이러스는 통신망 특성상 급속한 확산이 가능하기에 매우 유의해야 한다.

(3) 아이디(ID) 도용

청소년들 사이에서 상용 통신망의 무료이용을 목표로 타인의 아이디를 도용하거나 가짜 아이디를 만들어 사용하는 경우가 있다. 아이디를 도용한다는 것은 경제적 피해뿐만 아니라 컴퓨터 통신망을 통해 타인의 이름으로 여러 가지 행위를 할 수 있다는 측면에서 언어폭력이나 사기행각 등 범죄에 노출될 수도 있기에 생각지도 못한 여러 가지 문제가 발생될 수 있다.

(4) 사이버 성폭력

컴퓨터, 인터넷, 이메일 등 다양한 정보통신 수단을 이용하여 다수 또는 특정인을 성적으로 괴롭히는 행위를 말한다. PC 통신망과 인터넷 대화방을 통해서 상대에게 성적 수치심을 유발하는 내용의 대화를 유도하거나 성희롱과 폭언을 행하는 것이다.

사이버 폭력은 정보통신매체 이용의 익명성으로 인해 증거확보 등 수사에 어려움이 있으며, 직접적 피해자의 생명이나 신체의 안전과 무관한 관계로 법적 처벌이 곤란하고, 게시된 정보가 빠른 시간 내에 광범위하게 확산된다는 측면에서 그 피해가 심하다.

(5) 사이버 스토킹

사이버 성폭력의 대표적 유형으로 정보통신망을 통하여 특정인에게 원하지 않는 접근을 지속적으로 시도하거나 계속하여 성적 괴롭힘을 행사하는 경우를 말한다. 다양한 형태의 성폭력 행위가 동시에 행해지는 특징을 보이는데, 연예인 등 유명인은 물론이고 일반인에 대한 피해사례가 속출하고 있으며, 현실공간에서의 스토킹과 병행하여 발생될 수 있으므로 많은 문제가 야기된다.

(6) 인터넷 매매춘 알선

주로 PC 통신의 게시판이나 대화방 등을 중심으로 매춘 알선이 진행되는 것을 말한다. 매춘 희망자를 인터넷 등을 통해 모집하거나 폰섹스 사이트를 개설, 운영하며 아동을 약취, 유인하여 음란물 제작 및 아동매매춘 알선행위를 시도한다.

(7) 인터넷 도박

도박사이트는 미성년자에게도 개방되어 사행심을 조장하며, 현실적 규제가 어렵다는 점에서 심각한 문제가 있다.

이처럼 사이버 범죄는 원격지에서 범죄가 자행되므로 범죄행위가 용이하고 간편하며, 피해가 발생할 경우 짧은 시간에 광범위하게 퍼져 피해규모가 크다. 또한 신원확인 수단이 미비하여 익명성이 악용되며, 불특정 다수를 대상으로 범죄행위가 가능하고 사이버 공간 특성상 국가 간 국경이 없는 범죄가 가능하다 보니 물리적 공간에서 행해지는 범죄에 비해 사이버 범죄는 죄의식이 부족할 수도 있다(천정웅, 2016 : 257-258).

6) 인터넷 중독의 요인

(1) 개인내적 특성

인터넷 중독은 개인내적 측면과 환경적 측면이 관련되어 있다. 개인내적 측면으로는 우울, 불안, ADHD와 같은 요인들이 있는데, 우울은 인터넷 중독과 가장 밀접한 관계를 갖는다(한국정보화진흥원, 2011; 백사인 외, 2015 : 170).

청소년기 우울증은 자아정체감과 장애와 관련된 비전형적 우울로서 대인관계에서 적대감이 높고 감정에 대한 반응이 있으며, 우울하기보다는 짜증이 난 것 같은 양상을 보이는데, 좌절이 많고 성취가 적으며 현실에서 효능감이 적은 사람일수록 감정을 해방하고 현실적 고통으로부터 탈피할 수 있는 도피처로서 인터넷 자극을 추구하는 경향이 있다는 것이다(김현수, 2012 : 73-86; 박승민 외, 2011; 백사인 외, 2015 : 170).

ADHD는 우울과 함께 인터넷 중독과 관련성이 높은 질환이다(황수민 외, 2013 : 992-993). 과잉행동과 집중력 장애를 가진 아동이 유독 게임만 좋아하고 집착하는 것을 볼 수 있는데, 이는 주의집중 시간이 짧고 주의력 전환이 짧은 아동일수록 학습보다는 게임에 집중하기 쉽기 때문이다. 대부분 학습활동에서 부정적 피드백을 받아오던 산만한 아동은 게임에서 놀라울 정도의 집중력을 보이기도 하는데 이는 게임을 통해 자신이 잘하는 것이 있다는 것을 보여주려고 하는 것이다. 이처럼 게임의 보상 효과를 강력하게 체험한 아동은 자신의 유능감을 만끽하기 위해 게임에 더 집착하는 습관을 기를 수밖에 없는 것이다.

반면 인터넷 중독을 보호하는 개인내적 특성으로는 자기통제감, 자기효능감을 들 수 있다. 자기통제란 자신의 인지나 정서, 행동을 원하는 대로 조절할 수 있는 것으로, 청소년들이 자기통제력이 낮을수록 인터넷에 중독되기 쉬운 것을 볼 수 있다(장재홍 외, 2003 : 237-252; 이현아, 2004 : 27-49).

(2) 개인외적 특성

인터넷 중독의 개인외적 요인으로는 첫째, 가족요인을 볼 수 있다. 인터넷 중독에 노출되는 청소년들은 전반적으로 가족에게 불만이 많고, 가족 간 갈등의 심각성이 높았으며, 가족 관계로 유발되는 스트레스가 높은 편이다. 부모와도 덜 소통하고, 부모의 지지를 받지 못하는 편이며, 부모의 양육방식에 있어서도 지나치게 개입하거나 관여를 하지 않는다고 지각하거나 심지어 방임 당한다고 응답하였다(한국정보화진흥원, 2014).

둘째, 대인관계 및 학교생활은 인터넷 중독과 관련성이 높은 것으로 나타났다. 부모와의 관계에서 친밀도가 낮더라도 학교생활에서 만족할 경우 쉽게 인터넷 중독에 빠지지 않거나 중독의 회복에도 긍정적 영향을 미치는 것을 볼 수 있다(한국정보화진흥원, 2014). 또한 교사로부터 받은 정서적 지지가 높을수록, 친구와의 긍정적 상호작용이 높을수록 인터넷 중독의 수준을 낮추는 데 긍정적 영향을 미친다는 연구결과들이 있다(전춘애 외, 2008 : 709-726).

〈표 11-2〉 인터넷 중독의 위험요소

위험요소군	위험요소	내 용
주변 환경 요인	또래문화	특정 친구나 교우관계 등이 인터넷에 빠져들도록 만드는 상황
	접근의 용이성 증가	컴퓨터 구입, 인터넷 전용선 설치, 자기 방에 컴퓨터 설치가 된 경우 등 인터넷 접근환경이 달라짐
	고위험 상황	집에 혼자 있거나 방학이나 휴가철 등에 인터넷 의존위험이 증대
	인터넷 매개학습	인터넷을 통한 숙제, 웹 강의를 듣는 등 인터넷을 통한 개인 학습 증가
	가족 문제	가족과의 부정적 문제, 가족들이 스트레스원이 되어 인터넷상에서 도피처를 찾음
인터넷 관련 요인	콘텐츠 자체의 매력	재미나 흥미, 호기심 등을 채워주는 게임이나 각종 콘텐츠의 개발
	컴퓨터 관련 취미	홈페이지 만들기, 프로그래밍 등 컴퓨터나 인터넷 관련 취미 생활 증가
	다른 취미생활 통로	홈페이지를 통해 취미생활을 할 수 있는 경우, 연예인 팬클럽이나 축구 마니아 등
개인요인	성격적 요인	몰입하는 성격 등 개인의 성격적 측면
	대인관계	대인관계의 실패나 문제를 해소
	보상 경험	스트레스 해소, 현실도피, 재미없는 일상 탈출 등

출처 : 박성길(2003), 백사인(2015), pp. 172-173 재구성.

7) 인터넷 이용 현황

(1) SNS(Social Network Service) 이용

2021년 청소년의 인터넷 이용 빈도를 살펴보면, 10대 청소년의 98.8%는 하루에 1회 이상 인터넷을 이용하는 것으로 나타났다. 10대 청소년의 하루 1회 이상 인터넷 이용 빈도의 경우, 2015년, 2017년, 2020년, 2021년에는 전년보다 증가하였다. 20대의 경우, 2021년 99.8%가 인터넷을 하루에 1회 이상 이용하는 것으로 나타났다. 20대 청소년의 하루 1회 이상 인터넷 이용 빈도는 2013년부터 지속적으로 증가하다가 2016년에는 소폭 감소하였고, 2017년부터는 증감을 반복하다가

2020년부터는 계속 증가하였다. 인터넷 이용 빈도를 집계한 모든 연도에서 20대의 하루 1회 이상 인터넷 이용 빈도가 10대 청소년보다 높게 나타났다(여성가족부, 2023).

〈표 11-3〉 **인터넷 이용 빈도 및 주당 평균 이용시간** (단위 : %, 시간)

구 분		인터넷 이용 빈도				주 평균 이용시간
		하루에 1회 이상	일주일에 1회 이상	한 달에 1회 이상	한 달에 1회 미만	
2013년	10대	95.8	4.1	0.0	0.0	14.1
	20대	99.3	0.7	0.0	–	20.3
2014년	10대	95.2	4.7	0.1	–	14.4
	20대	99.3	0.7	0.0	–	20.5
2015년	10대	96.6	3.3	0.1	0.1	14.5
	20대	99.8	0.2	–	–	21.0
2016년	10대	93.9	5.6	0.3	0.2	15.4
	20대	99.6	0.4	0.0	–	22.8
2017년	10대	98.1	0.9	1.0	–	16.9
	20대	100.0	–	0.0	–	23.6
2018년	10대	98.1	1.2	0.7	–	17.8
	20대	99.9	0.1	0.0	–	24.2
2019년	10대	96.9	2.6	0.5	0.0	17.6
	20대	98.6	0.9	0.4	0.0	24.3
2020년	10대	98.5	1.5	0.0	0.0	27.6
	20대	99.3	0.6	0.1	0.0	29.5
2021년	10대	98.8	1.1	0.0	0.0	24.9
	20대	99.8	0.2	0.0	0.0	30.4

출처 : 과학기술정보통신부 · 한국인터넷진흥원(2017~2021년). 인터넷이용실태조사.
미래창조과학부 · 한국인터넷진흥원(2013~2016년). 인터넷이용실태조사.
여성가족부(2023). 2022년 청소년백서, p. 116.

(2) 인터넷 이용 용도

2021년 청소년의 인터넷 이용 용도를 살펴보면, 10대 청소년의 경우 여가활동이 100%로 가장 많고, 다음으로 교육학습과 자료정보검색이 각각 99.9%, 커뮤니케이션 99.8%, 홈페이지 운영 47.4%, 구직활동 9.4%의 순이었다. 반면, 20대 청소년의 경우 여가활동, 자료정보검색, 커뮤니케이션 모두 100%로 가장 많고, 다음으로 홈페이지 운영 99.8%, 교육학습 77.9%, 구직활동 55.2% 등의 순이었다. 10대와 20대 청소년은 인터넷 이용 용도가 다소 다른 양상을 보이는 것으로 나타났다.

10대 청소년이 20대보다 교육학습을 위하여 인터넷을 더 사용하는 것을 제외하고는 20대가 10대 청소년보다 인터넷을 다양한 용도로 더 많이 사용하고 있다. 특히 20대는 홈페이지 운영과 직업 · 직장과 같은 구직활동을 10대 청소년보다 훨씬 많이 이용하고 있다. 이처럼 청소년들은 자신의 필요에 따라 인터넷을 이용하는 것으로 보인다.

〈표 11-4〉 인터넷 이용 용도(복수응답) (단위 : %)

구 분		자료정보검색	여가활동	커뮤니케이션	거래활동	교육학습	커뮤니티	SW 다운로드/업그레이드	홈페이지운영	구직활동	파일공유서비스	기타
2013년	10대	93.7	97.2	91.9	28.6	56.9	18.1	11.6	45.2	4.3	7.0	
	20대	99.8	97.6	81.4	62.1	28.7	30.8	22.1	67.3	27.0	14.1	
2014년	10대	91.0	93.3	94.4	32.0	59.2	–	14.0	–	4.2	8.6	
	20대	99.8	95.0	99.8	86.2	43.0	–	22.6	–	29.3	18.7	
2015년	10대	85.3	96.7	95.7	–	58.7	–	–	48.5	6.5	–	
	20대	99.6	97.4	100.0	–	50.6	–	–	70.3	33.8	–	
2016년	10대	88.4	97.5	95.1	–	72.4	–	–	51.5	7.9	–	
	20대	99.8	98.5	99.9	–	60.4	–	–	74.7	42.2	–	
2017년	10대	92.6	98.9	97.1	–	73.6	–	–	53.8	7.8	–	–
	20대	100.0	99.4	100.0	–	64.3	–	–	78.2	51.3	–	–

2018년	10대	95.6	99.5	98.2	-	83.8	-	-	70.1	7.7	-	-
	20대	100.0	99.7	100.0	-	65.5	-	-	90.9	59.8	-	-
2019년	10대	96.0	99.5	98.6	-	83.5	-	-	69.9	8.9	-	27.3
	20대	100.0	99.7	100.0	-	70.2	-	-	91.8	60.8	-	91.0
2020년	10대	95.2	99.1	98.5	-	99.9	-	-	64.8	9.4	-	37.7
	20대	100.0	99.8	99.9	-	82.6	-	-	87.4	51.5	-	96.2
2021년	10대	99.9	100.0	99.8	-	99.9	-	-	47.4	9.4	-	71.8
	20대	100.0	100.0	100.0	-	77.9	-	-	99.8	55.2	-	99.9

출처 : 과학기술정보통신부 · 한국인터넷진흥원(2017~2021년). 인터넷이용실태조사.
미래창조과학부 · 한국인터넷진흥원(2013~2016년). 인터넷이용실태조사.
여성가족부(2023). 2022년 청소년백서, p. 118.

4. 인터넷 중독 지원방법

1) 개별상담

인터넷에 중독된 청소년들을 위한 상담과정은 반드시 부모면담을 진행해야 할 것이며, 심리평가를 통해 상담 위주로 개입할 것인지, 정신과에 의뢰하여 약물치료를 병행할 것인지를 결정하여 진행하는 것이 바람직하다. 또한 상담을 위한 몇 가지 방법을 박승민 등(2011)이 정리한 내용을 중심으로 살펴보면 다음과 같다.

① 1단계 : 문제행동 탐색

신뢰감 형성을 통하여 촉진적 관계를 형성하고 상담을 구조화하는 단계이다. 클라이언트의 문제를 정리하고 개념화하기 위해 정보를 잘 탐색하고, 다른 동반된 문제가 있는지, 변화하려는 의지나 주변의 개입이 있는지 등을 탐색한다.

② 2단계 : 인터넷 사용에 대한 자기인식력 갖기

인터넷을 사용하기 시작하면서부터 지금까지 주변 환경에 어떤 일이 일어났는가를 탐색함으로써 자신에게 변화가 필요함을 인식시키도록 한다.

③ 3단계 : 클라이언트의 인터넷 중독 관련 요인 탐색

클라이언트의 인터넷 중독 관련 요인을 탐색하는 단계로 인터넷 중독에 기여한 요인들을 구체적으로 살펴보는 단계이다. 개인의 심리적 환경, 가족관계, 사회적 환경, 물리적 환경을 탐색하고 관련지어 봄으로써 중독 관련 요인 중에서 조정하고 개입할 영역을 정하게 된다.

④ 4단계 : 행동목표 설정

변화를 위한 행동목표를 설정함에 있어서 현실적으로 성취 가능한 것 위주로 정하여 성취를 통해 만족감과 자존감을 고양하는 것을 목표로 한다.

⑤ 5단계 : 현재 실천 가능한 대안 탐색 및 협상

목표 설정 후 목표 실현 및 줄어든 인터넷 사용 시간을 보상할 수 있는 대체활동을 마련하고 이를 통해 성취감을 경험할 수 있도록 하는 단계이다.

⑥ 6단계 : 목표 달성에 대한 점검 및 변화된 행동 유지

목표를 지속적으로 성취하는 데 방해되는 유혹 요소들, 재발하게 하는 요인들이 무엇인지 살펴서 필요시 주변 사람의 도움과 협력이 가능하도록 한다. 이때 화가 나거나 스트레스가 생기면 상황의 해결을 위한 대처방안을 마련해야 하고, 새로운 게임이 나왔거나 이벤트로 무료 게임을 하게 해주는 등의 유혹적 상황에 대해서도 대안을 마련하는 것이 필요하다. 또한 갑자기 생길 수 있는 여가시간이나 용돈에 대해서도 무엇을 할 것인지 현실적인 계획이 필요하고, 친구들이 PC방에 가자고 요구할 때 어떻게 거절할 것인지 거절하는 연습도 필요하다. 끝으로 자신의 변화된 행동에 대한 자기 확인 및 자기 보상 또는 주변으로부터 받는 보상을 지속적으로 유지할 수 있도록 하는 것이 중독에서 벗어나게 하는 데 도움이 된다.

2) 부모상담

인터넷에 중독된 자녀의 변화를 위해 부모가 어떻게 변해야 하는지에 초점을 두고 진행하는 것으로, 구체적 내용은 다음과 같다(권희경 외, 2004; 박승민 외, 2011; 백사인 외, 2015 : 177-180).

① 1단계 : 권유 단계

인터넷 중독에 노출된 자녀뿐만 아니라 부모도 함께 상담받을 것을 권유하는 단계이다. 인터넷 중독에 이르게 된 요인들을 객관적으로 교육하고 자녀를 돕기 위해 부모상담 병행의 필요성을 안내한다.

② 2단계 : 문제인식 단계

자녀의 문제와 부모 자신의 문제를 보다 정확하게 이해하는 단계이다. 자녀의 현재 상태에 대한 객관적 평가 결과를 통해 인터넷 중독 문제에 부모의 어떠한 요인이 기여하였는지를 설명한 후 부모상담의 구체적 목표들을 합의하여 상담과정을 구조화한다. 초기 단계에서는 심리교육과 상담이 적절히 병행되어야 하므로 상담자는 적극적 태도를 취하도록 한다.

③ 3단계 : 관계의 변화 단계

부모가 먼저 자신의 내면을 들여다보고 필요시 행동이나 성격의 변화를 꾀하는 단계이다. 이를 통해 부모의 부정적 행동은 줄이고 긍정적 행동을 증가시키므로 자녀가 부모를 보다 편안하고 긍정적으로 느낄 수 있도록 돕는 과정이다.

④ 4단계 : 훈육행동 학습 단계

상담자가 부모에게 자녀의 인터넷 행동을 조절하는 데 도움이 되는 훈육방법과 기술을 학습시키는 단계이다. 이 단계가 어느 정도 안정화되면 부모-자녀 관계를 바탕으로 자녀의 인터넷 행동을 조절할 수 있다. 이때 이루어지는 구체적 내용은 다음과 같다. 첫째, 인터넷에 대한 자녀와의 허심탄회한 대화이다. 인터넷에 대한 자녀의 긍정적 경험들을 나누려는 성숙함과 자녀가 즐거워하는 것을 인정하는 자세가 필요하다. 둘째, 대안행동의 탐색과 발굴을 격려하면서 대체활동을 찾아서 실천한다. 셋째, 상주기이다. 자녀가 전반적으로 건강하고 바람직한 행동을 하면 긍정적 강화를 주는 것이 필요하다. 넷째, 벌주기이다. 부모가 여러 번 금지하였으나 반복되는 부정적 행동에 취해지는 것으로, 행동수정을 위해 필요한 방법이지만 벌을 주기보다는 환경을 바꾼다든지, 대안활동의 발굴을 강화하는 등 불가피한 상황에서만 벌을 주는 방법을 취하는 것이 바람직하다. 다섯째, 환경 변화의 도모를 통해 중독의 예방 및 치료에 임하도록 한다. 여섯째, 컴퓨터의 올바른 사용방법을 배워 자녀와 함께 실천한다.

컴퓨터 사용지침에 대해서 살펴보면 다음과 같다. 첫째, 온라인에서 자녀를 불쾌하게 하는 말을 하거나 안 좋은 일을 요구하는 사람이 있으면 반드시 말을 하거나 신고하게 한다. 둘째, 낯선 사람이 알아서는 안 되는 개인정보를 절대로 알려주지 않도록 한다. 셋째, 인터넷에서 만난 사람과 전화하거나 만나지 않도록 한다. 넷째, 인터넷 접속자들이 표현한 것들을 그대로 믿지 않도록 한다. 다섯째, 사이트에 개인정보를 올리고 등록할 때 신중하게 하고, 계약 약관 등을 잘 읽어보고 등록하고, 청소년들은 가급적 부모와 상의하도록 한다. 여섯째, 온라인상의 친구들은 누구이고, 어떤 관계인지, 또는 접속 동아리에 대한 정보를 부모와 공유한다.

⑤ 5단계 : 종결 단계

부모상담의 과정과 성과를 마무리하는 단계로서 실질적인 변화가 있고, 부모의 양육 행동도 개선되는 등의 성과를 확인하고 그 성과 요인을 찾아내어 유지할 수 있도록 한다.

[참고 11-1] 한국형인터넷중독자가진단검사(K-척도)

다음은 인터넷 사용에 관한 질문입니다. 자신의 모습과 가장 비슷하다고 생각되는 것에 체크해 주세요. 단, 학업이나 업무용으로 사용하는 것은 해당되지 않습니다.

K-척도 40문항						
요인 구분		항 목	전혀 그렇지 않다	때때로 그렇다	자주 그렇다	항상 그렇다
1	1	인터넷 사용으로 인해서 생활이 불규칙해졌다.	①	②	③	④
	2	인터넷 사용으로 건강이 이전보다 나빠진 것 같다.	①	②	③	④
	3	인터넷 사용으로 학교 성적이 떨어졌다.	①	②	③	④
	4	인터넷을 너무 사용해서 머리가 아프다.	①	②	③	④
	5	인터넷을 하다가 계획한 일들을 제대로 못한 적이 있다.	①	②	③	④
	6	인터넷을 하느라고 피곤해서 수업시간에 잠을 자기도 한다.	①	②	③	④
	7	인터넷을 너무 사용해서 시력 등에 문제가 생겼다.	①	②	③	④
	8	다른 할 일이 많을 때에도 인터넷을 사용하게 된다.	①	②	③	④
	9	인터넷 사용으로 인해 가족들과 마찰이 있다.	①	②	③	④
2	10	인터넷을 하지 않을 때에도 하고 있는 듯한 환상을 느낀 적이 있다.	①	②	③	④
	11	인터넷을 하고 있지 않을 때에도 인터넷에서 나오는 소리가 들리고 인터넷을 하는 꿈을 꾼다.	①	②	③	④
	12	인터넷 사용 때문에 비도덕적인 행위를 저지르게 된다.	①	②	③	④
3	13	인터넷을 하는 동안 나는 가장 자유롭다.	①	②	③	④
	14	인터넷을 하고 있으면 기분이 좋아지고 흥미진진해진다.	①	②	③	④
	15	인터넷을 하는 동안 나는 더욱 자신감이 생긴다.	①	②	③	④
	16	인터넷을 하고 있을 때 마음이 제일 편하다.	①	②	③	④
	17	인터넷을 하면 스트레스가 모두 해소되는 것 같다.	①	②	③	④
	18	인터넷이 없다면 내 인생에 재미있는 일이란 없다.	①	②	③	④
4	19	인터넷을 하지 못하면 생활이 지루하고 재미가 없다.	①	②	③	④
	20	만약 인터넷을 다시 할 수 없게 된다면 견디기 힘들 것이다.	①	②	③	④
	21	인터넷을 하지 못하면 안절부절못하고 초조해진다.	①	②	③	④
	22	인터넷을 하고 있지 않을 때에도 인터넷에 대한 생각이 자꾸 떠오른다.	①	②	③	④
	23	인터넷 사용 때문에 실생활에서 문제가 생기더라도 인터넷 사용을 그만두지 못한다.	①	②	③	④
	24	인터넷을 할 때 누군가 방해를 하면 짜증스럽고 화가 난다.	①	②	③	④

5	25	인터넷에서 알게 된 사람들이 현실에서 아는 사람들보다 나에게 더 잘해준다.	①	②	③	④
	26	온라인에서 친구를 만들어 본 적이 있다.	①	②	③	④
	27	오프라인에서보다 온라인에서 나를 인정해 주는 사람이 더 많다.	①	②	③	④
	28	실제에서보다 인터넷에서 만난 사람들을 더 잘 이해하게 된다.	①	②	③	④
	29	실제 생활에서도 인터넷에서 하는 것처럼 해보고 싶다.	①	②	③	④
6	30	인터넷 사용시간을 속이려고 한 적이 있다.	①	②	③	④
	31	인터넷을 하느라고 수업에 빠진 적이 있다.	①	②	③	④
	32	부모님 몰래 인터넷을 한다.	①	②	③	④
	33	인터넷 때문에 돈을 더 많이 쓰게 된다.	①	②	③	④
	34	인터넷에서 무엇을 했는지 숨기려고 한 적이 있다.	①	②	③	④
	35	인터넷에 빠져 있다가 다른 사람과의 약속을 어긴 적이 있다.	①	②	③	④
7	36	인터넷을 한번 시작하면 생각했던 것보다 오랜 시간 인터넷에서 보내게 된다.	①	②	③	④
	37	인터넷을 하다가 그만두면 또 하고 싶다.	①	②	③	④
	38	인터넷 사용시간을 줄이려고 해보았지만 실패한다.	①	②	③	④
	39	인터넷 사용을 줄여야 한다는 생각이 끊임없이 들곤 한다.	①	②	③	④
	40	주위 사람들이 내가 인터넷을 너무 많이 한다고 지적한다.	①	②	③	④

◆ 7개 하위요인

1 = 일상생활장애(Disturbance of Adaptive Functions)
2 = 현실구분장애(Disturbance of Reality Testing)
3 = 긍정적 기대(Addictive Automatic Thought)
4 = 금단(Withdrawal)
5 = 가상적 대인관계 지향성(Virtual Interpersonal Relationship)
6 = 일탈행동(Deviate Behavior)
7 = 내성(Tolerance)

사용자군의 평가 구분 특성

	구 분	전체총점	1번 요인 총점	4번 요인 총점	7번 요인 총점
고위험 사용자군	중고등학생	108점 이상	26점 이상	18점 이상	17점 이상
	초등학생	94점 이상	21점 이상	16점 이상	15점 이상
	위 점수 기준에 모두 해당되는 경우				
	인터넷 사용으로 인하여 일상생활에서 심각한 장애를 보이면서 내성 및 금단현상이 나타난다. 사이버 공간에서의 대인관계가 대부분이며, 해킹과 같은 비도덕적				

<table>
<tr><td></td><td colspan="5">행위와 막연한 긍정적 기대가 있고, 현실생활에서도 인터넷에 접속하고 있는 듯한 착각을 하기도 한다. 이들의 접속시간은 중고생의 경우 1일 약 4시간 이상, 초등생 약 3시간 이상이며, 중고생은 수면시간도 5시간 내외로 줄어든다. 대개 자신이 인터넷 중독이라고 느끼며, 학업에 곤란을 겪는다. 또한 심리적으로 불안정감 및 대인관계 곤란감, 우울한 기분 등이 흔하며, 성격적으로 자기조절에 심각한 어려움을 보이며 무계획적인 충동성도 높은 편이다. 현실세계에서 사회적 관계에 문제가 있으며, 외로움을 느끼는 경우도 많다.

⇒ 인터넷 중독 경향성이 매우 높으므로 관련기관의 전문적 지원과 도움이 요청된다.</td></tr>
<tr><td rowspan="6">잠재적 위험 사용자군</td><td>구 분</td><td>전체총점</td><td>1번 요인 총점</td><td>4번 요인 총점</td><td>7번 요인 총점</td></tr>
<tr><td>중고등학생</td><td>95~107</td><td>23점 이상</td><td>16점 이상</td><td>15점 이상</td></tr>
<tr><td>초등학생</td><td>82~93</td><td>18점 이상</td><td>14점 이상</td><td>13점 이상</td></tr>
<tr><td colspan="5">위 점수 기준에 한 가지라도 해당되는 경우</td></tr>
<tr><td colspan="5">고위험사용자에 비해 경미한 수준이지만 일상생활에서 장애를 보이며, 인터넷 사용시간이 늘어나고 집착을 하게 된다. 학업에 어려움이 나타날 수 있으며, 심리적 불안정감을 보이지만 절반 정도의 학생은 자신이 아무 문제가 없다고 느낀다. 대체로 중고생은 1일 약 3시간 정도, 초등생은 2시간 정도의 접속시간을 보이며, 다분히 계획적이지 못하고 자기조절에 어려움을 보이며 자신감도 낮다.

⇒ 인터넷 과다 사용의 위험을 깨닫고 스스로 조절하고 계획적인 사용을 하도록 노력한다. 인터넷 중독에 대한 주의가 요망되며, 학교 및 관련기관에서 제공하는 건전한 인터넷 활용 지침을 따른다.</td></tr>
<tr><td colspan="5"></td></tr>
<tr><td rowspan="5">일반 사용자군</td><td>구 분</td><td>전체총점</td><td>1번 요인총점</td><td>4번 요인총점</td><td>7번 요인총점</td></tr>
<tr><td>중고등학생</td><td>94점 이하</td><td>22점 이하</td><td>15점 이하</td><td>14점 이하</td></tr>
<tr><td>초등학생</td><td>81점 이하</td><td>17점 이하</td><td>13점 이하</td><td>12점 이하</td></tr>
<tr><td colspan="5">위 점수 기준에 모두 해당하는 경우</td></tr>
<tr><td colspan="5">중고생의 경우 1일 약 2시간, 초등생 약 1시간 정도의 접속시간을 보이며, 대부분이 인터넷 중독 문제가 없다고 느낀다. 심리적 정서 문제나 성격적 특성에서도 특이한 문제를 보이지 않으며, 자기행동을 관리한다고 생각한다. 주변 사람들과의 대인관계에서도 자신이 충분한 지원을 얻을 수 있다고 느끼며, 심각한 외로움이나 곤란감을 느끼지 않는다.

⇒ 때때로 인터넷의 건전한 활용에 대하여 자기 점검을 지속적으로 수행한다.</td></tr>
</table>

출처 : 정보통신부 한국정보문화진흥원. 한국형인터넷중독자가진단검사(K-척도).

[참고 11-2] 올바른 인터넷 사용수칙

※ 올바른 인터넷 사용수칙(하자!)

1. 컴퓨터는 가족이 공유하는 장소에 두고 사용한다.
2. 하루 중 컴퓨터를 켜고 끄는 시간을 일정하게 정한다.
3. 특별한 목적 없이 인터넷에 1시간 이상 머무르지 않는다. 특히 목적 없는 웹서핑을 자제한다.
4. 유해 정보로 의심되면 열지 말고 바로 지운다.
5. 폭력적인 내용의 이메일이나 의심스러운 제의 등에 대해서는 일체 답장하면 안 된다. 이런 메시지를 받으면 반드시 부모에게 알려야 한다.
6. 인터넷 사용 때문에 취침시간을 넘기지 않는다.
7. 오락과 휴식의 도구로서 컴퓨터를 사용하는 것을 줄인다.
8. 혼자서 컴퓨터를 하는 것보다 대인관계를 더 즐기도록 노력한다.
9. 인터넷 이외에 자신에게 즐거움을 주는 다른 활동들, 예를 들면 취미생활, 운동, 문화활동을 늘린다.
10. 인터넷 활동 이외의 실제 생활에도 적극적이 되도록 노력한다.

※ 인터넷 사용 시 하지 말 것(하지 말자!)

1. 인터넷을 사용하여 불법적인 행동을 하거나, 컴퓨터 바이러스를 고의로 내려받거나, 유포하지 말자.
2. 인터넷상에서는 이름, 나이, 주소, 전화번호, 학교이름, 비밀번호 등 개인 신상에 관한 정보는 부모의 허락 없이 절대로 노출하지 말자.
3. 당사자의 허락 없이 다른 사람의 이름으로 인터넷을 사용하지 말자.
4. 부모의 허락 없이 함부로 대화방에 들어가지 말자.
5. 인터넷에서 자주 만나 상당히 친해진 사람일지라도 자신의 사진을 이메일을 통해서 보내지 말자.
6. 거칠고, 폭력적이고 선정적인 내용의 메시지를 다른 사람에게 보내지 말자.
7. 부모의 허락 없이 사이버 공간에서 만나는 사람들과 절대로 직접 만나지 말자.
8. 인터넷을 통해서 만난 사람들에게 자신의 계획이나 행선지, 그리고 현재의 소재지 등을 알려주지 말자.
9. 부모의 허락 없이 부가적인 요금을 내야 하는 정보나 사이트에 접근하지 말자.
10. 인터넷을 통해서 부모의 허락 없이 물건을 주문하거나 특히 신용카드 번호를 알려주지 말자.

5. 스마트폰 과의존

1) 과의존의 개념

스마트폰이 일상에서 가장 우선시되는 활동이 되고, 이용 조절력이 감소하여 신체 · 심리 · 사회적 문제를 겪는 상태를 말하며, 그 의미를 살펴보면 〈표 11-5〉와 같다.

〈표 11-5〉 스마트폰 과의존 개념

현저성	개인의 삶에서 스마트폰을 이용하는 생활패턴이 다른 행태보다 두드러지고 가장 중요한 활동이 되는 것
조절 실패	이용자가 설정한 목표 대비 스마트폰 사용에 대한 자율적 조절 능력이 떨어지는 것
문제적 결과	신체적 · 심리적 · 사회적으로 부정적 결과를 경험함에도 스마트폰을 지속해서 이용하는 것

2) 과의존 사회

최근 우리 사회는 빅데이터, 네트워크(IoT, 5G), 인공지능 등 디지털 기술을 중심으로 산업, 사회, 개인의 삶 전반에 혁신적 변화를 경험하고 있다. 특히 의료, 제조, 교통 등 각 분야에서 혁신적인 제품 · 서비스가 창출되고 이를 수용하기 위한 관련 제도들이 마련되고 있다. 이러한 스마트 기기의 보편화는 소통 · 여가 · 쇼핑 · 금융 등 일상생활에서부터 사회문제의 해결에 이르기까지 다양하게 확산되고 있다.

그러나 스마트 기기의 과도한 이용과 의존 현상은 균형 잡힌 삶의 걸림돌로 작용하고 있고, 특히 자율 조절이 어려운 유아, 청소년 등의 지나친 스마트 기기 사용은 건강, 심리, 관계에서 새로운 사회문제로 대두하였다. 이에 디지털 기술 · 서비스 변화, 비대면 활동 증가 등의 환경요인을 반영하여 '스마트폰 과의존

정책'을 유연성 있게 추진할 필요가 생겼으며, 사회적 · 수요적 관점에서 현장 애로를 발굴 · 해소하는 방식으로 정책 방향을 전환함으로써 과의존 문제의 대응력을 강화할 필요가 있다.

3) 과의존이 미치는 영향

스마트폰의 지나친 사용은 개인의 건강 및 학업, 부모-자녀 갈등 및 관계 단절, 안전사고 등 사회적 문제로 이어질 수 있다.

〈표 11-6〉 스마트폰 과의존이 미치는 영향

구분	내용
신체적 영향	장시간 스마트폰 사용으로 근골격계(목, 손목), 시각 및 청각 등 신체 건강 문제가 발생하거나 수면장애 등 일상생활 불편 초래 예 일자목 증후군, 안구건조증 등
심리적 영향	스마트폰을 사용하지 못하면 우울, 불안, 초조함 등 심리적 불안정 증상을 보이고, 심각한 경우 행동장애 등이 나타날 수 있음 예 주의력결핍과잉행동장애(ADHD) : 주의가 산만하고 과다활동, 충동성과 학습장애를 보이는 장애
관계 · 행동적 영향	스마트폰에 빠져 친구 혹은 동료 간에 심한 갈등을 겪거나 심한 다툼이 발생하여 단절되는 등 대인관계 악영향 발생 예 스마트폰 때문에 친구와 갈등, 가족과 다툼

4) 인터넷, 스마트폰 과의존 예방 및 해소

여성가족부와 '대한청소년정신의학회'는 심각한 인터넷 과의존 청소년에 대한 국가적 차원의 치료 · 재활 기반이 현저히 부족하여 국민적 고충이 지속되고 있는 상황에서, 이들에 대한 국가적 차원에서의 프로파일 연구와 과의존 청소년에 대한 장단기적 서비스의 총괄적 계획이 마련되어야 한다는 문제의식하에 2005년부터 '심각한 인터넷 과의존 청소년을 위한 치료-재활 기반 조성 및 임상적 치료-재활 모델개발 사업'을 추진한 바 있다.

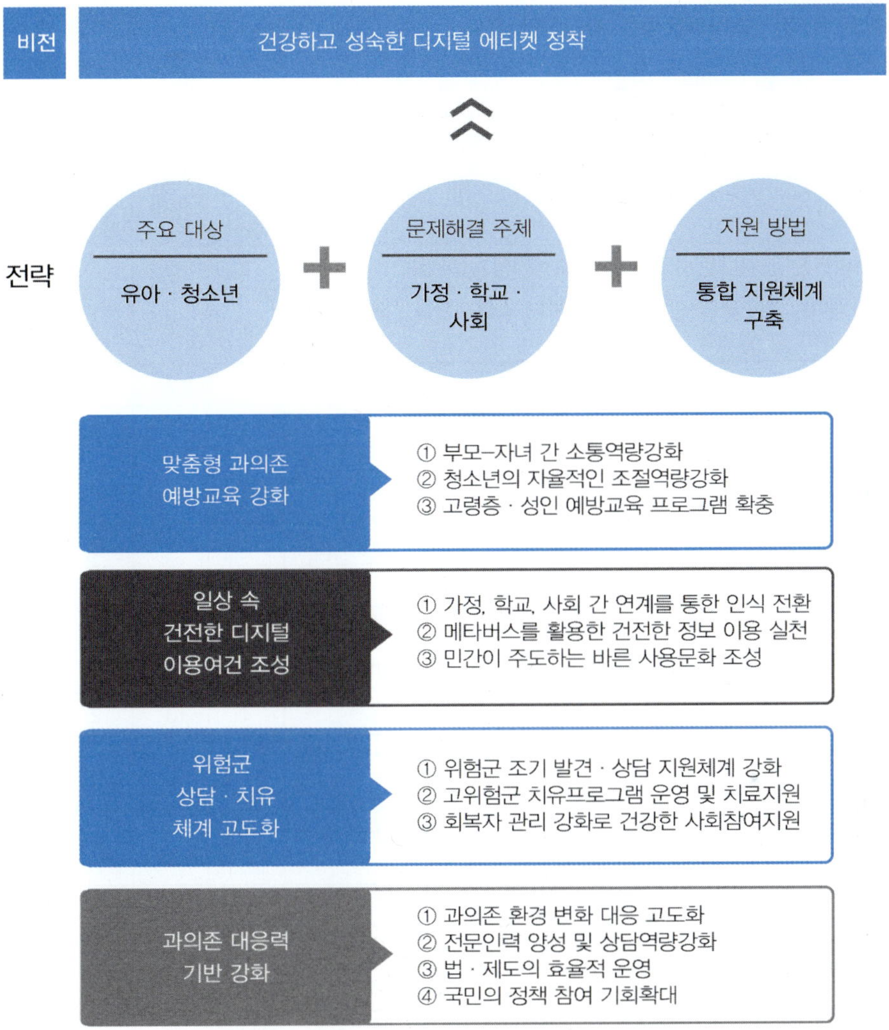

그림 11-1 인터넷, 스마트폰 과의존 예방 전략

출처 : 과학기술정보통신부(2022.6).

[참고 11-3] 스마트폰중독 자가진단 척도

다음은 여러분이 **스마트폰 사용**에 대해 어떻게 생각하는지에 관한 내용입니다.
잘 읽고 자신과 가장 가깝다고 생각되는 곳에 ✔표 해주세요.

문 항	전혀 그렇지 않다	그렇지 않다	그렇다	매우 그렇다
1. 스마트폰의 지나친 사용으로 학교성적이 떨어졌다.	1	2	3	4
2. 가족이나 친구들과 함께 있는 것보다 스마트폰을 사용하고 있는 것이 더 즐겁다.	1	2	3	4
3. 스마트폰을 사용할 수 없게 된다면 견디기 힘들 것이다.	1	2	3	4
4. 스마트폰 사용시간을 줄이려고 해보았지만 실패한다.	1	2	3	4
5. 스마트폰 사용으로 계획한 일(공부, 숙제 또는 학원수강 등)을 하기 어렵다.	1	2	3	4
6. 스마트폰을 사용하지 못하면 온 세상을 잃은 것 같은 생각이 든다.	1	2	3	4
7. 스마트폰이 없으면 안절부절못하고 초조해진다.	1	2	3	4
8. 스마트폰 사용시간을 스스로 조절할 수 있다.	4	3	2	1
9. 수시로 스마트폰을 사용하다가 지적을 받은 적이 있다.	1	2	3	4
10. 스마트폰이 없어도 불안하지 않다.	4	3	2	1
11. 스마트폰을 사용할 때 그만해야지 라고 생각은 하면서도 계속 한다.	1	2	3	4
12. 스마트폰을 너무 자주 또는 오래 한다고 가족이나 친구들로부터 불평을 들은 적이 있다.	1	2	3	4
13. 스마트폰 사용이 지금 하고 있는 공부에 방해가 되지 않는다.	4	3	2	1
14. 스마트폰을 사용할 수 없을 때 패닉상태에 빠진다.	1	2	3	4
15. 스마트폰 사용에 많은 시간을 보내는 것이 습관화되었다.	1	2	3	4

▶스마트폰중독 청소년 자가진단 척도 채점

<table>
<tr><td rowspan="2">채점 방법</td><td>[1단계] 문항별</td><td colspan="2">전혀 그렇지 않다 : 1점 / 그렇지 않다 : 2점 / 그렇다 : 3점 / 매우 그렇다 : 4점
※ 단, 8번, 10번, 13번 문항은 다음과 같이 역채점 실시
〈전혀 그렇지 않다 : 4점 / 그렇지 않다 : 3점 / 그렇다 : 2점 / 매우 그렇다 : 1점〉</td></tr>
<tr><td>[2단계] 총점 및 요인별</td><td>총점 요인별</td><td>▶ ① 1~15번 합계
▶ ② 1요인(1, 5, 9, 12, 13번) 합계
▶ ③ 3요인(3, 7, 10, 14번) 합계
▶ ④ 4요인(4, 8, 11, 15번) 합계</td></tr>
</table>

<table>
<tr><td rowspan="4">고위험
사용자군</td><td>총점
요인별</td><td>▶ ① 45점 이상
▶ ② 1요인 16점 이상 ③ 3요인 13점 이상 ④ 4요인 14점 이상</td></tr>
<tr><td colspan="2">판정 : ①에 해당하거나, ②~④ 모두 해당되는 경우</td></tr>
<tr><td colspan="2">스마트폰 사용으로 인하여 일상생활에서 심각한 장애를 보이면서 내성 및 금단현상이 나타난다. 스마트폰으로 이루어지는 대인관계가 대부분이며, 비도덕적 행위와 막연한 긍정적 기대가 있고 특정 앱이나 기능에 집착하는 특성을 보이기도 한다. 현실생활에서도 습관적으로 사용하게 되며 스마트폰 없이는 한순간도 견디기 힘들다고 느낀다. 따라서 스마트폰 사용으로 인하여 학업이나 대인관계를 제대로 수행할 수 없으며 자신이 스마트폰중독이라고 느낀다. 또한 심리적으로 불안정감 및 대인관계 곤란감, 우울한 기분 등이 흔하며, 성격적으로 자기조절에 심각한 어려움을 보이며 무계획적인 충동성도 높은 편이다. 현실세계에서 사회적 관계에 문제가 있으며, 외로움을 느끼는 경우도 많다.</td></tr>
<tr><td colspan="2">▷ 스마트폰중독 경향성이 매우 높으므로 관련기관의 전문적 지원과 도움이 요청된다.</td></tr>
<tr><td rowspan="4">잠재적
위험
사용자군</td><td>총점
요인별</td><td>▶ ① 42점 이상~44점 이하
▶ ② 1요인 14점 이상 ③ 3요인 12점 이상 ④ 4요인 13점 이상</td></tr>
<tr><td colspan="2">판정 : ①~④ 중 한 가지라도 해당되는 경우</td></tr>
<tr><td colspan="2">고위험사용자군에 비해 경미한 수준이지만 일상생활에서 장애를 보이며, 필요 이상으로 스마트폰 사용시간이 늘어나고 집착을 하게 된다. 학업에 어려움이 나타날 수 있으며, 심리적 불안정감을 보이지만 절반 정도는 자신이 아무 문제가 없다고 느낀다. 다분히 계획적이지 못하고 자기조절에 어려움을 보이며 자신감도 낮게 된다.</td></tr>
<tr><td colspan="2">▷ 스마트폰 과다 사용의 위험을 깨닫고 스스로 조절하고 계획적인 사용을 하도록 노력한다. 스마트폰 중독에 대한 주의가 요망된다.</td></tr>
<tr><td rowspan="4">일반
사용자군</td><td>총점
요인별</td><td>▶ ① 41점 이하
▶ ② 1요인 13점 이하 ③ 3요인 11점 이하 ④ 4요인 12점 이하</td></tr>
<tr><td colspan="2">판정 : ①~④ 모두 해당되는 경우</td></tr>
<tr><td colspan="2">대부분이 스마트폰 중독 문제가 없다고 느낀다. 심리적 정서 문제나 성격적 특성에서도 특이한 문제를 보이지 않으며, 자기행동을 관리한다고 생각한다. 주변 사람들과의 대인관계에서도 자신이 충분한 지원을 얻을 수 있다고 느끼며, 심각한 외로움이나 곤란감을 느끼지 않는다.</td></tr>
<tr><td colspan="2">▷ 때때로 스마트폰의 건전한 활용에 대하여 자기 점검을 지속적으로 수행한다.</td></tr>
</table>

출처 : 정보통신부 한국정보문화진흥원, 스마트폰중독 자가진단 척도.

학습문제

01 **청소년과 사이버 문화의 긍정적 측면에 대한 내용이 아닌 것은?**

① 또래문화 양산 ② 놀이문화
③ 상상력 확장 ④ 은둔형 외톨이 양산
⑤ 자기표현의 도구

해설 ④ 은둔형 외톨이는 사이버 문화의 부정적 측면이다.

02 **인터넷 중독의 특징이 아닌 것은?**

① 현실적 대인관계 지향 ② 범죄 유발 가능성 증가
③ 현실지각력 상실 ④ 금단현상 및 내성
⑤ 일상생활장애

해설 ① 인터넷 중독은 가상적 대인관계를 지향한다.

03 **사이버 범죄에 해당하지 않는 것은?**

① 컴퓨터 해킹 ② 아이디 도용
③ 일상생활의 스토킹 ④ 컴퓨터 바이러스 유포
⑤ 인터넷 매매춘 알선

해설 ③ 사이버 스토킹이 강화된다.

04 **셧다운(shutdown)제도에 대한 설명이 아닌 것은?**

① 16세 미만 청소년에게 자정부터 오전 6시까지 인터넷게임을 제공하면 안 된다.
② 현재 진행되는 정책이다.
③ ID나 계정 없이 할 수 있는 게임에는 적용되지 않는다.
④ 밤 10시 이후 집에서도 온라인 게임 접속 등을 막는 것이다.
⑤ 소관부서는 여성가족부이다.

해설 ② 현재 폐지된 정책이다.

참고문헌

과학기술정보통신부 · 한국인터넷진흥원(2021). 인터넷이용실태조사.

과학기술정보통신부(2022). 인터넷, 스마트폰 과의존 예방 전략.

권희경 · 홍혜영 · 홍지영 · 김태현 · 윤재호(2004). 학교를 떠난 청소년에 대한 개인상담모델 개발 : 지지적 접근을 중심으로. **2004 청소년상담 심포지엄 자료집**. 서울시청소년종합상담실.

김현수(2012). 청소년의 인터넷 중독과 해결방안에 관한 고찰. **한국중독범죄학회보, 2**(1).

미래창조과학부 · 한국인터넷진흥원(2016). 인터넷이용실태조사.

박성길(2003). 인터넷 중독 과다사용의 위험요인분석. 서울대학교 대학원 석사학위논문.

박승민 · 조영미 · 김동민(2011). **청소년 인터넷 중독의 이해와 상담**. 서울 : 학지사.

박정란 · 서홍란 · 장수한(2016). **청소년복지론**. 경기 : 양서원.

방송통신위원회 · 한국인터넷진흥원(2010, 2011, 2012). 인터넷이용실태조사.

백사인 · 배양자 · 박병훈 · 염영미(2015). **청소년복지론**. 서울 : 창지사.

여성가족부(2023). 2022 청소년백서.

이현아(2004). 대학생의 인터넷 중독유형에 따른 특성과 인터넷 중독의 영향. **대전가정학회지, 42**(3).

인터넷 중독 예방센터.

장재홍 · 유정이 · 김형수 · 최한나(2003). 중학생의 인터넷 중독 및 인터넷 보상경험에 영향을 주는 심리환경적 요인. **상담학연구, 4**(2).

전춘애 · 박철옥 · 이은경(2008). 청소년의 인터넷 중독 관련 변인 탐색 연구. **상담학연구. 9**(2).

정보통신부 · 한국정보문화진흥원. 한국형인터넷중독자가진단검사(K-척도).

__________________________. 스마트폰중독 자가진단 척도.

천정웅(2016). **청소년복지론**. 경기 : 양서원.

한국정보화진흥원(2011). 인터넷 중독 실태조사 최종보고서.

_______________(2014). 인터넷 중독 실태조사 최종보고서.

홍성태(1996). **사이버 공간 사이버문화**. 서울 : 문화과학사.

황수민 · 이성애 · 한덕현(2013). 청소년 인터넷 중독 임상집단에서 공병질환에 따른 심리적 특성 : 우울, 중독성을 중심으로. **한국심리학회지 일반, 32**(4).

CHAPTER 12

청소년과 성

학습목표

- 청소년이 인식하는 성문화를 이해하도록 한다.
- 청소년 성문제의 원인을 설명할 수 있다.
- 청소년과 관련된 성범죄의 유형과 그에 대한 보호대책을 설명할 수 있다.

청소년기는 이차 성징이 발달하는 시기이며, 급격한 신체적 · 심리적 변화를 수반하면서 성에 대한 관심이 급증하는 시기라고 할 수 있다. 특히 유아기부터 이성에 대한 관심을 보이는 발달과정을 거치면서 성에 대한 관심은 날로 증가하고 있다. 이와 함께 컴퓨터와 정보통신매체의 발달로 청소년들이 유해환경에 쉽게 접근할 수 있게 되면서 폭력적이고 선정적인 대중매체는 청소년들로 하여금 성도덕의 혼란을 야기할 수밖에 없는 실정이다. 최근 발생하는 무분별하고 난폭한 성폭력 사건들과 왜곡된 성문화의 팽배로 인해 끔찍해지는 집단 청소년 범죄, 가장 안전해야 할 학교 내에서 벌어지는 성폭력 사건 등은 특정 계층 청소년에게서만 발생하는 우발적 사건이 아님을 알 수 있다.

이러한 청소년들의 성문제는 단일 요인에 의한다기보다는 성교육, 성의식, 이중적 성윤리, 가족기능, 성문화, 성행동 등의 다양한 문제와 밀접한 관련이 있다. 또한 청소년의 성문제는 본인뿐만 아니라 광범위한 사회계층과 맞물려 다양한 문제를 야기하는 요소로 작용한다고 할 수 있다. 이에 이 장에서는 청소년들이 겪고 있는 성문제의 원인과 유형, 그리고 이를 예방하기 위한 실천방법을 살펴보고자 한다.

1. 청소년 성문화의 이해

1) 청소년 성문화의 개념

성문화란 청소년의 성의식을 형성하는 데 작용하고 있는 다양한 사회적 환경 요인을 말한다. 그러므로 건강한 성문화의 육성을 위하여 지속적으로 건강한 성 가치관의 확립과 인성을 함양하는 것이 필요하다고 할 수 있다.

신체적 · 사회적으로 급진적 변화를 겪게 되는 청소년기에는 성에 대한 가치관과 윤리관이 형성되면서 성역할에 대한 순응 및 도전이 일어나는 시기이다. 그래서 전형적인 여성성 또는 남성성을 모방하는 행동을 많이 하게 된다. 이성 교제를 하면서 상대에게 매력적으로 보이기 위해 선택된 정형화된 행동은 진로 선택에서도 압력을 받게 된다. 특히 청소년기는 타인이 자신을 어떻게 생각하는지 신경을 쓰는 시기이다 보니 다른 사람의 성역할 기대에 어울리는 행동을 선택하고자 노력하는 특성을 보인다.

2) 청소년의 성의식

성의식이란 성에 대한 가치관으로 개인에게 내재하고 있는 성에 대한 신념과 선호의 형태 및 정도를 말한다. 성의식에 대한 다양한 정의를 볼 수 있지만 공통적 기준은 도덕성이다. 도덕성에 기초해서 성의식을 네 가지로 분류한 Reiss(1960)는 절제, 애정적 허용성, 비애정적 허용성, 이중적 기준을 제시하고 있으며(백사인 외, 2015 : 293), 그 내용은 다음과 같다.

첫째, 절제이다. 절제는 결혼한 배우자 이외에는 어떤 성관계도 허용하지 않는다는 것으로 사회에서는 공식적 성규범으로 받아들여져 왔다.

둘째, 애정적 허용성이다. 사랑하는 사람이라면 당사자 간 합의를 바탕으로 혼전 성관계도 자유롭게 선택할 수 있다는 것이다.

셋째, 비애정적 허용성이다. 사랑하는 감정과는 상관없이 성적 충동에 의해 혼전 성관계까지도 정당하다고 보는 입장이며, 주로 성행위에 대한 신체적 측면만을 강조하는 입장이다.

넷째, 이중적 기준이다. 이는 성행동에 있어서 남녀 차별적 입장으로 여성에 비해 남성에게 성적으로 더 허용적인 경향을 보인다. 즉, 남성에게는 혼전 성관계를 허용하지만 여성에게는 허용하지 않는 모습을 보이는 것이다.

2. 청소년 성문제의 원인

청소년과 관련된 성문제의 원인은 다양하지만 크게 개인적 요인과 사회문화적 요인으로 구분할 수 있다. 개인적 요인은 순간적 충동에 대한 자제력 부족, 성욕 이상자, 보상적 행동 등의 심리적 기제가 성적으로 나타난다는 것이며, 사회문화적 요인은 이중적 성윤리, 향락·퇴폐산업의 증가, 임금구조의 문제 등 사회구조와 불가분의 관계가 있다. 청소년 성행위와 관련된 사회구조적 문제를 살펴보면 다음과 같다(권혜진 외, 2006 : 170-178; 박정란 외, 2016 : 214-215; 이성식, 2005 : 22-45).

첫째, 청소년의 성의식 구조의 변화이다. 서구사회의 개방적 성의식이 왜곡되어 쾌락을 추구하는 성행위가 증가하고 있다.

둘째, 잘못된 성역할에 대한 고정관념이다. 성욕과 공격적 성향을 남성다움으로 받아들이는 사회문화권에서는 성폭력을 남성다움의 상징이나 행위로 받아들인다. 이 관점에서는 남성의 문란한 성행위는 문제 삼지 않고 여성의 순결만을 강조하는 이중적 윤리체계를 가진다. 여성에게 인내를 가지고 남성의 성 방종을 감수할 것을 요구하는 등 남성의 성 일탈에 대해서는 관대하고 허용하는 경향을 보이지만 여성의 성적 자기결정권, 성적 취향에 대한 표현 등은 용납하지 않고 있다.

셋째, 퇴폐·향락산업의 증가이다. 은밀해져 가는 성 산업의 증가로 법의 규제와 단속이 강화되고 있음에도 불구하고 이런 업소에 출입하고, 취업하는 청소년들이 여전히 상당수 존재하고 있다.

넷째, 빈곤이다. 경제적 이유로 성을 파는 일에 종사하는 청소년들이 늘어나고 있다.

다섯째, 가족기능의 장애이다. 산업화 이후 가족기능이 다양한 영역에서 약화되고 있다. 부모와 자녀 간의 대화부족, 부모와의 갈등적 관계 및 부정적 가정분위기, 애정결핍, 부모로부터 받은 상처에 대한 보복 등으로 청소년들이 무모한 성적 행동을 하기도 한다.

여섯째, 대중매체 및 통신의 영향이다. 인터넷을 통한 포르노그래피 등은 청소년의 성적 호기심을 자극하고 무분별한 성적 행위를 부추기는 수단이 될 수 있다.

일곱째, 현행 교육제도이다. 입시 위주의 교육은 학교부적응, 학교 탈출과 가출로 연결되어 학교 밖 청소년이 증가하는 요인이 되고 있다. 가출 청소년들은 독립적 생활을 할 수 없는 사회 여건상 쉽게 불법 성행위의 유혹에 빠져들 수 있다. 또한 입시중심의 학교교육에서는 학생들의 연령과 욕구수준에 맞는 체계적 성교육을 진행하기가 매우 어려운 실정이다.

3. 청소년 성문제의 유형

1) 성 고민

청소년기는 이차 성징의 발현과 함께 신체적 변화가 급격하게 시작된다. 이러한 신체적 · 심리적 · 정서적 변화는 이성에 대한 호기심과 동경을 갖게 되면서 성적 충동과 갈등이 많아지면서 고민하게 된다. 이성에 대한 호기심과 성적 충동은 중학교 시기 이성교제와 성충동으로 구체화되고, 이러한 충동이 건강한 방법으로 해결되지 못했을 경우 성 비행으로 이어질 가능성이 높아지는 것이다.

〈표 12-1〉 청소년의 고민상담 대상 (단위 : %)

연 도	부 모	형제자매	친구 · 동료	스스로 해결	인터넷 (SNS)	기 타	계
2014년	26.1	5.5	46.2	17.6	–	4.7	100.0
2016년	24.1	5.1	44.4	21.8	–	4.5	100.0
2018년	28.0	5.1	49.1	13.8	–	4.0	100.0
2020년	27.2	6.1	43.4	19.1	1.4	2.7	100.0
2022년	29.7	4.8	43.7	18.1	0.6	1.9	100.0

출처 : 통계청(2014, 2016, 2018, 2020, 2022년). 사회조사.
여성가족부(2023). 2022년 청소년백서, p. 102.

청소년의 고민상담 대상에서 부모와의 질적인 관계를 간접적으로 엿볼 수 있다. 2014년 청소년의 상담 대상은 친구 · 동료가 46.2%로 나타났으며, 다음으로는 부모, 스스로 해결, 형제자매 순으로 많았다. 2016년, 2018년, 2020년, 2022년에도 유사한 분포를 보였다. 부모와 고민상담하는 청소년의 비율은 2014년부터 증감을 반복하다가 2022년에는 증가한 것을 알 수 있다. 또한 형제자매, 친구 · 동료, 스스로 해결이라는 응답도 증감을 반복하였다. 2014년과 2022년을 비교해 보면, 스스로 해결이나 부모와 고민상담하는 비율이 증가한 것과는 대조적으로 형제자매 및 친구 · 동료와 고민상담하는 비율이 다소 감소한 것을 알 수 있다. 이것은 청소년 중 1/4 이상은 부모와 어느 정도 신뢰감을 형성하여 소통하고 있음을 보여준다(여성가족부, 2023).

2) 이성문제

청소년기에는 이성에 대한 호기심과 다양한 관심이 자연스럽게 생길 수 있는 시기이다. 개인차는 있지만 대부분의 청소년이 이성을 신비스럽게 생각하면서 동경하고 그리워하기도 하고, 반대로 자기 혼자 흠모하는 이성에게 거부당하거나 그 마음을 들킬까 봐 불안해하기도 한다. 최근에는 이성에 대한 감정을 솔직하게 표현하는 경우가 늘고 있고, 이는 사회관계를 촉진하면서 안정적 정서활동을 할 수 있게 하는 긍정적 요인이 되기도 하기에 바람직한 이성교제는 지적·정서적 성숙과 인간관계의 기틀을 마련하는 계기가 될 수 있다.

그러나 사랑과 진실을 바탕으로 서로에게 발전적 존재로서 책임 있게 이성교제를 해야 함에도 불구하고 건강한 이성교제에 대한 성숙함이 부족한 우리나라에서는 쾌락을 위해서 성에 몰두하거나, 성을 단순한 게임 혹은 필요한 것을 충족하는 수단 정도로 생각할 수 있어서 성폭력에 노출될 수 있게 되는 것이다.

4. 청소년 성범죄 보호

1) 성매매 피해 아동·청소년지원센터 운영

2020년 「아동·청소년의 성보호에 관한 법률」(이하 '법'이라 함)의 개정으로 성매매에 유입된 아동·청소년은 '대상 아동·청소년'이 아닌 '성매매 피해 아동·청소년'으로 규정하게 되었고, 성매매 피해 아동·청소년지원센터의 설치근거가 마련되었다. 이에 따라 여성가족부는 2021년에 성매매 피해 아동·청소년지원센터를 중앙지원센터 1개소(한국여성인권진흥원), 지역지원센터 17개소를 신설·운영하였다. 법 개정 이전인 2006~2020년 기간에는 성매매 피해 청소년 교육 위탁기관을 전국적으로 5~11개소를 지정·운영하였다.

성매매 피해 아동·청소년 지원센터의 운영 방향은 다음과 같다. ① 성매매 피해 아동·청소년 조기발견 및 긴급 구조, ② 상담 및 의료·법률 등 지원을 통한 원활한 일상생활 복귀, ③ 피해 아동·청소년의 자립·자활 역량강화 도모, ④ 아동·청소년들에게 성매매의 위험성을 알리고 지원기관 안내 및 성범죄 피해예방 활동 전개, ⑤ 유관기관 네트워크 연계를 통한 피해 아동·청소년 지원에 적극 대응 등이다.

지역전담지원센터는 일반적으로 경찰, 검찰, 유관기관 등에서 연계된 피해 아동·청소년을 중앙지원센터를 통해 통지받아 지원하나, 온·오프라인에서의 아웃리치(out-reach)를 통해 성매매 피해 혹은 피해 위험이 있는 아동·청소년을 발견하여 피해 방지를 위한 업무를 수행한다. 또한 지역전담지원센터는 긴급지원, 교육지원, 의료지원, 법률지원, 학업지원, 진로취업지원, 자활자립지원, 타 기관 연계지원 등의 다양한 프로그램을 운영하고 있다.

긴급지원은 위기 상황 발생 시 긴급구조와 주거를 포함한 생계비를 제공하여 일시적으로 피해 아동·청소년의 안전과 일상생활 보장을 지원한다. 교육지원은 피해자의 일상복귀를 위해 법정 대리인 교육이 병행되어 보호자 및 가족의 교육과 심리지원이 함께 이루어진다. 법률지원은 경찰·검찰 조사 동행, 재판 동행, 민사소송 지원 등 모든 절차에 피해 아동·청소년이 참여하여 자신의 의사를 정확하게 표현할 수 있도록 도와준다. 학업지원은 피해자가 성매매로 재유입되지 않고, 피해자 스스로 삶의 주체로 살아가는 힘을 기를 수 있도록 검정고시, 학원비 등을 지원한다. 또한 필요한 경우에 지역전담지원센터는 디지털 성범죄 피해자지원센터, 장애인지원기관 등 유관기관으로 피해 아동·청소년을 연계 지원하고 있다(여성가족부, 2023).

〈표 12-2〉 주요 프로그램 총괄 예시

분야	프로그램
신고 접수	• 성매매 관련 범죄 신고 접수
아웃리치	• 인터넷 카페, SNS 등 온·오프라인 아웃리치 활동
긴급구조	• 긴급 지원 및 일시보호(교통비, 일반숙박비 등) • 청소년상담1388 통합콜센터 및 청소년쉼터 등 보호체계 연계
상담지원	• 1:1 개별상담 • 부모 및 가족 상담, 치료회복 프로그램 운영
의료지원	• 산부인과, 신경정신과 진료 및 처방 지원 • 치료비 지원 및 병원 동행
법률지원	• 법률지원 연계 및 정보 제공 • 경찰서 및 법원 동행, 소견서 및 청원서 제출
학업지원	• 일반 및 특수학교 복학·진학 정보 제공 • 검정고시 원서접수기관 및 관련 정보 제공(청소년지원시설 연계)

자립지원	• 직업학교, 취업 기관 등 관련기관 정보 제공 • 청소년 인턴십센터 등 직업 체험 프로그램 연계

출처 : 여성가족부(2022). 2022년도 성매매 피해 아동 · 청소년 지원센터 업무 안내서.

2) 성범죄자 신상정보 공개 · 고지제도

(1) 제도의 목적과 의의

아동과 성인 대상 성범죄자는 사회 환경의 변화로 급격하게 늘어가고 있다. 강간, 강제추행, 성 매수 등의 성범죄는 그 행위 자체로 끝나는 것이 아니라 피해자에게 육체적 · 정신적으로 큰 피해를 줌과 동시에 지속적인 후유증을 남긴다는 점에서 성범죄 예방을 위한 강력한 대책이 절실히 필요하다.

성범죄자의 신상정보를 공개하여 성범죄를 예방하기 위한 제도는 2000년 7월 1일 「아동 · 청소년의 성보호에 관한 법률」이 최초로 제정 · 시행되면서 시작하였고, 2006년 6월 30일에 개정 · 시행된 「아동 · 청소년의 성보호에 관한 법률」에 따라 아동 · 청소년 대상 성범죄자 신상정보 등록 · 열람제도가 도입되었으며, 2008년 2월 4일에 다시 법을 개정 · 시행하여 아동 · 청소년 대상 성범죄자의 신상정보 등록 · 열람제도가 본격적으로 시행되었다. 2010년 1월 1일에는 아동 · 청소년 대상 성범죄자의 신상정보를 경찰서 열람에서 인터넷 공개로 개정 · 시행되었다. 이에 따라 아동과 성인 대상 성범죄자의 신상정보가 20년간 등록관리 되고 있으며, 법원에서 공개명령을 선고받은 자는 선고유형에 따라 10년 이내에서 신상정보가 공개되고 있다.

성범죄자 등록 · 열람제도는 미국에서는 이미 1990년대부터 법이 만들어져 시행되었다. 미국은 1994년 「제이콥웨터링법(The Jacob Wetterling Act)」을 만들어 등록제도를 도입하였으며, 1996년 「메간법(The Megan's Act)」을 만들어 열람제도를 시행하여 왔다. 또한 2006년에 「아담 월쉬 아동 보호 및 안전법(The Adam Walsh Child Protection and Safety Act)」을 제정하여, 일반 국민이 인터넷을 통해 미국 내 성폭력전과자들에 대해 열람할 수 있도록 각 주별로 운영되던 등록 · 열람제도를 전국적으로 통일된 방식으로 변경하였다. 그 결과 '드루 소딘 국가 성범죄자 공개 웹사이트(Dru Sjodin National Sex Offender Public Website)'를 만들어 성범죄자의 신상을 인터넷으로 공개하는 등 성범죄로부터 지역사회를 보호하기 위한 노력을 계속 강화해 왔다.

(2) 신상정보 공개제도

2010년 1월 1일부터 실시된 신상정보 공개제도의 공개대상자 결정은 법원이 한다. 법원은 아동과 성인 대상 성범죄 사건의 판결과 동시에 공개정보를 등록기간 동안 정보통신망을 이용하여 공개하도록 하는 명령(이하 "공개명령"이라고 한다)을 선고하여야 한다. 공개대상자는 ① 아동·청소년 대상 성폭력범죄를 저지른 자, ② 「성폭력범죄의 처벌 등에 관한 특례법」 제2조 제1항 제3호·제4호, 같은 조 제2항(제1항 제3호·제4호에 한정한다), 제3조부터 제15조까지의 범죄를 저지른 자, ③ 13세 미만의 아동·청소년을 대상으로 아동·청소년 대상 성범죄를 저지른 자로서 13세 미만의 아동·청소년을 대상으로 아동·청소년 대상 성범죄를 다시 범할 위험성이 있다고 인정되는 자, ④ 제1호 또는 제2호의 죄를 범하였으나 형법 제10조 제1항에 따라 처벌할 수 없는 자로서 제1호 또는 제2호의 죄를 다시 범할 위험성이 있다고 인정되는 자이다. 다만, 피고인이 아동·청소년인 경우, 그 밖에 신상정보를 공개하여서는 아니 될 특별한 사정이 있다고 판단하는 경우에는 공개하지 않는다.

공개기간은 징역·금고 3년 초과의 경우 10년, 징역·금고 3년 이하의 경우 5년이다. 아동과 성인 대상 성범죄로 공개명령을 받은 자가 교정시설 등에 수용된 기간은 공개기간에서 제외된다. 공개정보의 내용은 성명, 나이, 사진, 주소 및 실제 거주지(도로명 및 건물번호까지로 한다), 신체정보(키와 몸무게), 성범죄 요지(판결일자, 죄명, 선고형량을 포함), 성폭력 범죄 전과사실(전과 및 횟수), 전자장치 부착 여부 등이다. 신상정보는 성범죄자 알림e(www.sexoffender.go.kr)에서 공개되며 미성년자도 열람할 수 있다. 공개를 통하여 알게 된 정보를 신문·잡지 등 출판물,

방송 또는 정보통신망을 이용하여 누설하여서는 안 되며, 이를 위반한 경우에는 형사처벌의 대상이 된다.

2016년에는 성범죄 예방에 더욱 도움이 될 수 있도록 성범죄자 식별가능성을 높일 필요가 있다는 정책수요를 반영하여 성범죄자의 사진(4장) 중 전신사진을 정면 · 좌측 · 우측 사진보다 크기를 확대하여 일반 국민들이 성범죄자를 인식하는 데 도움이 되도록 개선하였다.

2021년에는 기존 성범죄자 알림e에서 성범죄자 실제 거주지 위치를 알려주기 위하여 브이월드(국토교통부)를 연계하여 활용하였으나 지도정보(건물, 도로 등) 현행화가 제대로 이루어지지 않아 실제 거주지 위치를 파악하기 어렵다는 지적에 따라 실제 거주지의 위치를 정확하게 공개하기 위하여 지도정보 현행화주기가 빠른 네이버 지도와 연계하여 보다 정확한 성범죄자 실제 거주지 정보를 제공하도록 개선하였다.

(3) 신상정보 우편고지제도

2011년 1월 1일부터 법원으로부터 우편고지명령을 선고받은 성범죄자의 신상정보를 성범죄자가 거주하고 있는 동일지역(읍 · 면 · 동)의 세대주(19세 미만의 아동 · 청소년 자녀를 보호하고 있는 자) 등에게 우편으로 송부한다. 고지대상자 결정은 법원이 한다. 법원은 아동 · 청소년 대상 성범죄 사건의 판결과 동시에 고지정보를 공개명령기간 동안 고지대상자가 거주하는 읍 · 면 · 동의 지역주민, 어린이집 · 유치원의 원장, 초 · 중 · 고등학교의 장에게 고지하도록 하는 명령(이하 '고지명령'이라고 한다)을 선고하여야 한다.

또한 집행유예를 선고받은 고지대상자는 신상정보 최초 등록일부터 1개월 이내, 금고 이상의 실형을 선고받은 고지대상자는 출소 후 거주할 지역에 전입한 날부터 1개월 이내, 고지대상자가 다른 지역으로 전출하는 경우에는 변경정보 등록일부터 1개월 이내에 고지대상자가 거주하는 실제 주소지 읍 · 면 · 동 행정구역에 지역주민 중 아동 · 청소년을 세대원으로 둔 세대, 어린이집 · 유치원의 원장, 초 · 중 · 고등학교의 장, 읍 · 면 · 동 행정복지센터의 장 등을 대상으로 고지정보서 1부를 송부한다.

성범죄자 신상정보 고지를 받는 아동 · 청소년의 보호자나 보호기관의 장이 성범죄 예방을 위한 교육 자료로 활용할 수 있도록 '아동 · 청소년 성범죄 예방 및 피해 대응 요령'을 인포그래픽과 카툰 형식으로 제작하여 고지 정보서와 함께 동봉 · 발송하고 있으며, 성범죄자 알림e 및 여성가족부 홈페이지에도 게시하여 언제든지 다운받아서 활용할 수 있도록 하고 있다.

3) 성범죄자 취업제한제도 및 신고의무제도

(1) 취업제한제도

성범죄자 취업제한제도는 「아동 · 청소년의 성보호에 관한 법률」에 따라 성범죄자로부터 아동 · 청소년을 보호하고자 아동 · 청소년 관련기관 등에 성범죄자의 접근 가능성을 사전에 차단하고 취업을 제한하는 제도이다.

이 법이 시행될 당시 성범죄자의 취업이 제한되는 아동 · 청소년 관련기관으로 유치원 · 학교 · 학원 · 교습소 · 청소년 보호 · 재활센터 · 청소년 활동시설 · 청소년쉼터 · 어린이집 · 아동복지시설 · 체육시설에 처음 도입되었으며, 2008년 2월 4일에는 성매매피해상담소 · 공동주택관리사무소(경비 업무종사자만 해당), 2010년 1월 1일에는 청소년상담복지센터, 2010년 4월 15일에는 개인과외교습자, 2012년 8월 2일에는 의료기관(의료인만 해당) · 가정방문 학습지교사, 2013년 6월 19일에는 '경비업법인 · 인터넷컴퓨터게임시설제공업소(PC방) · 복합유통게임제공업소 · 청소년활동기획업소 · 청소년게임제공업소 · 대중문화예술기획업소 · 청소년실을 갖춘 노래연습장업' 등이 신규로 추가되었다. 2016년 11월 30일에는 위탁 교육기관이 추가되었다. 2018년 7월 17일부터는 대학, 학생상담 지원시설, 장애인 특수교육지원센터, 2018년 9월 14일부터는 행정안전부 장관이 지정한 아동 · 청소년 이용시설, 「지방교육자치에 관한 법률」 제32조에 따른 아동 · 청소년 관련기관이 추가되었으며, 2020년 5월 27일부터는 「제주특별자치도 설치 및 국제자유도시 조성을 위한 특별법」에 따라 설립된 국제학교, 「학교 밖 청소년 지원에 관한 법률」상의 학교밖청소년지원센터, 「어린이 식생활 안전관리 특별법」에 따른 어린이급식관리지원센터 등이 취업제한 기관으로 추가되었다.

최초 도입 당시에는 취업제한기간이 5년이었으나 2008년 2월 4일부터 10년으로 확대되었고, 2010년 4월 15일부터는 아동 · 청소년 대상 성범죄자에서 성인 대상 성범죄자까지로 적용 범위가 확대되었다.

지방자치단체장(교육감, 교육장)은 아동 · 청소년 관련기관의 인 · 허가 또는 신고등록 시 아동 · 청소년 관련기관 등을 운영하려는 자에 대하여 경찰서에 성범죄 경력조회를 요청하여야 하고, 아동 · 청소년 관련기관 등의 장은 해당 기관에 취업하려는 자(취업 중인 자 포함)에 대하여 본인의 동의서를 첨부하여 경찰서에 성범죄 경력조회를 요청하도록 되어 있으며, 성범죄 경력조회를 요청받은 해당 경찰서는 조회대상자의 성범죄 경력 유무를 확인하여 조회를 요청한 기관장에게 회신하여야 한다. 2015년 1월부터는 경찰청의 범죄경력회보서 발급시스템(crims.police.go.kr)에서도 온라인 성범죄 경력조회 신청 및 회신서 출력이 가능하다.

또한 2016년 11월 30일부터는 아동 · 청소년 관련기관 등을 운영하려는 자, 취업자 및 취업예정자 본인이 성범죄 경력조회 신청도 가능하며, 아동 · 청소년 관련기관 등의 관계 중앙행정기관장이 연 1회 이상 성범죄자 취업제한 점검 · 확인을 하도록 법제화되었다. 한편 「아동 · 청소년의 성보호에 관한 법률」 일부 위헌 결정에 따른 법 개정으로 2018년 7월 17일부터 법원이 사건의 판결과 동시에 최대 10년의 범위에서 취업제한 명령을 선고할 수 있게 되었다. 또한 2021년부터는 「지방이양 일괄법」 제정 및 시행으로 아동 · 청소년 관련기관 성범죄 경력자 취업 점검 · 확인, 성범죄 경력자 해임 · 기관폐쇄 요구, 과태료 부과 · 징수 등 3개 업무가 자치사무로 전환되었다.

한편 아동 · 청소년 관련기관의 장이 종사자에 대해 성범죄 경력을 확인하지 않는 경우 500만 원 이하의 과태료가 부과되며, 「아동 · 청소년의 성보호에 관한 법률」 제56조 제1항에서 취업제한자로 규정된 자가 법을 위반하여 취업하거나 사실상 노무를 제공하고 있으면 해당자에 대해 해임을 요구하고 시설을 운영 중인 경우에는 아동·청소년 관련기관 등의 폐쇄를 요구할 수 있다. 또한 여성가족부 장관 또는 관계 중앙행정기관의 장이 아동·청소년 관련기관 등에 폐쇄를 요구한 경우에 이를 정당한 사유 없이 거부하거나 1개월 이내에 요구사항을 이행하지 않을 경우에는 관계 행정기관의 장에게 해당 아동·청소년 관련기관 등의 폐쇄, 등록·허가 등의 취소를 요구할 수 있으며, 1천만 원 이하의 과태료를 부과하도록 하고 있다.

(2) 아동·청소년 대상 성범죄 발생 신고의무제도

아동·청소년 관련기관 등에 해당하는 기관·시설 또는 단체의 장과 그 종사자는 직무상 아동·청소년 대상 성범죄의 발생 사실을 알게 된 때에는 즉시 그 사실을 수사기관에 신고하여야 한다(「아동·청소년의 성보호에 관한 법률」 제34조).

아동·청소년 대상 성범죄의 신고기관으로는 유치원, 학교, 의료기관, 아동복지시설, 장애인복지시설, 어린이집, 유치원, 학원 및 교습소, 성매매피해자 등을 위한 지원시설 및 성매매피해상담소, 한부모가족복지시설, 가정폭력 관련 상담소 및 가정폭력피해자보호시설, 성폭력피해상담소 및 성폭력피해자보호시설, 청소년 활동시설, 청소년상담복지센터 및 청소년쉼터, 청소년 보호·재활센터, 대학, 「국민체육진흥법」상의 체육단체가 해당되며, 2020년 5월 27일부터는 국제학교, 학교밖청소년지원센터, 어린이급식관리지원센터가 추가되었다.

아울러 관계 행정기관의 장은 상기의 기관·시설 또는 단체의 장과 그 종사자의 자격취득 과정에 아동·청소년 성범죄 예방 및 신고의무와 관련된 교육내용을 포함시키도록 하고 있으며(「아동·청소년의 성보호에 관한 법률」 제35조), 이에 따라 아동·청소년 관련기관 등을 대상으로 신고의무자에 대한 교육을 실시하고 있다.

4) 청소년성문화센터 설치 · 운영

(1) 설립목적 및 의의

여성가족부 및 지방자치단체는 「아동 · 청소년의 성보호에 관한 법률」 제47조에 따라 아동 · 청소년의 건전한 성 가치관 조성과 성범죄 예방을 위하여 아동 · 청소년 대상 성교육 전문기관으로서 청소년성문화센터를 설치 · 운영한다. 전국 16개 시 · 도에 2007년부터 설치 · 운영되고 있는 청소년성문화센터는 청소년 스스로 자기 주도적, 실천적 체험학습을 통해 올바른 성지식을 습득하도록 하여 건강한 성정체성을 지닌 개인으로 성장하도록 지원한다.

아동 · 청소년 대상의 성교육 시설인 청소년성문화센터는 'Education과 'Entertainment' 개념을 혼합한 'Edutainment'라는 신개념의 성교육 방식을 도입하여 'Sexuality'를 재미와 감동이 함께하는 놀이터로 이미지화하였다.

(2) 추진배경 및 경과

청소년들이 성에 대한 정보를 주로 성인물, 음란성 게임, 미디어 및 인터넷 또는 또래를 통해 얻고 있는 데 반해 기존 학교의 성교육은 이론 중심의 단편적인 지식 전달 위주로 진행되어 그 효과성이 결여됨에 따라 청소년의 눈높이에 맞는 실질적인 성교육에 대한 필요성이 제기되었다. 또한 일부 지역에서는 멀티미디어와 다양한 설치물을 활용한 참여형 성교육이 실시되어 성과를 거두고 있으나 한정된 지역에서만 교육서비스가 제공됨으로써 지역 간 불균형이 발생함에 따라 전국적으로 통일된 효과적인 성교육을 실시할 필요성이 제기되었다.

이에 2007년 4월 민간 성교육 관련 전문가 등으로 구성된 청소년성문화센터 설립추진단에 의해 표준 콘텐츠 및 운영매뉴얼이 개발되어 전국적으로 통일된 콘텐츠를 갖춘 청소년성문화센터의 설치 및 운영이 가능하게 되었다. 2011년에는 45인승 버스를 개조하여 청소년성문화센터의 주요 콘텐츠를 탑재하여 농산어촌 등에 찾아가는 성교육이 가능한 이동형 청소년성문화센터를 신규로 도입하였다.

(3) 청소년성문화센터의 역할과 사업내용

청소년성문화센터는 아동 · 청소년이 다양한 도구와 매체를 활용한 자기 주도적 참여를 통해 아동 · 청소년의 건강한 성 가치관 정립 지원 및 성범죄 피해를 예방하는 것이다. 이를 위해 청소년성문화센터는 유치원, 초 · 중 · 고등학생 등 대상별로 특화된 성교육 프로그램을 기본적으로 추진하고, 발달 단계별 양성평등과 인권 통합교육 프로그램을 마련하여 교육하고 있다.

청소년성문화센터는 이처럼 시청각적, 참여적 성교육 및 실천지침 성격의 교육을 통해 청소년의 왜곡된 성문화에 대한 재조명 및 대안 마련, 멀티미디어 세대인 청소년 특성에 맞추어 다양한 매체를 활용한 시청각적 체험형태의 성교육으로 정확하고 올바른 성지식과 관련 정보 제공, 성교육 관련 민간 전문가의 자문과 폭넓은 의견 수렴을 통한 지역사회의 중추적인 성교육 센터로서의 인프라 구축 등을 하는 것으로 사업내용은 다음과 같다.

청소년성문화센터 사업으로는 ① 체험관 및 이동형 교육장을 활용한 이동 · 청소년 성교육 및 성폭력 예방 교육, ② 학교와 연계한 찾아가는 성교육, ③ 지역사회 내 교육 및 홍보활동, ④ 교사 및 보호자 대상 교육프로그램 운영, ⑤ 농산어촌 지역 등으로 찾아가는 성교육 실시 등이 있다.

아동 · 청소년을 대상으로 하는 체계적이고 전문적인 성교육을 위해 2007년 청소년성문화센터 운영 표준 프로그램인 'SAY' 매뉴얼을 개발하였고, 이후 변화된 상황에 맞게 매뉴얼을 리뉴얼하고 있으며, 2015년에는 아동 · 청소년의 발달 단계별 특성 등을 반영한 전문적 교육프로그램인 'SAY 2'를 개발하여 현재 운영 중이다. 또한 2019년에는 이동형 청소년성문화센터의 특성을 반영한 프로그램 매뉴얼을 개발하였고, 2022년 프로그램 매뉴얼 개발 및 보완이 추가로 진행되었다.

5) 아동 · 청소년 성 인권 교육

(1) 성 인권 교육의 목적 및 의의

학교 및 장애 아동 · 청소년 성 인권 교육은 아동 · 청소년에게 타인의 권리를 존중하고 평등한 관계를 맺을 수 있는 능력을 함양하는 체계적인 교육으로서 2011년 2개 시 · 도에서 시범사업으로 실시되었다. 점차 사업 실시 지역이 확대되어 2022년 기준 '학교에서의 성 인권 교육'은 8개 시 · 도에서 교육을 수행하고 있으며, '장애 아동 · 청소년 성 인권 교육'은 2015년부터 전국 17개 시 · 도로 사업을 확대 운영하였다.

학교 성 인권 교육의 체계적 수행을 위해 대상별 맞춤형 교재 개발을 추진하여 학교에서의 성 인권 교육 교사용 교수 · 학습안 및 학생용 핸드북은 2013년에 신규 제작하였고, 장애 아동 · 청소년 성 인권 교육 매뉴얼 제작은 2012~2013년에 걸쳐 완성하였다. 이후 2014~2015년에 걸쳐 유아용, 초등학교 저학년용, 중학생용, 고등학생용 4종을 추가하여 총 5종의 맞춤형 프로그램 개발 후, 2018년 중 · 고등학생용 교재 개편, 2021년 개편 등 변화하는 환경에 대응한 효과적인 사업수행을 위하여 교육 프로그램을 고도화하였다. 2022년에는 장애 아동 · 청소년 성 인권 교육 매뉴얼 콘텐츠 노후화에 따른 일부 회차 리뉴얼을 추진하였다.

(2) 성 인권 교육의 사업 내용

성 인권 교육의 효과적 추진을 위하여 '한국양성평등교육진흥원'을 중앙지원기관으로 선정하였으며, 지역별로 학교 및 장애 아동 · 청소년 성 인권 교육을 진행할 지역 운영기관을 각 8개소, 27개소를 선정 · 운영하였다. 중앙지원기관에서는 운영 총괄 및 실적관리, 현장점검 및 컨설팅 등을 통해 지역운영기관을 지원하고, 각 지역운영기관에서는 지역 내 아동 · 청소년을 대상으로 성 인권 교육 과정을 실시하였다.

'학교에서의 성 인권 교육'은 서울, 부산, 충북, 충남, 전북, 경북, 경남, 제주 등 8개 시 · 도에서 초 · 중 · 고등학교 학생을 대상으로 성 인권 및 성평등, 관계와 소통 등 다양한 주제를 가지고 강의와 함께 아이들이 직접 발표하고 토론하는 참여형 방식으로 학교의 보건교사 또는 전문 강사가 수업을 진행한다. 주로 보건교사가 중심이 되어 표준 프로그램에 따라 수업이 운영되지만, 보건교사 미배치 학교의 경우에는 특성화 사업으로 운영하고 있다.

'장애 아동 · 청소년 성 인권 교육'은 자기 보호 및 인지능력이 상대적으로 취약한 장애 아동 · 청소년을 대상으로 실시한다. 교육 대상은 특수학교 및 통합학급의 초 · 중 · 고등학교 지적 · 시각 · 청각 · 중복 장애 아동 · 청소년으로 장애 아동 · 청소년의 특성을 반영한 '장애 아동 · 청소년 성 인권 교육 매뉴얼'에 따라 외부 강사가 다양한 교구 · 교재를 활용하여 대상별 10차시 내외의 수업을 진행한다.

장애 아동 · 청소년에게 성 인권 교육을 실시함으로써 성, 문화, 관계와 소통, 안전 등에 대한 학습을 통해 장애 아동 · 청소년의 성인지 감수성을 향상하고 성범죄 피해를 예방하고 있다(여성가족부, 2023).

학습문제

01 청소년에게 발생하는 성문제의 원인이라고 할 수 없는 것은?

① 빈곤
② 양성평등적 사고
③ 대중매체의 영향
④ 개방적 성의식
⑤ 향락산업 증가

해설 ② 양성평등적 사고는 성문제 발생의 감소요인으로 작용한다.

02 청소년대상의 성범죄가 발생했을 때 취하는 행정적 사항이 아닌 것은?

① 신상정보 우편고지제도
② 성매매 피해 청소년 선도보호
③ 성범죄자 취업제한제도
④ 성범죄자 신고 선택제도
⑤ 성범죄자 신상정보 공개・고지

해설 ④ 아동・청소년 대상 성범죄 발생 및 발생사실을 알게 된 즉시 의무적으로 신고하도록 하고 있다.

03 청소년성문화센터에 관한 설명이 아닌 것은?

① 여성가족부 및 지방자치단체가 설립
② 놀이터로 이미지화
③ 2007년 설치・운영
④ 청소년의 눈높이에 맞는 실질적인 성교육
⑤ 운영주체는 보건복지부

해설 ⑤

참고문헌

권혜진 · 김경희 · 최미혜 · 김희영(2006). 여자 청소년의 성경험 예측요인. **정신간호학회지, 15**(2).

박정란 · 서홍란 · 장수한(2016). **청소년복지론**. 경기 : 양서원.

백사인 · 배양자 · 박병훈 · 염영미(2015). **청소년복지론**. 서울 : 창지사.

여성가족부(2022). 2022년도 성매매 피해 아동 · 청소년 지원센터 업무 안내서.

_________(2023). 2022 청소년백서.

이성식(2005). 청소년 인터넷음란물 접촉이 성폭력에 미치는 영향에서의 조건적 효과, **청소년학연구, 11**(2).

통계청(2022). 사회조사.

아동 · 청소년의 성보호에 관한 법률

HAPTER 13

청소년과 자살

학습목표

- 자살에 대한 관련 이론을 정리하여 설명할 수 있다.
- 청소년기 자살의 징후를 관찰하여 정리할 수 있다.
- 청소년기 자살의 위험요인과 보호요인을 구분하여 보호요인을 강화할 수 있다.

최근 우리 사회에서 발생하는 자살 문제는 다양한 사회현상을 나타낸다고 할 수 있다. 자살은 한 개인이 고통적인 상황에서 도저히 희망이 없고 해결방법이 없다고 여길 때 고려하게 되는 극단적인 문제 해결방식의 하나이며 가장 심각한 정신의학적 병리 중 하나이다. 우리나라는 2020년 OECD 국가 중 자살률이 25.4명으로 1위를 나타내고 있다. 특히 빈곤에 노출된 노인층과 학업스트레스가 큰 청소년의 경우 사망원인 1위가 자살이다. 최근 각종 매체에서는 충격적인 청소년 자살의 사례가 보고되는 등 우리 사회에서 청소년 자살은 적극적인 개입이 필요한 심각한 사회 문제로 자리매김하고 있다. 자살은 일회적이고 순간적인 병리가 아니라 만성적으로 진행되는 병리이며 청소년의 자살행동은 유전적, 생물학적, 인지행동적, 정서적, 환경적 요소들이 복잡하게 연관되어 있는 문제이다. 이에 이 장에서는 자살에 대한 이해를 바탕으로 자살의 예방활동을 위한 자살 보호요인을 강화하고자 한다.

〈상위 10위〉	〈주요 국가〉	〈하위 10위〉
1. 핀란드	16. 미국	137. 잠비아
2. 덴마크	26. 대만	138. 말라위
3. 아이슬란드	54. 일본	139. 탄자니아
4. 스위스	59. 한국	140. 시에라리온
5. 네덜란드	72. 중국	141. 레소토
6. 룩셈부르크		142. 보츠와나
7. 스웨덴		143. 르완다
8. 노르웨이		144. 짐바브웨
9. 이스라엘		145. 레바논
10. 뉴질랜드		146. 아프가니스탄

세계 행복지수 순위(146개국)

1. 핀란드	14. 독일	27. 에스토니아
2. 덴마크	15. 캐나다	28. 라트비아
3. 아이슬란드	16. 미국	29. 칠레
4. 스위스	17. 영국	30. 멕시코
5. 네덜란드	18. 체코	31. 폴란드
6. 룩셈부르크	19. 벨기에	32. 헝가리
7. 스웨덴	20. 프랑스	33. 일본
8. 노르웨이	21. 슬로베니아	34. 포르투갈
9. 이스라엘	22. 코스타리카	35. 그리스
10. 뉴질랜드	23. 스페인	36. 한국
11. 오스트리아	24. 이탈리아	37. 콜롬비아
12. 호주	25. 리투아니아	38. 튀르키예
13. 아일랜드	26. 슬로바키아	

OECD 행복지수 순위(38개국)*

| 그림 13-1 | 세계 vs OECD 행복지수(2019~2021)

출처 : 지속가능발전해법네트워크(SDSN). '2022 세계행복보고서'. 2022.3.18.(146개국 대상)
* 총 146개국 중 OECD 국가(38개국)의 순위를 기재함.

1. 자살의 개념

인생의 의미와 가치를 발견하기도 전에 삶을 마감하는 청소년의 자살은 발생 빈도와 관계없이 삶을 포기하는 자해행위라는 측면에서 적극적인 개입이 필요하다. 특히 청소년의 경우 이성적 판단능력이 부족한 상태에서 충동적으로 자살하는 경향이 크기 때문에 조기개입이 이루어질 경우 예방 가능성이 높다.

자살의 국어사전적 의미는 "행위자가 자신의 죽음을 초래할 의도를 가지고 자신의 생명을 끊는 행위"로 정의되고 있다. 이는 그 결과가 어떠할 것인지를 알면서도 한 개인이 스스로 죽기 위해 행하는 자발적인 행동이라고 할 수 있다. 이러한 자살행동은 자신의 생명을 끊는 것만 있는 것이 아니라 어떤 경우에는 자신의 절망이나 희망의 상실, 분노 등의 감정을 표현하기 위한 목적으로 표출되기도 한다. 따라서 죽음은 자살에 대한 생각이나 신념, 행동으로 나타날 수 있는 다양한 결과들 중 하나이며, 자살행동은 자살에 대한 생각, 동기, 행동의 연속선 상에서 이해될 수 있다(Cohen & Koegel, 1996).

이런 측면에서 자살은 자살생각, 자살충동, 자살시도, 완성된 자살로 구분할 수 있다. 첫째, 자살생각이란 우리가 살아가면서 한 번쯤 일시적으로 갖게 되는 생각부터 자신이 정말 죽으려고 구체적인 계획을 세우는 것까지를 포함하는 것으로 자살에 대한 생각이나 계획 등 사고적 측면과 관련된다.

둘째, 자살충동은 자살에 대한 생각을 구체적으로 실행하고 싶은 내적 욕망으로서 자살충동을 느낀다고 해서 모두가 자살을 시도하는 것은 아니다. 자살충동을 갖고 있어도 이를 통제할 수 있는 대체기제로서 개인내적 요인(예 신념, 종교 등)과 외적 요인(예 부모와의 긍정적 관계) 등이 존재하면 자살충동을 통제하거나 도움을 요청할 능력이 있다.

셋째, 자살시도는 구체적 행동으로 표현된 경우이다. 정말 죽으려는 의도를 가지지 않고 자살행동을 통해 다른 목적을 달성하려는 수단에서부터 죽으려고 하였지만 다른 사람의 개입으로 목적을 달성하지 못한 경우까지 매우 다양하다.

넷째, 완성된 자살이란 자살시도로 인해 죽음에 이른 것으로, 특히 자살한 개인의 특성이나 원인을 파악하는 연구조사로서 많이 활용되기도 한다. 즉, 자살한 개인에 대한 심리적 부검을 실행하여 자살자의 기본정보와 자살행위에 대한 구체적 증거, 자살자의 가족력, 성격 및 생활양식, 스트레스 대처방법, 스트레스로 인한 불균형의 지속기간, 약물남용 가능성, 대인관계, 죽기 전에 보였던 행동들, 자살의도 등을 전반적으로 파악함으로써 자살과 관련한 통계수치를 파악하고 나아가 자살예방을 위한 자료로 활용한다(김성이 외, 2013 : 241).

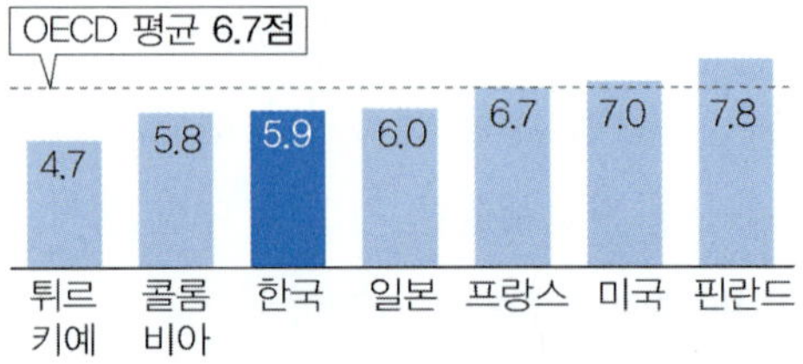

| 그림 13-2 | 한국인의 삶의 만족도

자료 : 유엔 산하 지속가능발전해법네트워크(SDSN) 세계행복보고서 2022.
※ 삶에 대한 평가 항목의 0~10점 척도(2019~2021년 평균값)
출처 : 지속가능발전해법네트워크(SDSN). '2022 세계행복보고서'.

2. 자살 관련 이론

1) 심리학적 이론

자살의 문제를 자살자의 개인적 차원으로 보고 정신분석학적 측면에서 접근한 이론이다. Freud는 정신분석학 이론에서 인간의 정신세계를 운용하는 정신역학에 대한 이해를 통해 겉으로 보이는 인간의 행위와 생각들 이면에는 '무의식적 세계'가 있음을 주장하였다. 그는 1917년 『애도와 심리학』에서 우울증에 대한 연구를 통해 '한 개인이 자기와 같다고 생각하는 사람에 대한 공격으로서 자기 파괴 충동이 자살의 동기'라고 결론을 내렸으며, 『쾌락의 원칙을 넘어서』라는 저서에서 '인간이 가지고 있는 자기 파괴적인 죽음의 본능'이라는 개념을 정립하였다.

Freud의 이론을 더 구체화한 Karl Menninger(1966)는 죽음의 본능이론으로 자살을 규명하였다. 그는 인간의 자살심리 배경에는 죽기, 죽이기, 죽임당하기가 있다고 하였다. 이 동기들은 무의식적인 것으로 인간에게는 죽기나 죽이기와 같은 소망 이외에 죽임을 당하고 싶은 욕구가 있어서 죄를 짓고 나서 벌을 받으면 마음이 후련해지고 편안해지는 것은 죽임을 당하고자 하는 욕구, 즉 피학적 욕구가 있기 때문이라고 했다. 이러한 피학적 욕구는 고의로 자신을 곤경에 빠뜨

린다거나 무의식중에 사고를 내는 것과 같은 형태로 나타난다고 하였다(백사인 외, 2015 : 269). 이처럼 자살행위는 죄책감에 대한 자기처벌로 받아들였다.

2) 사회학적 이론

자살 문제를 사회학적 차원에서 접근한 이론으로 E. Durkheim은 자살현상을 사회병리현상으로 보면서 자살은 사회의 특정한 상태를 반영하는 것이라고 하였다. 그는 자살이 사회통합과 사회규제와 관련이 있음을 밝혔고, 그 정도에 따라 네 가지 유형으로 분류하였다(박정란 외, 2016 : 182-184; Van Poppel & Day, 1996).

첫째, 이기적 자살이다. 이는 사회적 통합이 낮은 사회에서 주로 발생하는 것으로 사회로부터 멀어지고 존재의 의미를 찾지 못해 방황하는 사람에게서 주로 발생하며, 집단의식이 낮고 개인주의가 팽배한 사회에서 자주 나타난다(최원기, 2004). 그러므로 개인 간에 상호 유대관계가 형성된 사회는 정서적으로 안정감을 주고 치료적 효과를 유발한다는 것이다. 이기적 자살을 하는 사람은 정신적 문제로 고통을 받고 있거나, 최근 상실의 경험이 있는 사람들로 대부분 우울증과 냉담함을 보인다. 그 예로 결손가정을 비관, 불우한 가정환경을 비관, 부모의 이혼을 비관하여 자살을 하는 등의 사례를 볼 수 있다.

둘째, 이타적 자살이다. 이는 과도한 사회통합과 집단주의로 인해 개인의 가치나 생명이 과소평가되는 사회에서 발생하며, 때로 자살은 의무적 행위로 강요될 수 있으며 존경할 만한 행위로 간주된다(Van Poppel & Day, 1996). 그 예로 2차 세계대전 시 사투를 벌인 일본의 가미카제 특공대, 군인의 전우를 위한 희생 등이 이 범주에 속한다.

셋째, 아노미적 자살이다. 이는 사회규범이 상실된 상태에서 나타나는 자살로 경제나 정치위기와 같은 사회위계나 규범이 갑작스럽게 붕괴되어 개인이 일상생활의 방향성을 상실했거나 심각한 정체성 혼란을 경험할 때 발생한다. 전쟁이나 혁명으로 인해 기존의 규범체제가 와해되고 극도의 혼란 상황이 왔을 때, 사회가 병적으로 혼란스럽거나 무질서하여 개인에게 아무런 영향력도 행사하지 못하는 경우 탈출구로 자살을 선택하는 경우가 있다. 그러므로 자살의 증가는 사회의 아노미를 보여주는 증거라는 것이다. 그 예로 인기가 순식간에 떨어지거나 오른 연예인의 자살, 갑작스러운 실직에 따른 자살 등의 유형이 있다.

넷째, 숙명적 자살이다. 자신을 둘러싸고 있는 사회적 통제가 지나치게 강하여 이 환경을 더 이상 극복할 수 없다고 생각하거나 미래에 대한 희망을 상실할 때 발생한다. 그 예로 수능 즈음의 자살, 군부대에서 경험한 가혹행위에 대한 문구를 남기고 자살하는 등의 사례는 사회통제에 기인한 숙명적 자살을 대표하는 사례이다.

3. 청소년 자살의 특징

청소년기는 급격한 신체적 · 정신적 발달 등으로 내외적 스트레스가 많고 이는 정서적 불안정을 초래하게 된다. 그러므로 이 시기에 발생하는 자살은 죽음에 대한 불확실한 생각 속에서 고통의 회피나 자신의 절망감, 분노 등을 표현하기 위한 목적으로 자살을 시도하기도 한다. 따라서 청소년의 자살은 일반 성인과는 다른 특징을 보이고 있는데 그 내용을 살펴보면 다음과 같다.

첫째, 분명한 동기가 있다. 즉, 일상생활 속에서 겪게 되는 주변인들로부터의 꾸중, 심리적 거절 경험, 외적인 부분의 낮은 자아존중감, 이성친구와의 관계, 성적의 저하, 왕따나 집단따돌림 등은 불안정하고 정서적 지지가 결여된 청소년들에게 자살에 대한 충동적 요인이 될 수 있다.

둘째, 강한 충동성이 있다. 일상적인 생활 속에서 자아존중감을 무시하거나 자기분노와 충동조절 등이 이루어지지 않을 때 결정적으로 죽음을 행동으로 옮기기도 한다.

셋째, 피암시성이 강하다. 청소년의 경우 타인의 영향을 많이 받는 시기이므로 같은 처지라고 생각되면 평상시 친하게 지내던 또래와의 동반자살이나 모방

자살 등이 많이 일어날 수 있다.

넷째, 치사도가 높은 자살수단을 사용한다. 외국의 경우에는 총기 사용, 약물복용, 차량 이용 등이 많으나 우리나라의 경우에는 약물복용, 목 매달기, 뛰어내리기 등을 선택하다 보니 자신의 의도와는 다르게 치명적인 손상을 입게 된다. 여학생의 경우 우울감이 높고, 자살사고와 자살시도를 더 많이 하지만 자살성공률의 경우는 남학생이 높은 편인데 이는 심리적 특성상 여성은 남들과의 교감을 통해 해소하려는 경향이 있는 반면 남성은 죽을 확률이 높은 극단적 자살방법을 택하는 경우가 비교적 많기 때문이다.

다섯째, 죽음에 대한 환상이 있다. 인터넷게임이나 판타지 소설류 등의 영향으로 죽음에 대한 왜곡과 환상을 가지는 경우가 많다. 특히 현실세계의 어려움을 죽음으로 도피하려는 경향이 있고, 자살로 문제의 해결을 도모하려는 경향이 있다.

이처럼 청소년기의 자살은 청소년의 발달 단계와 주변 환경에 밀접한 연관이 있으므로 이 과도기를 어떻게 극복하고, 자기의 존재이유를 설정하느냐에 따라 미래의 삶에 큰 영향을 미친다고 할 수 있다.

4. 자살개입 방법

사춘기 이전에는 실제 자살률이 그리 높지 않다. 그러나 청소년기에 이르면 우울증의 유병률이 증가하고 신체적 · 인지적으로도 급격하게 성장 발달이 일어나면서 자살률은 급격하게 증가한다. 청소년기는 발달학적으로 자아정체성 형성과 부모와의 관계에서 심리적인 독립을 이루느라 부모와의 갈등뿐만 아니라 내적 갈등이 심해지고 외적인 부분에서도 학업의 스트레스, 친구 관계, 왕따, 학교폭력 등 스트레스는 더욱 증가하는 시기이다.

다행스러운 것은 청소년의 자살사고 및 자살시도는 치료 가능하며, 특히 우울증과 같은 자살의 주요 위험인자는 효과적인 치료로 좋은 결과를 기대할 수 있다. 하지만 현실적으로 자살의 위험성이 높은 청소년들에게 자살에 대한 적절한 평가와 치료가 이루어지는 경우가 아주 많지는 않다. 이는 많은 부모들이 자녀의 문제를 잘 인식하지 못하거나 과소평가하기 쉬우며 정신과적 치료에 대한 거부감이나 부정적인 인식 때문에 적절한 시기에 치료적인 개입이 이루어지지 못하기 때문이다.

그러므로 자살의 가능성이 높거나 혹은 자살사고를 가지고 있는 청소년을 찾아내는 것이 예방의 첫걸음이 될 것이다. 청소년기에는 특히 식사와 수면습관의 변화, 친구나 가족, 그리고 일상적인 활동을 멀리하는 것, 약물과 알코올 남용, 외모에 대해 평소와 달리 신경을 쓰지 않는 것, 뚜렷한 성격의 변화, 지속적인 권태감, 집중력 저하, 또는 학업성적의 저하, 복통, 두통, 피로 등 정서와 관련되어 나타나는 신체증상을 자주 호소하며, 즐거운 활동에 대한 흥미를 상실하는 경향을 보일 때 자살 가능성을 고려해야 한다.

1) 자살예방 교육

자살의 위험성이 의심되는 청소년에게는 위험요인에 관해 물어보는 것과 직접적으로 자살의도에 대해 질문하는 것이 중요하다. 특히 남성인 경우, 강한 자살 의지를 보이는 경우, 치명적인 시도를 한 경우, 기분장애나 약물남용의 병력이 있는 경우, 과거 자살시도가 있거나 치료에 불응 등을 보이는 경우에는 더욱 적극적인 치료적 중재를 시작해야 한다. 이를 위한 예방교육의 내용을 살펴보면 다음과 같다.

첫째, 감정을 표현한다. 자신의 감정을 단어로 표현해 보는 것, 때로는 슬픔을 느끼고 우는 것이 창피하거나 부끄러운 것이 아니라 자연스러운 반응이라는 것을 받아들일 수 있도록 한다.

둘째, 탈출구를 만든다. 힘들고 지칠 때 자신만의 탈출구를 만들 수 있도록 알려준다. 모든 사람들은 스트레스를 받을 때 일시적으로 피할 수 있는 도피처, 스트레스 해소법이 필요하다.

셋째, 생각을 점검한다. 어려운 상황에서 양자택일의 사고방식을 하고 있지는 않은지 내 생각을 바라보는 것이 필요하다. 둘 중 하나, 모 아니면 도, 죽기 아니면 살기 식으로 극단적 결정을 내리는 것은 위험하다. 문제를 빨리 마무리짓고 싶은 도피적 행동은 피해야 하며 시간이 걸리더라도 좋은 해결 방법을 찾는 과정을 겪어보는 것이 도움이 된다.

넷째, 해결방안을 찾아본다. 해결방법을 찾아보고 글로 적어보고 내가 생각해내지 못한 것을 다른 사람이 생각해 낼 수도 있다고 인정하고 물어보는 것이 필요하다.

다섯째, 도움을 요청한다. 나에게 도움을 줄 수 있는 사람이 누가 있을지 생각해 보고 먼저 도와달라고 손을 내미는 용기가 필요하다.

〈표 13-1〉 **자살예방교육 프로그램 유형**

구분	1차 자살예방	2차 자살예방	3차 자살예방
대상	일반 국민	자살생각자, 자살시도자	자살생존자/ 자살에 영향을 받은 자
목표	생명존중 인식 강화	위기개입과 치료/ 상담 실시	자살유가족 지원사업
예	• 정신건강교육 프로그램(직장, 학교, 보건복지인력 등) • 지역사회 정신건강 상담기회 증진 • 대중매체와 정보기술을 통한 건강정보 교환 확대 • 지역사회 정신건강 서비스 접근성 강화 • 실업 및 노동환경 개선을 위한 사회정책 • 자살예방 정신건강 연구 강화 • 위기개입 활동 강화를 위한 비영리조직 지원	• 우울증 및 기타 정신장애 조기발견 및 치료 • 자살시도자와 정신질환자를 위한 응급보호 개선 • 신체 질병에 대한 심리사회 보호 개선 • 알코올 및 약물오용 관리 개선 • 자살 위기개입 강화 : 개인/ 집단/ 가족상담 강화 • 치명적 자살방법의 유용성 약화	자살시도 생존자의 이후 자살위험성 및 후유증에 대한 개입

2) 자살의 징후

〈표 13-2〉 자살의 징후

직접적 행동 단서	• 수면제, 진통제, 감기약 등을 자살목적으로 지속적으로 모아서 감춘다. • 끈이나 칼 등 자살도구를 준비하여 감춘다. • 의미 있는 개인소장품이나 수집물건을 남에게 주거나 태우거나 버린다. • 죽음이나 자살사이트에 심취한다. • 일기장, 노트, 메모장에 글, 그림, 낙서로 자살이나 죽음에 대해 표현한다. • 주위 사람에게 자살이나 죽음에 관련된 말을 흘린다.
직접적 언어 표현	• "나는 정말 죽고 싶어." • "나는 더 이상 지탱할 힘이 없어." • "나에게는 더 이상 사는 것이 의미가 없어." • "내가 없어지면 모든 것이 훨씬 나아질 거야." • "나는 이 세상에 쓸모가 없어." • "내가 사라지면…."
간접적 행동이나 상징적 단서	• 지나치게 환상적, 공상적 내용의 소설, 만화, 영상에 심취한다. • 실연이나 상실에 대해서 지나치게 미화시키는 대중음악 등에 심취한다. • 자살에 대해서 모험적이며, 로맨틱하게 생각한다. • 칭찬이나 포상을 거부하는 행동을 한다. • 성격의 심한 변화를 보인다. • 외모에 대한 관심이 결여된다. • 식사와 수면상태의 변화가 나타난다. • 에너지가 떨어져 쳐져 있다.

3) 자살의 위험요인과 보호요인

〈표 13-3〉 자살의 요인별 분류

구분	위험요인	보호요인
개인 요인	• 자아비난과 부정적 평가 • 비현실적 기대 • 우울증 • 알코올과 약물남용 • 무력감 • 낮은 성취 • 충동성 • 가족과 학교에 대한 애착 부족 • 낮은 자아존중감 • 친밀관계 상실 및 대화단절 • 희망 없는 미래 • 이성 혹은 양육자와의 문제 • 이전 자살시도 경험 • 공격-충동성, 절망감 • 생활스트레스 및 대처기제 고갈 • 도박 및 컴퓨터 게임중독 • 자기도피적 사고 • 정서적·사회적 고립	• 원만한 대인관계 • 문제해결 기술 • 효과적 스트레스 대처능력 • 도움 요청 기술 • 긍정적 자아존중감 • 종교적 믿음 • 성공적인 학업 성취도 • 약물치료에 순응적 태도 • 뚜렷한 목표의식
가족 요인	• 자살행동의 가족력과 유전적 요인 • 가정폭력 • 가족 응집성 결여 • 경제적 빈곤, 부모의 실직 • 가족중심 지원체계 약화 • 부부간, 부모와 자녀 간 잦은 갈등 및 불만족 • 부모로부터의 정서적 박탈 • 의사소통 및 지지체계 부족 • 부모 사별, 생이별 • 가족의 질병 • 가족원의 자율적 기능 상실 • 부모의 정신질환과 부모의 이혼 • 신체학대 및 성 학대 경험	• 가족원의 지원 • 지역사회의 지지 • 가정폭력에 적극 개입 • 높은 가족 응집력 • 원만한 의사소통 • 부모-자녀 간 지지적 • 경제적 안정
또래·학교	• 학교부적응 • 시험성적 부진 • 빈약한 친구 관계 • 친구(이성, 동성) 문제 • 대입, 경쟁 등 공부 성적 압력 • 학업, 학교의 갈등 문제 • 학교폭력, 집단따돌림 • 학교 및 직업상 문제와 모방 자살	• 교사와의 원만한 관계 • 또래와의 원만한 지지망 • 학교의 예방교육 • 정신건강 서비스 • 멘티 서비스 • 사회적 지지망 구축
사회 요인	• 인터넷 사이트나 미디어를 통한 왜곡된 죽음 정보 • 자살을 미화하는 문화적 및 종교적 신념 • 총기와 같은 치명적 수단의 접근 용이성 • 정신건강치료에 대한 장애 • 사회구조의 불평등 • 낮은 사회적 지지도 • 실연, 왕따, 법률위반	• 정신건강치료기관 접근 용이 • 우울 및 자살예방교육 • 생명존중 사회 풍토 • 자살위기센터 설치·운영 • 총기, 유해화학물질 관리

출처 : 김성이 외(2013), p. 245 재구성.

[참고 13-1] 청소년 자살 위험도 체크리스트
A. 수준(다음 중 하나 이상의 요인이 있을 때 자살 잠재 가능성이 있다)
☐ 이전에 자살을 시도한 경험이 있다. ☐ 가족이나 친척 중에 자살한 사람이 있다. ☐ 친구가 자살한 적이 있다. ☐ 가족 중에 정신병리를 겪고 있는 사람이 있다. ☐ 정신병리로 진단되었거나 정신병리로 추정되는 증상을 보이고 있다. ☐ 자신의 가치에 대해 회의를 느끼고 문제해결 대안이 제한되어 있다. ☐ 상실, 가정문제, 학업문제 등의 생활사건으로 스트레스를 겪고 있다.
B. 수준(다음 요인이 있을 때는 자살행동을 급격히 증가시킬 수 있다)
☐ 충동성, 심한 분노, 타인에 대한 공격행동, 극심한 불안 등으로 볼 때 통제력이 부족하다. ☐ 사회적 지지가 빈약하여 고립 및 소외되어 있다.
C. 수준(다음 요인이 있을 때는 자살행동의 치명성을 급격히 증가시킬 수 있다)
☐ 계획하고 있는 자살방법에 대한 접근 가능성이 높다(칼, 약물소지 등). ☐ 최근 자살소식 및 뉴스를 접하거나 자살사이트에 접속한 경우가 있다.

출처 : 이명우(2005), p. 86, 박정란 외(2016), p. 200 재구성.

[참고 13-2] Reynolds의 자살생각 척도(SIQ : Suicidal Ideation Questionnaire)

〈청소년들의 자살생각을 측정하는 도구〉

순번	질문사항	전혀 없다	지난달은 없다	1달에 1번	1달에 2~3번	1주일에 1번	1주일에 2~3번	거의 매일
1	내가 살아 있지 않는 편이 차라리 나을 것이라고 생각했다.	0	1	2	3	4	5	6
2	자살을 할까 생각했다.	0	1	2	3	4	5	6
3	어떻게 자살할 것인가에 대해 생각해 봤다.	0	1	2	3	4	5	6
4	언제 자살할 것인가에 대해 생각해 봤다.	0	1	2	3	4	5	6
5	사람이 죽어가는 것에 대해 생각해 봤다.	0	1	2	3	4	5	6
6	죽음에 대해서 생각했다.	0	1	2	3	4	5	6
7	자살할 때 유서에 무엇이라고 쓸 것인가에 대해서 생각했다.	0	1	2	3	4	5	6
8	내가 원하는 것을 유언장으로 만들어 둘 생각을 했다.	0	1	2	3	4	5	6
9	사람들한테 내가 자살하려 한다는 것을 말할까 생각했다.	0	1	2	3	4	5	6
10	내가 없으면 주위 사람들이 더 행복할 것이라고 생각했다.	0	1	2	3	4	5	6
11	만일 내가 자살한다면 사람들이 어떻게 느낄까 생각했다.	0	1	2	3	4	5	6
12	살아 있지 않기를 바랐다.	0	1	2	3	4	5	6
13	모든 것을 끝장내 버리는 게 얼마나 쉬울까 생각했다.	0	1	2	3	4	5	6
14	내가 죽어버리면 모든 문제가 해결될 것이라고 생각했다.	0	1	2	3	4	5	6
15	내가 죽는다면 다른 사람들이 더 편해질 것이라고 생각했다.	0	1	2	3	4	5	6
16	자살할 수 있는 용기가 있었으면 좋겠다.	0	1	2	3	4	5	6
17	나는 애초에 태어나지 않았으면 좋았을 것이다.	0	1	2	3	4	5	6
18	기회가 있다면 자살할 것이라고 생각했다.	0	1	2	3	4	5	6
19	사람들이 자살하는 방법에 대해 생각했다.	0	1	2	3	4	5	6

20	자살생각을 했지만 실제 행동으로 옮기지는 않을 것이다.	0	1	2	3	4	5	6
21	큰 사고를 당하는 것에 대해 생각했다.	0	1	2	3	4	5	6
22	인생을 살 가치가 없다고 생각했다.	0	1	2	3	4	5	6
23	내 인생은 너무 형편없이 엉망이어서 더 이상 살아갈 이유가 없다고 생각했다.	0	1	2	3	4	5	6
24	내 존재를 알리는 유일한 방법이 자살하는 것이라고 생각했다.	0	1	2	3	4	5	6
25	내가 자살하고 나면 사람들은 내게 무관심했던 것을 후회하게 될 것이라고 생각했다.	0	1	2	3	4	5	6
26	내가 죽거나 살거나 아무도 관심을 가지지 않을 것이라고 생각했다.	0	1	2	3	4	5	6
27	정말로 자살할 의도는 아니지만 자해하는 것을 생각했다.	0	1	2	3	4	5	6
28	내가 자살할 수 있는 용기가 있을까를 생각했다.	0	1	2	3	4	5	6
29	상황이 더 좋아지지 않으면 자살하겠다고 생각했다.	0	1	2	3	4	5	6
30	자살할 권리가 있었으면 좋겠다.	0	1	2	3	4	5	6

고등학생 집단의 자살생각 정도를 잠정적으로 다음과 같이 평가해 볼 수 있다.

62~76점 : 또래 집단에 비해 자살에 관한 생각을 많이 함
(평균 1달에 1번 이상)

77~90점 : 또래 집단에 비해 자살에 관한 생각을 상당히 많이 함
(평균 1달에 2~3번)

91점 이상 : 또래 집단에 비해 자살에 관한 생각을 매우 많이 함
(평균 1달에 3번 이상)

※ 자살생각과 자살시도 간의 인과적 관계를 평가하기는 어려우므로 해석에 주의를 요함

출처 : Reynolds의 자살생각 척도; 신민섭(1993). 자살기제에 대한 실증적인 연구.

〈표 13-4〉 자살예방개입의 실재

구분	내용
언어적 요소	• 자살이나 살인, 죽음에 대한 말을 자주 한다. • 자기비하적인 말을 한다. • 사후세계를 동경하는 말을 한다. • 신체적 불편함을 호소한다. • 자살하는 방법에 대해 질문한다. • 자살한 사람들에 관한 이야기를 꺼낸다.
행동적 요소	• 수면 및 식사상태의 변화 • 주변 정리 • 자살에 대한 구체적 계획(약을 모으고, 장소모색 등) • 평소와 다른 기괴하거나 비일상적 행동 • 자해행동이나 물질남용 등 • 짜증 및 화 증가 • 집중력 저하 및 사소한 일에 대한 결정이 어려움 • 대인기피 • 외모관리에 무관심
감정적 요소	• 죄책감의 호소 • 우울감 • 흥미 상실 • 외로움 • 무기력감 • 절망감 및 무망감
상황적 요소	• 가족, 동료, 친구 등과의 갈등 • 배우자, 이성친구와의 결별 • 가족이나 친구의 죽음 • 학대의 경험 • 과도한 업무 부담 • 경제적 어려움을 겪음 • 공개적으로 망신을 당하거나 비난을 받음 • 사회적 지위 상실 • 신체적 질병이나 손상을 경험
위험성 검토	• 자살생각 • 자살계획 및 치명성 • 자살시도의 과거력 • 정신장애의 과거력 • 사회적 지지 유무 • 신체적 건강상태 및 장애 • 알코올 사용 • 현재의 스트레스 사건
관련기관	• 자살예방센터 및 정신건강증진센터(1577-0199) • 생명의 전화 • 112 및 119 • 응급의료센터 • 청소년상담지원센터 • 가정센터 • 사회복지관 • 노인복지관 • 생명나눔실천본부 • Wee센터

학습문제

01 자살의 개념에 해당하지 않는 것은?

① 자살시도 ② 완성된 자살
③ 자살생각 ④ 자살충동
⑤ 모방자살

해설 ⑤

02 자살의 유형에 따른 구분으로 적절하지 않은 것은?

① 아노미적 자살 ② 이타적 자살
③ 의도적 자살 ④ 숙명적 자살
⑤ 이기적 자살

해설 ③ Van Poppel & Day(1996)가 사회학적 측면에서 네 가지 자살을 구분하고 있다.

03 자살예방을 위한 적극적 방법이 아닌 것은?

① 시간에 맡기기 ② 탈출구 만들기
③ 생각 점검하기 ④ 감정표현하기
⑤ 해결방안 찾기

해설 ①

04 자살의 보호요인에 해당하지 않는 것은?

① 생명존중 사회 풍토 ② 긍정적 자아존중감
③ 지역사회의 지지 ④ 비현실적 기대
⑤ 정신건강 서비스

해설 ④ 비현실적 기대는 개인적 위험요인에 해당한다.

참고문헌

김성이 · 조학래 · 노충래 · 신효진(2013). **청소년복지학**. 경기 : 양서원.

박정란 · 서홍란 · 장수한(2016). **청소년복지론**. 경기 : 양서원.

백사인 · 배양자 · 박병훈 · 염영미(2015). **청소년복지론**. 서울 : 창지사.

신민섭(1993). 자살기제에 대한 실증적인 연구 : 자기도피 척도의 타당화. 연세대학교 대학원 박사학위논문.

이명우(2005). **청소년의 자살 예방과 상담을 위한 일고(一考)**. 한국청소년상담원.

지속가능발전해법네트워크(SDSN). '2022 세계행복보고서'.

최원기(2004). 청소년 자살의 사회구조적 원인 연구. **사회복지정책**, 18(4), 5-30.

Cohen A., & Koegel, P.(1996). The influence of alcohol and drug use on the subsistence adaptation of homeless mentally ill person. *Journal of Drug Issues, 26*(1), 219-244.

Van Poppel, F., & Day, L. H.(1996). A test of Durkheim's theory of suicide without committing the ecologically fallacy. *ASR, 61*(3), 500-507.

Reynolds, W. M.(1987). *Sucidal Ideation Questionnaire : Professional Manual*. Psychological Assessment Resource, Inc.

CHAPTER 14

청소년과 약물

학습목표

- 청소년들이 사용하는 약물의 종류와 특징에 따른 구분이 가능하도록 한다.
- 약물남용에 대한 개념적 정의를 이해하도록 한다.
- 청소년 약물남용의 위험요인과 보호요인을 설명할 수 있다.

감정의 변화가 심하고 사회적 민감도가 매우 높은 청소년 발달과정에 있어서 심리·사회적 부적응이 발생할 경우 음주, 흡연, 약물남용, 폭력 등 각종 일탈행동을 유발할 가능성이 높다고 할 수 있다. 특히 독립성과 주체성을 추구하는 청소년시기에 정서적 어려움이 가중될 경우 약물의 오·남용 위험성과 폭력에 대한 노출빈도가 높다.

우리나라의 경우 1980년대에 학생·청소년들의 약물남용이 크게 증가하였고, 1990년 이후에는 다양한 약물사용이 전국적으로 증가하면서 청소년들을 유해약물로부터 보호하고자 국가적 차원의 다양한 노력이 시작되었다(박정란 외, 2016 : 117). 약물남용은 습관적이고 중독성이 강하기 때문에 의학적 목적 이외에 사용하는 것은 사회적·국가적 측면에서 매우 위험한 문제로 간주된다.

이에 이 장에서는 유해약물의 종류와 특징을 통해 약물남용에 대한 개념을 설정하도록 하고, 약물남용의 위험요인과 보호요인을 통해 약물남용에 대한 적절한 개입과 예방대책을 살펴보고자 한다.

1. 유해약물의 종류와 특징

1) 유해약물의 종류

약물이란 다양한 의미로 사용되고 있다. 의학적 측면에서 치료를 목적으로 사용되는 의약품(drug)뿐만 아니라 인간의 행동이나 정신, 감정, 행동에 영향을 주는 모든 화합물 또는 향정신성 약물 등 다양한 물질(substance)까지 포괄적으로 사용한다.

청소년들이 사용하는 약물은 주로 중추신경계를 자극하거나 억제하는 향정신성 약물들이 대부분이지만 약물 이외에 화학물질(본드, 가스, 시너 등)들이 남용되고 있으며, 합법적 약물의 경우에도 오·남용을 통하여 욕구를 충족하기도 하는데, 우리나라 문화관광부에서 청소년이 주로 사용하는 약물의 종류를 분류한 내용을 살펴보면 다음과 같다(박정란 외, 2016 : 121-126).

(1) 담배

담배는 약 4,000여 종의 화학물질로 구성된 것으로 38여 종의 발암물질이 포함된 것으로 알려져 있다. 특히 일산화탄소, 타르, 니코틴 등의 독성물질은 인체에 치명적 해를 끼치는 것으로 알려져 있다. 특히 니코틴은 습관성 중독물질이기에 마약으로 분류되고 있다. 적은 양의 니코틴은 신경에 자극을 주며, 많은 양은 긴장완화를 촉진한다. 중독 시 신체적 의존현상을 일으키고 사용이 중단될 경우 불안, 초조, 안절부절 못함, 집중력 장애 등의 금단증상이 나타난다. 이 외에도 흡연은 폐암, 심장병, 호흡기 질환, 심혈관계 질환, 구강질환 등을 일으키며, 임산부의 흡연은 태아의 건강에도 치명적 영향을 준다.

(2) 알코올

알코올은 물과 에탄올로 구성된 무색 액체이다. 술은 체내에서 진정제의 역할을 하며 사용량의 증가에 따라 내성도 강해진다. 알코올의 과다 사용은 음주조절 능력 상실과 금단증상 등 알코올 의존상태로 이어진다. '필름이 끊긴다'고 표현하는 기억장애, 불안, 초조, 불면, 손 떨림 등의 증상과 함께 심해지면 섬망(delirium), 간질 및 치매현상을 초래한다. 그러나 알코올중독자가 갑자기 사용을 중단하면 사망의 위험이 있으므로 의료적 치료가 필요하며, 임산부의 중독은 태아알코올증후군을 가진 아기를 출산할 가능성이 높아진다.

(3) 흡입제

흡입제란 각종 휘발성 물질을 말하며, 청소년들은 이러한 물질을 코나 입을 통해서 흡입함으로써 환각상태에서 비행과 사고를 저지르고 있다. 남용되는 유기용제에는 각종 공업용 접착제(본드), 시너, 부탄가스, 가솔린, 라이터기름, 스프레이 페인트, 헤어스프레이, 아세톤, 아교 등 여러 가지 종류가 있다. 우리나라 청소년들 사이에 접착제나 시너 흡입이 폭발적으로 유행하여 사회문제화되었으며 최근에는 스프레이 캔(연료용 부탄가스 등)의 에어로졸 사용도 증가하고 있다(한국마약퇴치운동본부, 2018). 중추신경억제작용이 있어서 사용 시 도취 상태에 빠지게 되며 영상이 비정상으로 보일 수도 있다. 도취감, 환각 등을 유발하는 흡입제는 생활 속에서 쉽고 다양하게 접할 수 있다.

부탄가스나 프레온가스 흡입 시 주로 후두가 얼어붙어 호흡마비를 일으키며 사망 가능성이 있고, 장기간 그리고 다량 사용 시 뇌, 심장, 간, 신장, 조혈작용 및 기타 다른 기관을 손상시켜 심각한 장애를 동반한다. 또한 흡입제가 혈액에 침투되고 뇌에 도달하는 시간은 약 7~10초 정도이므로 신속한 대처가 필요하다.

흡입제 사용 시 신체적 증상으로 현기증, 안구진탕증, 운동조정 곤란, 불분명한 언어, 불안정한 보행, 반사기능 감소, 전반적인 근육 약화, 시야혼탁이나 복시, 혼미나 혼수 등이 있다. 심리적으로는 다행감, 편안한 느낌, 흥분, 붕뜬 느낌, 착란, 공포, 환각, 신체상의 왜곡, 망상, 지각장애 등이 나타난다.

(4) 진정제

중추신경억제제는 중추신경계에 작용하지만 흥분제와는 반대적인 효과를 갖는 물질이다. 즉, 호흡, 혈압, 심장박동과 세포의 신진대사와 같은 활동을 억제하는 물질로서 아편계열 마약(아편, 몰핀, 헤로인), 진정제(바비튜레이드), 신경안정제(벤조디아제핀계), 수면제, 그리고 술 등이 이에 속한다.

진정제는 과도한 근심과 불안, 근육 경련 등이 있을 때 의학적 목적으로 사용되는 약물이다. 그러나 약리학적으로는 중추신경억제제로 분류되며 중독성, 습관성, 내성이 있으므로 남용 시 뇌와 간에 심한 손상을 일으킬 수 있으며, 과량 사용 시 사망하게 된다. 주로 신경, 위, 심장근육 활동을 억제하는 작용이 있어서 불안감, 긴장, 불면증 치료에 사용된다.

(5) 각성제(흥분제)

중추신경계에 작용해서 인체를 보다 활력 있게 해주는 물질이다. 이 약물은 수면을 방해하고 혈압을 올리며 피로감을 없앤다. 안정감이 없어지고 수다스러워지며, 불면증에 걸리기 쉽다. 흥분제에는 카페인, 니코틴, 코카인, 암페타민 등이 있다. 각성제는 신경증, 우울증 치료제 등 의학적 용도로 쓰이기도 하나 일종의 도취감을 일으켜서 습관성이 되게 하고 만성중독 시에는 환각을 일으켜 정신분열증에 가까운 증세를 유발한다(한국마약퇴치운동본부, 2018).

암페타민류는 코카인과 유사한 효과를 지닌 합성 흥분제로 의학적으로는 알코올 중독, 파킨슨병, 가벼운 우울증, 기면증, 간질, 수면 발작 등의 치료제로 사용되어 왔다. 직접적으로 말초신경에 작용하고 간접적으로는 호르몬의 분비를 증가시킴으로써 흥분을 일으키지만 약효가 사라지면 우울증을 수반한다. 정신적으로 과다한 자신감, 피해망상, 환각 등을 일으킬 수 있고, 육체적으로는 구취, 식욕감퇴, 오심 등을 일으키며, 행동적으로는 초조, 공격적 행동, 반사회적 경향, 사고력 혼란 등을 야기할 수 있다.

시중에서 불법으로 유통되는 메타암페타민은 미국에서는 스피드(Speed)와 아이스(Ice)로, 일본에서는 각성제(히로뽕)로, 필리핀에서는 샤부(Shabu)로 불린다(국가정보원, 2003). 우리나라에서는 필로폰으로 불리는데, 피로회복제, 체중 감량을 원하는 사람에게 살 빼는 약으로 알려져 남용되고 있다.

(6) 마약

마약은 천연마약(아편, 모르핀, 코데인), 천연마약을 원료로 화학적 변형을 한 반합성마약(헤로인), 화학적으로 변형한 합성마약(페치딘, 펜타닐, 메사돈) 등 세 가지로 분류된다(국가정보원, 2003). 마약은 모르핀 · 코카인 · 아편 등과 그 유도체로서 미량으로 강력한 진통작용과 마취작용을 지니며, 계속 사용하면 습관성과 탐닉성이 생기게 하는 물질로서 사용을 중단하면 격렬한 금단증세를 일으켜 마약을 사용하지 않고는 정상적인 생활을 할 수 없게 되며, 종국에 가서는 육체적으로나 정신적으로 폐인이 되게 하는 물질이다. 이런 물질이 의료 및 연구 이외 목적에 남용되는 위험을 방지하기 위하여 정한 법률상 용어(한국마약퇴치운동본부, 2018)로 세계보건기구에 따르면 마약류는 다음과 같이 정의되어 있다. 첫째, 약물사용에 대한 욕구가 강제적일 정도로 강하다. 둘째, 사용약물의 양이 증가하는 경향이 있다. 셋째, 금단현상 등이 나타난다. 넷째, 개인에게 한정되지 않고 사회에도 해를 끼치는 약물이다.

모르핀을 화학적으로 변형하여 강력하게 만든 헤로인은 약리적으로 중추신경억제제로, 신체적으로는 동공수축, 통증감소, 변비, 가려움, 졸림, 근육조절력 상실, 혈압저하, 호흡억제, 혼수 등의 증상을 보이며, 정신적으로는 행복함, 불안, 공포, 몽롱함, 집중력 상실, 추리력 상실, 무관심 등을 초래한다. 남용 시 뇌와 간에 손상을 초래하며, 과다 사용 시 사망하게 된다.

(7) 마리화나

마리화나는 대마에서 추출된 화학물질로 우리나라에서는 대마초로 알려져 있다. 중추신경흥분제로 흡연 시 안구충혈, 설사, 구강건조, 오심, 심장 박동 수 증가, 발작적 기침, 갑작스러운 식욕 증진 등을 경험한다. 정신적 측면으로는 편안함, 의기양양한 기분, 감지능력의 과장, 시간과 공간의 왜곡 등이 있으며, 종종 취한 증세를 보이고 먼 공간을 응시하거나 눈과 운동의 실조를 보이고, 반의식 상태 혹은 수면상태에 있다. 그리고 말이 많아지거나 자주 웃기도 하는 등 예측할 수 없는 행동을 할 수도 있다.

(8) LSD

LSD(Lysergic acid diethylamide)는 중추신경흥분 및 억제제의 역할을 하는 것으로 정제와 캡슐, 젤라틴 칩 등의 여러 형태가 있다. 다량 복용 시 망상과 환상을 경험하고, 시간과 정체감이 왜곡될 수 있다. LSD는 복용량, 복용 상황, 사용자의 성격, 기분, 약물효과에 대한 기대와 관계가 있는데, 경우에 따라서는 절망감, 지독한 두려움, 통제력 상실, 미칠 것 같거나 죽을 것 같은 느낌을 경험할 수도 있다. LSD는 이처럼 환각과 예측불허의 행위를 하게 하는데, 중독물질은 아니나 내성이 있어서 지속적 사용 시 더 많은 양을 복용하게 된다.

(9) 코카인

코카인은 천연마약의 하나로 중추신경흥분제이다. 코카인은 체내에서 급속히 분해되기 때문에 약효가 빠르게 나타나는 대신 지속시간이 2시간 정도로 짧다. 과량 흡입 시 불안, 구역질, 구토 등을 유발하고 심할 경우 심장마비나 호흡정지 등으로 사망할 수 있다.

〈표 14-1〉 약물의 종류와 관련 법규

구 분	종 류	약리학적 분류	관련 법규	의 존	
				정신	신체
담 배	시가렛, 시가파이프타바코	중추신경흥분제	청소년보호법, 미성년자보호법	○	○
알코올	와인, 비어, 위스키	중추신경억제제	청소년보호법, 미성년자보호법	○	○

흡입제	부탄, 헥산, 아세톤, 가솔린	중추신경억제제	유해화학물질 관리법	○	-
신경안정제	바리움, 아티반, 옥시돌	중추신경억제제	향정신성 의약품관리법	○	○
억제제 (진정제, 수면제)	바비츄레이트, 페노바르비탈, 애미탈	중추신경억제제	향정신성 의약품관리법	○	○
흥분제 (각성제)	암페타민 메타암페타민(히로뽕) 필로폰, 벤제드린	중추신경흥분제	향정신성 의약품관리법	○	○
환각제	LSD Phencyclidine	중추신경흥분제/억제제	향정신성 의약품관리법	○	-
	대마, 마리화나, 해시시	중추신경흥분제/억제제	대마관리법	○	-
마 약	아편, 헤로인, 모르핀, 메타돈, 코데인	중추신경억제제	마약법	○	○
	코카인	중추신경흥분제	마약법	○	○

출처 : 박정란 외(2016), pp. 126-127 재구성.

2) 유해약물의 특징

청소년에게 있어서 유해약물은 청소년 자신에게 직접적 피해를 줄 뿐만 아니라 가족과 그 환경에 어려움을 야기하며, 사회적으로도 문제를 야기하는 원인으로 작용한다. 이에 신체적, 인지 · 심리적, 사회적 피해를 구체적으로 살펴보면 다음과 같다(김성이 외, 2013 : 193-198).

첫째, 신체발달상 부정적 영향을 미친다. 특히 약물남용으로 인해 정상적으로 진행되어야 하는 신체발달 과정에 어려움이 동반된다면 그 영향으로 만성적인 질병과 임신 및 양육 등의 어려움에 노출될 수 있다. 둘째, 인지기능의 저하이다. 인지 및 심리적 피해는 독립심 박탈과 의존심의 확대, 도덕적 해이, 사고능력의 저하, 정신분열, 자살 등과 같은 복합적 문제를 야기한다. 셋째, 사회성 부족이다. 가족 및 대인관계에서의 갈등, 학업기능 저하, 위험행동의 참여 등 다양한 측면에서 사회적 피해가 나타날 수 있다. 이러한 약물남용의 피해는 청소년 개인에게만 국한되는 것이 아니며 가족, 지역사회, 국가 전체에 부정적 영향을 미치게 된다.

〈표 14-2〉 약물에 따른 특징

구 분	신체적 피해	심리적 피해	사회적 피해
담 배	• 호흡기질환 : 기관지염, 만성폐쇄성 폐질환, 폐기종, 폐암 등 • 심혈관계 질환 : 호흡기 질환, 빈혈, 심박수 증가, 혈압상승 등 • 구강질환 : 치주염, 치아변색, 구강암	불안감, 긴장감, 안절부절못함, 집중력 감소	운동능력 저하, 내성에 의한 니코틴 중독
카페인	• 소변량, 심박수, 위산분비, 체온, 혈압, 혈당량 증가 • 흥분작용으로 인한 불면증, 두통, 식욕상실, 체중감소, 설사, 위통, 불규칙한 호흡, 손 떨림 등	각성, 흥분, 성급함, 불안, 우울증, 초조	과도한 섭취로 인한 과격한 행동 및 학습장애, 행동장애
알코올	• 근육이완, 홍조, 현기증, 구토, 출혈, 혼수상태 등의 증상 • 뇌 조직 손상, 간경화, 간암, 위염, 위궤양, 췌장염, 췌장암 등의 질병 발생 • 생식능력 저하 및 기형아 출산	불안, 긴장, 공포감, 판단력 상실, 사고장애, 전신기능 저하, 뇌손상으로 인한 장애, 통제력 상실, 공격성, 지능 퇴행	인격결함, 반사회적 · 공격적 행동, 신체적 · 정신적 의존, 중독성이 강함, 더 위험한 약물에 접촉할 가능성 높음, 정서적 · 사회적 기술 습득의 기회 박탈, 사망
흡입제	두통, 흉통, 기침, 타액분비 복시증상, 이명, 청각장애, 언어장애, 멍함, 동공축소, 혼수상태, 안구의 무의식적 빠른 운동, 코와 입 주위의 헌 상처, 임산부의 경우 높은 장애아 출산 가능성	흥분, 공격성, 졸림, 취한 상태, 불안, 근심, 의식의 일시정지, 무의식, 환각작용, 과장된 감각 감지	공격적 · 반사회적 행동, 무모한 행동, 부주의한 행동과 외모, 통제력, 표현력 상실, 비행, 흡입 중 부주의로 인한 사고, 사망
신경 안정제	두통, 근육 뒤틀림, 경련, 오심, 구토, 변비, 생리불순, 식욕증가 · 감소, 불면, 발한, 배뇨장애, 언어장애, 시각장애, 오한, 심혈관 허탈	평온, 즐거움, 안정, 노여움, 긴장, 불안, 흥분, 초조, 감정억제, 정신적 침체, 판단력 장애, 섬망	복잡하고 숙련된 일의 수행이 어려움, 비이성적 행위, 사망
억제제	오심, 구토, 진전, 현기증, 동공축소, 취한 행동, 말더듬, 혼수상태, 호흡마비, 신장장애, 뇌손상, 간장장애	멍함, 무의식상태, 추론능력 감소, 기억상실, 사고의 산만, 환각	오판 및 조정력 상실로 인한 위험행동, 사망

흥분제	동공확대, 식욕상실, 흥분, 잠이 많음, 손 떨림, 코・입술・구강 건조, 호흡곤란, 과로, 피로, 불면증, 혼수상태, 영양장애, 고혈압, 심장마비, 뇌손상, 폐렴	적개심, 공격성, 극도의 피로감, 부주의, 망상, 환각, 공황증, 편집증	정신적・신체적 의존, 내성, 사망
환각제	오심, 두통, 동통, 뇌・염색체 손상, 감지능력 저하, 신체적 변화, 식욕부진, 동공확대, 구토, 예측불허의 행동, 위험행동, 오한, 진전, 혈압, 심박수 증가	불안, 초조, 도취감, 착각, 공황, 감정억제, 망상, 환각, 지각강화, 지각왜곡, 공포성 정신병적 반응, 정신이상 가능	정신적 의존, 내성, 판단・추리・사고・기억력 손상, 정신병적 행동 및 정신장애, 예측할 수 없는 행동으로 인한 자살시도, 폭력, 공격성이 높아져 극단적 반사회적 행동(살해 등)
	안구충혈, 구강건조, 말이 많음, 웃음, 시각 및 운동신경장애, 오심, 발작적 기침, 구강건조, 설사, 혈압・맥박 상승, 식욕 증진	편안함, 도취감, 흥분, 주의력 저하, 환각, 시공간 왜곡, 과장된 지각, 사고력 저하, 비현실감, 망상	정신적 의존, 운동실조, 난폭함, 환각, 망상으로 분별없는 행동, 복잡하고 숙련된 일 수행의 어려움, 더 위험한 약물에 접촉한 가능성 높음, 통증 둔마로 인한 질병 진단이 어려움, 사망
마 약	감염, 농양, 파상풍, 간염, 호흡마비, 소양증, 신체조정력 상실, 동공축소, 눈물, 콧물, 오한, 발한, 식욕감퇴, 체중감소, 수면	행복감, 도취감, 졸림, 멍청함, 나태함, 집중력 감소	정신적・신체적 의존, 내성, 약물 구입을 위한 범죄, 판단력・자기통제 등 손상, 약물 사용으로 인한 화재, 통증 둔마로 인한 질병진단의 어려움, 사망
	흉통, 심장병, 뇌졸중, 발작, 간기능장애, 혈관수축, 혈압상승, 산소결핍, 동공확대, 손 떨림, 현기증, 경련, 식욕감퇴, 체중감소, 후각상실, 생식장애	흥분, 불안, 초조, 환각, 정신 혼돈, 감정억제, 섬망증, 정신불열증 등의 정신이상, 발작, 망상, 과도한 자신감	정신적 의존, 내성, 공격적 행동 및 반사회적 성향, 폭력행위 증가, 사망

출처 : 한상철 외(2003). 청소년문제행동-심리학적 접근, 김성이 외(2013), pp. 194-195 재구성.

3) 청소년 흡연・음주 실태

2021년도 청소년 흡연율은 남학생은 6.0%, 여학생은 2.9%로 남학생의 흡연율이 여학생의 흡연율보다 높은 수준으로 나타났다. 연도별로 살펴보면, 남학생의 흡연율은 2019년 9.3%, 2020년 6.0%, 2021년 6.0%로 감소세가 주춤하는 경향을 보인 반면, 여학생의 흡연율은 2019년 3.8%, 2020년 2.7%로 2019년 대비 1.1%p 감소한 것으로 나타났으나 2021년 2.9%로 2020년 대비 0.2%p의 증가율을 보였다(여성가족부, 2023 : 136).

〈표 14-3〉 흡연 관련 지표

구 분	2019년			2020년			2021년		
	전체	남학생	여학생	전체	남학생	여학생	전체	남학생	여학생
처음 흡연 경험 연령(세)[1]	13.2	13.1	13.6	13.6	13.4	13.9	13.5	13.4	13.7
매일 흡연 시작 연령(세)[2]	14.1	14.1	14.1	14.1	14.1	14.1	14.2	14.2	14.1
주 1일 이상 가정 내 간접흡연 노출률(%)[3]	31.7	29.3	34.3	25.4	23.3	27.7	23.3	22.3	24.4

주 : 1) 평생 흡연 경험자 중에서 처음으로 담배를 한두 모금 피워본 연령의 평균.
2) 최근 30일 동안 매일 흡연자 중에서 담배를 매일 피우기 시작한 연령의 평균.
3) 최근 7일 동안 학생의 집안에서 다른 사람(가족이나 손님 등)이 피운 담배 연기 냄새를 맡은 적이 있는 사람의 분율.
출처 : 질병관리청(2022). 청소년건강형태조사.

2021년 청소년의 처음 음주 경험 연령은 남학생 13.0세, 여학생 13.6세로, 전년 대비 남학생은 0.2세 빨라졌고, 여학생은 0.1세 빨라졌으며, 전체 청소년 처음 음주 경험 연령은 전년 대비 0.2세 빨라졌다. 위험음주율은 전반적으로 남학생이 여학생 대비 높은 수치로 드러났으며, 2021년 위험음주율은 남학생 5.3%로 2020년 대비 0.3%p 감소, 여학생 4.4%로 2020년 대비 0.4%p 감소한 것으로 나타났다.

〈표 14-4〉 음주 관련 지표

구분	2019년			2020년			2021년		
	전체	남학생	여학생	전체	남학생	여학생	전체	남학생	여학생
처음 음주 경험 연령(세)[1]	13.2	12.9	13.5	13.4	13.2	13.7	13.2	13.0	13.6
위험음주율[2]	7.8	8.2	7.5	5.2	5.6	4.8	4.9	5.3	4.4

주 : 1) 평생 음주 경험자 중에서 처음으로 1잔 이상 술을 마신 연령의 평균.
2) 최근 30일 동안 1회 평균 음주량이 중등도 이상(남자 소주 5잔 이상, 여자 소주 3잔 이상)인 사람의 분율.
출처 : 질병관리청(2022). 청소년건강행태조사.

2. 약물에 대한 개념

일반적으로 약물남용은 향정신성 약물의 비의학적 사용을 의미하는 용어로 개념적 정의는 시대, 국가, 학자마다 다르지만 신체적, 사회적, 지적 또는 정신적 안녕을 저해하는 합법적 또는 비합법적 약물을 총칭한다고 할 수 있다. 세계보건기구(WHO)에 의한 개념을 정리하면 다음과 같다(김성이 외, 2013 : 189-190).

- **의존성** : 약물을 한 번 사용하기 시작하면 충동적으로 계속 사용하고 싶어 하는 것이다.
- **내성** : 약물을 사용했을 때 효과가 점차 감소하거나, 같은 효과를 얻기 위해 점차 많은 양의 물질이 요구되는 상태를 말한다.
- **금단증상** : 약물사용을 중단하거나 사용량을 줄이면 나타나는 증상으로 약물의 종류, 사용기간, 사용량에 비례하여 다르게 나타나며, 온몸과 마음이 견디기 힘든 이상증상을 일으킨다.

또한 약물의 사용과 관련하여 심각성의 정도에 따라 구분하면 다음과 같다.

- **약물오용** : 의학적 용도로 처방한 복용방법을 따르지 않고 환자 임의로 약물을 사용하거나 처방된 약물을 복용지시대로 사용하지 않는다.
- **약물남용** : 의학적 용도가 아닌 임의적 사용을 말하는 것으로 감정, 인식, 행동에 인위적 변화를 주고자 중추신경계에 작용하는 향정신성 약물을 비의학적 · 불법적으로 사용하는 것으로 지속적이며 산발적인 과용을 통해 약물의존으로 발전한다.
- **약물과용** : 의사의 처방지시보다 많은 양의 약물을 복용한다.
- **약물의존** : 불안 상태에서 벗어나기 위해 계속 약물을 사용해야 하는 정신적 의존상태이거나, 신체적 금단증상을 막기 위해 약물이 더 많이 필요한 신체적 의존상태를 말하며, 이는 정신적 · 신체적 중독상태라고 볼 수 있다.
- **약물 중독** : 약물사용에 대한 강박적 집착상태로 사용하기 시작하면 끝을 보

고야 마는 조절 불능상태, 혹은 해로운 결과를 예측하면서도 계속 약물을 사용하는 상태로 약성 약물에서 강성 약물로 전이되는 것이 보편적이고, 한 번 사용하게 되면 습관성과 의존성이 강하기 때문에 중단하기 어렵게 된다.

따라서 청소년들이 유해약물을 부적절한 상황에서 지속적으로 사용한다면 심리적 · 사회적 · 법적 또는 학교생활과 관련하여 다양한 문제들을 경험하면서 기능장애를 동반하게 되고 이는 병리적 형태를 형성하거나 심리적 의존에서 벗어나기 어려울 것이다.

3. 청소년 약물남용의 요인

〈표 14-5〉 청소년 약물남용의 요인

요 인	위험요인	보호요인
개 인	• 자아정체성 혼돈 • 단순 호기심과 실험행위 • 좌절심리, 왜곡된 가치관 • 객관적, 현실적 지각능력 부족 • 충동적 행동과 높은 무기력감 • 약물 중독에 대한 유전적 민감성 • 스트레스 대처기술 및 문제해결력 부족 • 호기심, 학업성적, 친구 관계 등 불안감 • 부모의 사랑이 부족하다는 지각 • 건강문제 또는 성적 문란	• 긍정적 자기효능감 • 긍정적 경험을 통한 새로운 가치관 형성 • 대인관계 및 의사소통 기술 발달 • 가족과 학교, 사회적응능력 발달 • 내적 통제력 배양을 통한 감정조절 능력 • 높은 자아존중감 • 높은 지적 수준 • 합리적인 문제해결력 • 자기관리 능력 배양 • 성장과정의 적은 스트레스
가 족	• 지지부족 및 애정결핍 • 부모에 대한 저항수단 • 부모의 강압적 훈육방식 • 가족관리 기술력 부족 • 안정적 거주 공간 부족 • 알코올이나 약물을 사용하는 부모 및 형제 • 육체적, 성적, 심리적 학대에 노출 • 가족 간 의사소통 및 유대감 부족 • 결손이나 불화로 인한 배회의 가능성 • 가족 간 역기능적 관계 및 구조	• 부모나 형제와의 강한 유대감 • 부모나 형제의 세심한 관심 • 긍정적 부모-자녀 관계 • 형제-자매와의 긍정적 관계 • 가족 내에서의 낮은 스트레스 • 가족의 강한 설득력

또래·학교	• 학교에 대한 애착 부족 • 입시 스트레스 • 미성숙한 성행동, 무단결석, 비행 등 • 약물남용 또래 집단과의 어울림 • 학업부진 및 잦은 결석 • 청소년시기 통과의례로 받아들이는 분위기 • 학교생활에 대한 불만족 • 동년배 집단의 구성원이 되기 위한 동기	• 교사·상담자 등의 지속적 상담과 지지 • 학업성취에 대한 긍정적 가치관 • 가족, 학교 등에 대한 높은 사회적응력 • 약물남용에 대한 실질적 지지자가 되도록 또래 상담자 육성
사회환경	• 노출위험이 많은 지리적, 환경적 상황에 거주 • 빈곤, 경제적 박탈감, 경제활동 기회의 부족 • 쉬운 구입 환경 • 약물 접근의 용이성 • 유명인의 약물사용, 성공, 쾌락의 한 요소라는 언론의 왜곡된 보도 • 높은 성인 범죄율 • 가출 청소년에 대한 사회적 네트워크의 부족 • 약물사용의 부정적 결과에 대한 인식 부족	• 확대가족과의 유대관계 • 가족 이외의 긍정적 사회적 지지체계 • 약물남용에 대한 엄격한 사회·법적 규제 • 약물에 대한 광고의 규제 및 약물남용 피해에 대한 광고확대 정책 • 다양한 문화활동 및 여가활동 제공 • 지역사회의 네트워크 연계노력

출처 : 한상철 외(2003), 김성이 외(2013), pp. 207-208 재구성.

4. 청소년 유해약물 예방

청소년 유해약물은 주세법에 의한 주류, 담배사업법에 의한 담배, 마약류 관리에 관한 법률에 의한 마약류, 화학물질관리법에 의한 환각물질 등이며, 청소년의 사용을 제한하지 않으면 청소년의 심신을 심각하게 훼손할 우려가 있는 약물로 대통령령이 정하는 기준에 따라 '청소년보호위원회'가 결정하고, 여성가족부장관이 이를 고시하고 있다.

약물 중독은 약성 약물에서 강성 약물로 전이되는 것이 보편적이고, 한 번 사용하게 되면 습관성과 의존성 및 중독성과 내성이 강하여 중단하기 힘든데, 특히 청소년의 약물사용은 청소년기뿐만 아니라 성인기까지 신체건강 및 정신건강에 악영향을 미치고, 청소년의 일탈행위와도 밀접하게 관련되어 있다. 현재 국내에서 시행하고 있는 기존의 청소년 약물예방 대책은 청소년보호법과 국민

건강증진법 등에 근거하여 추진되고 있지만, 주류나 담배의 유통규제 제도의 한계 등으로 청소년의 흡연·음주 문제는 지속적으로 제기되고 있다.

이에 여성가족부에서는 기존의 청소년 약물제도 및 법에 대한 비판적 검토와 효과적이고 효율적인 정책과 제도에 대한 대안을 모색하고 있다. 예컨대, 청소년 약물 중 빈번한 사용으로 문제가 되고 있는 청소년 음주 및 흡연을 집중적으로 관리하는 약물 예방에 관한 국제적 표준에 적합한 제도와 법안 마련 등이 그것이다. 이는 기존의 소극적이고, 방어적인 규제 위주의 보호정책에서 적극적이고, 능동적인 보호정책으로 전환하는 계기가 되었으며 이러한 노력들은 궁극적으로 청소년 유해약물에 대한 사회적 관리 강화를 위한 기반 조성에 중점을 두고 있다.

여성가족부에서는 청소년 흡연·음주예방을 위한 기존 법과 제도의 미비점을 보완하기 위하여 주류·담배의 청소년 대리구매 및 무상제공 행위를 금지하고 술·담배 등 청소년 유해약물 피해 청소년 치료재활 지원근거를 마련하는 내용의 청소년보호법을 개정·시행(2012.9.16.)하였다.

또한 술·담배 판매업자에게 청소년을 대상으로 주류와 담배의 판매·대여·배포를 금지하는 내용을 업소에 표시하도록 의무를 부과하는 내용의 청소년보호법을 개정·시행(2015.3.25.)하였다. 이에 따라 술·담배 판매영업자는 '19세 미만 청소년에게 술·담배 판매 금지' 내용을 영업장 안의 잘 보이는 곳 또는 담배자동판매기 앞면에 표시하여야 한다.

주류 및 담배 판매 시 신분증 확인 등 청소년보호 의무를 다했음에도 불구하고 과징금 부과 등 선의의 피해를 입는 영세사업자의 고충을 해소하기 위해, 2016년에는 청소년의 신분증 위·변조 및 도용으로 인해 술, 담배를 판매한 경우 과징금을 면제할 수 있도록 청소년보호법을 개정·시행(2016.3.2.)하였다.

〈표 14-6〉 청소년 음주예방 정책

관계부처	대책 추진과제
여성가족부	• 청소년 대상 음주 불법판매 모니터링 강화 및 유통업자 종사자 교육 • 유통업체, 시민단체와 협력하여 신분증 확인 캠페인 전개 • 청소년 대상 음주예방 교육 및 다양한 홍보
보건복지부	• 음주폐해 감소 및 예방을 위한 국민의식 제고 • 생애집단별 교육 및 홍보(학생과 비행청소년, 또래 지도자와 교사, 주류 판매업자 대상 교육) • 정신건강검진사업을 통한 조기발견과 음주폐해 예방(학교와 연계해 방과후 예방 프로그램 개발과 보급, 중학생과 초등학생까지 적용) • 주류 판매자의 자정노력 강화(클린판매점 선정 및 운영) • 절주 상담실 운영 • 알코올상담센터를 통한 지역협력체계 구축
교육부	• 학생들의 음주율 증가 및 저연령화 문제 관련 – 학교 학생의 체계적 음주예방 교육(정규수업, 학교장 재량시간 활용) – 학생 음주예방 교육을 위한 지도능력 배양과 인식 제고 – 전문지도자 과정 운영
법무부	• 위기청소년(소년원)들의 음주율 증가 문제 관련 : 갱생 프로그램에 최소한의 음주예방 교육 반영
문화체육관광부	• 청소년 관람가 영화 속의 음주장면 노출문제 개선 : 영상물등급분류 소위원회 운영규정 보완
과학기술정보통신부	• 인터넷상의 청소년 유해 주류 유통물 규제 방안 : 인터넷상의 주류 유통물 심의 강화 및 기준보완
대검찰청	• 청소년 관련 범죄 수사 시 '피의자원표'에 음주 여부 조사항목 신설
경찰청	• 백화점, 대형마트, 편의점, 슈퍼 등 단속 강화
방송통신위원회	• TV방송3사(KBS, MBC, SBS)의 드라마 음주장면 노출문제 개선
지방자치단체	• 주류 판매 업소 특별계도 단속

출처 : 여성가족부(2016); 한국청소년정책연구원(2012), 청소년 흡연·음주 실태와 정책적 대응방안, 여성가족부(2017), 2017 청소년백서, p. 263 재구성.

학습문제

01 담배의 폐해에 대한 설명이 아닌 것은?

① 임산부의 흡연은 태아에 부정적 영향
② 신체적 의존증 동반
③ 단순 중독물질
④ 발암물질 포함
⑤ 사용 중단 시 금단증상 동반

해설 ③ 니코틴은 습관성 중독물질이다.

02 알코올의 폐해에 대한 설명이 아닌 것은?

① 단번에 중단하도록 지도
② 의료적 치료 요함
③ 치매현상 초래
④ 내성 발생
⑤ 임산부 중독은 태아알코올증후군 동반

해설 ① 알코올은 갑자기 사용을 중단하면 사망의 위험이 있어서 의료적 치료를 요한다.

03 약물 중독에 대한 개념으로 바르지 않은 것은?

① 부정적 결과의 예측에도 사용
② 강박적 집착상태
③ 조절불능상태 도달
④ 산발적 과용상태
⑤ 높은 습관성 · 의존성

해설 ④ 산발적 과용상태는 약물남용에 대한 개념이다.

참고문헌

국가정보원(2003). 마약류 용어 해설.

김성이 · 조학래 · 노충래 · 신효진(2013). **청소년복지론**. 경기 : 양서원.

박정란 · 서홍란 · 장수한(2016). **청소년복지론**. 경기 : 양서원.

여성가족부(2017). 2017 청소년백서.

여성가족부(2023). 2022 청소년백서.

질병관리청(2022). 청소년건강행태조사.

한국청소년정책연구원(2012). 청소년 흡연 · 음주 실태와 정책적 대응방안.

한국마약퇴치운동본부(2018). 마약류 용어.

한상철 · 김혜원 · 설인자 · 임영식 · 조아미(2003). **청소년문제행동-심리학적 접근**. 서울 : 학지사.

청소년보호법

찾아보기

인명

내용

저/자/소/개

■ 이 태 희
문학박사
사회복지학석사
현 경북전문대학교 사회복지과 교수

■ 정 재 필
사회복지학박사
현 수성대학교 보건복지경영과 교수

청소년복지론

|공저자| 이태희 · 정재필

|1판 1쇄| 발행 2024년 1월 10일
|1판 2쇄| 발행 2024년 8월 30일
|1판 3쇄| 발행 2025년 7월 30일
|1판 4쇄| 발행 2026년 3월 20일

|발행인| 김동훈
|발행처| 공동체

|주소| 경기도 고양시 일산동구 호수로 358-39, 동문타워 1차 905호(백석동)
|전화| 031)814-3000(대표)
|팩스| 031)814-3100
|홈페이지| http://www.compub.co.kr
|전자우편| compub@naver.com
|출판등록| 2005년 10월 6일
|등록번호| 제396-2005-36호

|ISBN| 979-11-6725-441-2
정가 21,000원